QUYU WULIU HEZUO LILUN YU YINGYONG YANJIU

区域物流合作理论与应用研究

邢虎松 著

东北林业大学出版社
Northeast Forestry University Press
·哈尔滨·

版权专有　侵权必究
举报电话：0451-82113295

图书在版编目（CIP）数据

区域物流合作理论与应用研究／邢虎松著.—哈尔滨：东北林业大学出版社，2016.12（2024.8重印）

ISBN 978-7-5674-0981-1

Ⅰ．①区… Ⅱ．①邢… Ⅲ．①物流—区域经济合作—研究 Ⅳ．①F252

中国版本图书馆 CIP 数据核字（2017）第 015617 号

责任编辑：赵　侠　刘天杰
封面设计：宗彦辉
出版发行：东北林业大学出版社
　　　　　（哈尔滨市香坊区哈平六道街6号　邮编：150040）
印　　装：三河市天润建兴印务有限公司
开　　本：710 mm×1 000 mm　1/16
印　　张：15
字　　数：225 千字
版　　次：2017 年 9 月第 1 版
印　　次：2024 年 8 月第 3 次印刷
定　　价：56.00 元

如发现印装质量问题，请与出版社联系调换。（电话：0451-82113296　82191620）

前　言

　　2014年，京津冀协同发展上升为国家战略为我国区域经济社会一体化发展揭开靓丽的一幕。我国在区域经济一体化发展的背景下，迫切需要实现区域物流一体化，以支撑区域经济的一体化。区域物流合作是区域物流发展到一定阶段的必然产物，也是实现区域物流一体化发展的必经之路。目前，我国区域物流合作的发展尚处于探索阶段，面临着物流管理体制的不完善、地方保护主义的干扰，缺乏科学的合作机制与合理的保障机制，区域物流发展存在无序市场竞争激烈、物流基础设施重复建设、物流服务范围重叠、区域物流发展规划难以落实等问题，严重困扰着区域物流的健康、协调和可持续发展。为了解决区域物流合作实践中存在的问题，就必须使合作参与主体坚定"合作共赢"的信念，摒除消极理念，按照科学的方法通力合作，加强在物流领域的紧密协调，引导和优化物流资源整合，优化物流业发展的区域布局，以促进区域物流合作发展以及区域物流一体化的实现。

　　本书系统地梳理了目前区域物流合作的研究现状、我国区域物流合作发展的现状及存在的问题，综合运用空间经济学、区域经济学、管理学、系统科学、博弈论、区域规划理论等诸多相关理论成果，论证了各参与方参与区域物流合作可以促进区域经济的发展，是双赢的选择；分析了区域物流合作的主体及其利益要求，并明确各主体的合作任务和建立稳定的合作机制；基于区域物流资源边际产出效用最大化，提出了可供参考借鉴的区域物流资本空间配置的方法，以实现合作区域的物流一体化及物流资源效用最大化发展；并以深圳、东莞、惠州（以下简称深莞惠）三市为案例，论证了上述结论及方法。

本书对区域物流合作的理论及应用方法进行了系统深入的研究，希望对我国地方政府开展区域物流合作、实现区域经济健康协调和可持续发展具有一定的实践指导作用，同时也可为我国区域物流理论、合作理论、物流资源配置理论提供补充，为我国区域物流合作和一体化发展提供理论基础与依据。希望本书能够对区域、物流、管理等领域的科研人员、学生以及政府相关工作人员的科研工作有所帮助。

目 录

第一章 绪论 …… 1

　第一节　研究背景 …… 1

　第二节　区域物流合作概念分析及界定 …… 5

　第三节　区域物流合作研究现状及综述 …… 11

　第四节　研究思路及内容 …… 19

第二章 区域物流合作研究的理论基础 …… 22

　第一节　区域发展理论 …… 22

　第二节　经济学理论 …… 25

　第三节　管理学及现代物流理论 …… 36

第三章 我国区域物流合作现状及存在的问题分析 …… 40

　第一节　我国区域物流合作发展的现状 …… 40

　第二节　我国区域物流合作发展存在的问题 …… 51

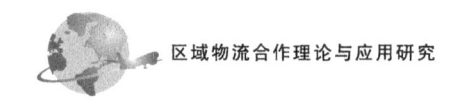

第三节　区域物流合作的主要内容 …………………………… 60

　　第四节　我国区域物流合作的发展趋势 ………………………… 67

第四章　区域物流合作与区域物流增长研究 …………………… 70

　　第一节　区域物流增长的内涵及区域物流生产函数 ………… 70

　　第二节　区域物流合作对区域物流增长的作用机制 ………… 77

　　第三节　区域物流合作对区域物流增长的贡献研究 ………… 92

第五章　区域物流合作与合作主体行为研究 …………………… 109

　　第一节　我国区域物流合作的主体界定 ……………………… 109

　　第二节　区域物流合作主体之间的利益及冲突分析 ………… 116

　　第三节　区域物流合作主体的作用与任务探讨 ……………… 124

第六章　区域物流合作与区域物流资源空间配置研究 ………… 143

　　第一节　区域物流合作对区域物流资源配置的影响 ………… 143

　　第二节　区域物流资源配置的前提——区域物流
　　　　　　需求的确定 ……………………………………………… 146

　　第三节　基于区域物流合作的区域物流资本的空间
　　　　　　优化配置研究 …………………………………………… 159

第七章　深莞惠区域物流合作应用研究 ………………………… 165

　　第一节　深莞惠区域物流合作的基本情况介绍 ……………… 165

　　第二节　深莞惠区域物流合作对区域物流增长的
　　　　　　贡献研究 ………………………………………………… 172

第三节 基于合作的深莞惠区域物流资本的空间
　　　　优化配置研究 ………………………………………… 184
第四节 深莞惠区域物流合作的主体组织管理体系构建 …… 206

参考文献 …………………………………………………………… 208
附　录 ……………………………………………………………… 220
后　记 ……………………………………………………………… 230

第一章 绪论

第一节 研究背景

一、经济全球化及我国区域经济一体化快速发展

社会的发展、科技的进步以及经济的全球化发展促使国家之间、区域之间交往日益频繁，经济领域的合作越来越密切，国家间的区域经济组织得到较快发展，在国际区域经济组织的推动下，世界经济发展呈现区域经济一体化的趋势。在经济全球化以及国际区域经济一体化进程加快的背景下，我国经济国际化、市场化、一体化的进程也快速推进。改革开放以来，我国秉承非均衡发展的战略理论，以城市群发展为载体的区域经济发展取得了巨大成就，珠江三角洲（以下简称珠三角）、长江三角洲（以下简称长三角）和环渤海经济区的迅速崛起和发展尤为显著。自 2003 年珠三角、长三角和环渤海三大沿海经济区重新定位并向周边地区扩散起，我国区域经济发展开始了新一轮的调整和整合，并开始步入区域内部经济一体化的发展道路。为促进区域经济一体化的快速发展，加强经济区域内部地区间的经济合作，落实国家提出的重大改革发展战略，继续深化开放合作，推进区域协调发展，促进经济平稳较快增长，2009 年至 2015 年期间，我国相继出台了《珠江三角洲地区改革发展规划纲要》《江苏沿海地区发展规

划》《关中—天水经济区发展规划》《辽宁沿海经济带发展规划》《促进中部地区崛起规划》《中国图们江区域合作开发规划纲要》《黄河三角洲高效生态经济区发展规划》《鄱阳湖生态经济区规划》《长江三角洲地区区域规划》《山东半岛蓝色经济区发展规划》《成渝经济区区域规划》《京津冀协同发展规划》等一系列区域发展规划。这些规划为经济区域的发展指明了方向，极大地促进了我国区域经济和社会的和谐发展。交通、物流是区域发展规划的重要内容，例如，为了配合《京津冀协同发展规划》，出台了《京津冀交通一体化规划》，规划的制定和实施对于促进区域物流发展，加深不同地区之间在物流领域的合作，引导物流资源区域整合和促进区域物流一体化发展具有积极推动作用。

二、《物流业调整和振兴规划》及《物流业发展中长期规划（2014～2020年）》的实施，极大地促进物流业发展

区域物流发展是实现区域经济一体化的重要基础，区域经济一体化的发展客观上要求区域物流一体化发展。为促进我国产业结构调整、转变经济发展方式、加快区域经济发展和增强国民经济竞争力，2009年国务院颁布了《物流业调整和振兴规划》。该规划按照打破行政区分割封锁、整合现有资源的原则，提出了按照经济区划和物流业发展的客观规律，积极推进和加深不同地区之间在物流领域的合作，引导物流资源的跨区域及区域内整合，加强物流基础设施的衔接与协调，逐步形成区域一体化的物流服务格局。2011年颁布的《中华人民共和国国民经济和社会发展第十二个五年规划纲要》，将"十一五"规划纲要提出的倡导区域合作提升为深化区域合作和推动区域良性互动发展，并提出大力发展现代物流业，优先整合和利用现有物流资源，加强物流基础设施的建设和衔接，优化物流业发展的区域布局。2014年国务院出台的《物流业发展中长期规划》，明确将"推进区域物流协调发展，建立省际和跨国合作机制，促进物流基础设施互联互通和信息资源共享"作为我国物流业发展的重点方向。在国家规划和

政策的指引下，许多地方政府积极组织制定物流业发展规划，调查结果显示[1]：已有61.8%的地方政府结合本地区的具体情况制定了物流规划和相关措施，其中52.7%的地区已开始执行。各地方政府大都从物流规模、增长速度、物流整体运行效率提升等方面明确了规划目标，提出了优化本地区物流业发展布局、加强基础设施建设（尤其是物流园区、交通设施的建设）、提升物流信息化水平、完善物流标准化体系、发展国际物流和保税物流及推动重点领域物流发展等主要任务，并明确物流发展政策和保障措施。

三、以地方政府主导的区域物流合作进入实践性探索阶段

随着国家不断出台区域发展规划，为了更好地促进区域经济及区域物流一体化发展，贯彻落实国家的"深化区域合作"的区域发展政策，我国东部沿海以及部分中部发达地区广泛开展了区域物流合作的实践探索。国家发展和改革委员会经济运行调节局与南开大学现代物流研究中心于2010年1月至2010年4月开展的第八次全国物流市场问卷调查显示，行政区划间开展物流合作的地区比例呈现持续增长的趋势，2009年开展物流合作的比例已上升到55.8%，与2008年的43.26%相比[2]，增加了12.5个百分点，表明我国地方政府推动区域物流一体化和物流合作意识明显增强。许多区域内的地方政府间都开展了物流合作，签订符合区域物流发展目标的政府间协议，取得了初步的合作进展，主要包括建立统一的区域物流市场准入协议、区域物流基础设施建设协议等方面的框架备忘录，重新确定区域物流发展的宏观定位，为开展物流领域的具体合作奠定基础。例如，两省一市（江苏、浙江和上海）的物流负责部门在2005年于杭州举行的长江三角洲物流合作高层论坛上，达成了"长三角物流合作的框架协议"；2007年苏皖赣三省20个城市参加了南京区域经济协调会第十四届市长联席会，会上围绕"南京区域现代物流圈"建设主题共商现代化物流的发展大计，标志着南京区域城市物流合作正式启动；深圳、东莞、惠州三市为促进深莞惠区域物流资源整合及物流业的协同发展，

提高区域物流业竞争力，于 2009 年着手进行《深圳、东莞、惠州区域物流园区发展布局规划》的编制，将区域物流合作发展提升到区域规划的层面。这些卓有成效的实践探索在很大程度上促进了区域物流与区域经济的发展。

四、区域物流合作发展尚存在诸多问题

在我国政府的政策支持引导下，各地推进区域物流合作的实践在一定程度上促进了区域物流的加快发展。但客观地说，目前大多数区域物流合作尚处于分散化、低水平的状态，收效不甚理想，甚至部分地方物流合作有始无终、有名无实，存在重形式、轻内容，重宣传、轻实效的现象。当前，我国区域物流合作多停留在地方政府间协作层面，物流企业与物流行业协会处于从属地位，未能充分调动物流企业的积极性与主动性，导致区域物流合作的具体内容就难以落到实处，极大影响区域物流合作发展的广度与深度。由于地方保护主义的存在，并且缺乏有效的物流合作协调机制，导致我国物流市场比较封闭，物流企业跨区域发展受到体制和市场双重制约和压力不仅阻碍物流组织资源在区域内的合理流动，而且严重阻碍物流设施设备资源在区域内的优化配置，造成物流资源的极大浪费，极大地制约区域物流一体化与区域经济一体化的发展。

我国以财政改革为起点和主要内容的分权化发展，奠定了地方政府之间竞争的基本格局，从而形成了具有中国特色的行政区经济现象。由于我国区域物流合作制度不够完善，以利益为导向的物流市场竞争以及地方政府间的竞争导致我国区域物流合作发展举步维艰。在经济全球化的影响和推动下，区域经济一体化发展受到中央政府的大力支持，为了响应中央政府的号召，我国部分地方政府开始了区域物流合作的有益实践探索。为了更好地促进我国区域物流一体化的发展，迫切需要开展区域物流合作相关理论及方法的深入研究。

第二节 区域物流合作概念分析及界定

根据本书研究的重点内容，本节重点分析区域物流、物流资源的内涵，并结合合作的内涵，确定本书所研究的"区域物流合作"以及"物流资源"的内涵。

一、区域物流

探究区域物流的内涵，首先应该探究区域物流中区域的内涵。一般认为，区域是一个客观存在的空间概念，往往没有严格的范围、边界以及确切的方位，是一个多侧面、多层次，而且相对性极强的概念。由于研究视角的差异，不同的学科对其概念有不同的理解：地理学把"区域"作为地球表面的一个地理单元；政治学一般把"区域"看作国家行政管理的行政单元；社会学将"区域"作为具有人类某种相同社会特征（语言、宗教、民族、文化）的聚居社区；经济学把"区域"理解为一个在经济上相对完整的经济单元[3]。区域按照属性划分可分为行政区、经济区、自然区和社会区。由于区域物流内涵研究的提出根源于区域经济的发展，因此，本书也将区域物流中的区域理解为"经济区域"。然而，无论以何种角度研究区域的内涵，都不能忽视区域是客观存在的空间概念，即区域具有自然的、经济的、社会的等多元属性，并且具有一定的体系结构形式，有分级性或多级性、层次性特征。

经济学将经济区作为经济活动的主体单元，参与经济贸易，产生一定的经济行为。早在1922年，苏联全俄中央执行委员会直属经济区划问题委员会就从经济学角度对区域概念进行了界定："所谓区域，应该是国家的一个特殊的经济上尽可能完整的地区。这种地区由于自然特点、以往的文化积累和居民及生产活动能力的结合而成为国民经济总链条的一个环节。"随后，许多研究人员也对区域进行了定义。埃德加·M. 胡佛[4]认为："区域是基于描述、分析、管理、计划或制定政策等目的而作为一个应用性整体加以考虑的一片地区。"郝寿义、安森虎[5]具体地指出："区域是指便于组织、计划、协调、控制经济活动而以整体加以考虑的并考虑行政区划基础上的一定的空间范围，必须包括于某一主权国家的疆域内，中央政府对它拥有政治、经济方面的控制权，而它具有组织区内经济活动和区外经济联系的能力。"孙久文[6]将区域认为是居民高度认同、地域完整、功能明确、内聚力强大的经济区域单元，它不但充分考虑了地理单元和行政单元，而且考虑了地域空间的人口、经济、资源、环境、公共设施和地表结构等特点。根据上面从经济学的角度对区域的定义，可以发现区域的内涵中包含了经济区域和行政区域的内涵。

经济区域是按人类经济活动的空间分布规律划分的一种区域类型，是指人类经济活动与具体时空条件紧密结合而形成的具有特定结构、功能和类型的相对完整的地理空间[7]，例如我们经常提起的长三角、珠三角、京津冀就是一个经济区域的概念。经济区域的边界是模糊的，具有开放性特点，是指经济区域既不能无限划分，也不能是固定不变的，是随区域与外界环境物质能量的交换而不断变化的。

行政区就是由行政区划而产生的、具有明确范围的地域空间。行政区划是指为实行国家的行政管理、治理与建设国家，对领土进行合理的分级（层次）划分而形成的区域与地方。国家划分行政区是根据政权建设、经济建设、行政管理的需要，遵循有关的法律规定，充分考虑政治、经济、历史、地理、人口、民族、文化、风俗等客观因素，按照一定的原则进行的。在政权稳定的条件下，行政区一经划定，具有相对稳定性。因此，从空间特征上看，行政区是一个静态的概念。我国目前现行的行政区划以"四级行政区划制度"为主，即省级、地级、县级和乡级。

在经济区域与行政区的关系中，某一特定的经济区域总是包含若干行政区，这是经济区域与行政区关系的基本判断[8]。例如，珠三角经济区就包括9个地级行政区，长三角经济区包括22个地级行政区，京津冀经济区包括8个地级行政区。当然，从不同的空间范围考察，某一行政区内可以包括若干经济区域，例如黑龙江省内就存在哈尔滨都市圈、哈大齐工业走廊等经济区域；然而，这些经济区域内部也都包含着层次不一的不同行政区。因此，经济区域最终都是可以由若干不同等级的行政区组成。

同时，由于区域具有一定的体系结构形式，因此，本书还要注意到区域概念是个体与整体的统一。区域作为一个个体，要强调它在所属的整体中的独特性（或个性），做好它与外部空间的衔接；区域作为一个整体，要处理好它自身的整体性（或典型性），做好区域内部的空间组织。作为经济区域，既要做好与其他经济区域的外部空间衔接，又要做好经济区域内部的经济主体（行政区经济）的空间组织。

根据上面的分析，本书认为区域物流中区域的含义应为一个动态空间范畴，既包含经济区域的内涵，也包含行政区域的内涵。为了实现物流的系统化发展，可以将其表述为规划、分析、管理特定地理空间物流活动的统一体。从这个角度来看，区域物流具有全层次性。从微观角度看，区域物流是由企业物流主导的在特定区域内利用物流基础设施实现物流功能作业的有机集成；从中观角度看，区域物流是由区域物流主体在较大特定空间范围内实现物流系统内物流资源合理配置、物流功能作业最优化、物流活动成本最低等一系列的目标，具有企业间、政府间、区域内、区际等更为复杂的关联，具有更强的社会性、经济性、环境性，更强调系统整体性运作；从宏观的角度看，区域物流是指更大的空间范围内物流产业发展的规律，是物流活动在地理空间范围内的体现。本书将从中观的角度对区域物流进行研究。

二、区域物流合作

我国区域物流研究起步较晚，区域物流实践活动远远超前于区域物流理论研究，致使目前鲜有学者对区域物流合作的内涵进行分析研究。本书从区域物流以及合作的内涵出发，结合目前的区域物流合作实践活动，探索性地提出区域物流合作的科学内涵。

在人类社会中，合作行为呈现出繁复性和多样性。既有人与人之间的合作，也有组织和组织之间的合作；既有紧密的合作，也有松散性的合作；既有双边主体的合作，也有多边主体的合作。通常来讲，合作是个人与个人、组织与组织之间为达到共同目的，彼此相互配合的一种联合行动、方式。在合作经济学理论体系中，当组织中某个成员的行为会对其他成员产生影响时，从私人角度进行的优化决策和从社会角度进行的优化并不一定一致，而是存在着冲突（conflict），合作应该是能够降低"冲突"程度的一种基本经济行为，可以给组织带来利益[9]。合作应该具有三个基本特征：一是合作应该有明确的合作主体；二是合作为合作主体自愿选择的结果，并不是超经济力量干预下的被迫选择，自由地选择合作说明合作肯定要比不合作带来更大的利益，如果合作不是发生在自愿的情况下，那么是一种假合作，不能维持；三是合作为自利性与互利性的统一，是一种既利己又利他的行为，这也是合作的最本质特征。

一般意义上，区域物流合作就是指区域物流主体在物流领域进行的自愿的、有目的的自利与互利活动。区域物流主体是区域物流活动的实践主体，也是利益主体。一方面，区域类型不胜枚举，但是行为主体的确定、具有权益功能的区域只能是行政区[10]，在我国经济体制转轨过程中，行政区的存在强化了地方政府的经济管理职能，使地方政府由分享市场管理权而获得了推动地方经济发展的主导权，形成了相对独立和明晰的地方利益主体；另一方面，由于区域物流活动是市场经济活动，作为市场主体的物流企业也是区域物流利益主体。那么，可以认为区域物流合作是地方政府、物流企业之间在区域物流基础设施建设、物流服务产品创新、物流市场共享以及物流行业管理等方面展开的合作。因此，区域物流合作既包括政府之间的合作，也包括企业之间的合作；既可以是单层次的合作，也可以是多层次的合作；既包括管理方面的合作，也包括市场培育、基础设施建设等方面的合作。

因此，可以认为区域物流合作是在不同等级的物流区域之间，物流利益主体在资源平等的基础上，依投入大小分享利益、分担风险，通过政策、市场等手段，对物流系统要素的配置方式进行整合，扩大区域物流整体规模，优化其功能结构，以实现物流经济主体的物流经济协作活动，其根本目的是为了实现物流利益主体的利益诉求。它包括以下几方面的内涵。

第一，区域物流合作主体可以是政府、行业协会和物流企业。由于政府是行政区经济发展的公共利益代表，因此政府之间的物流合作是区域物流合作的主导层面。基于合作的内涵，无论合作主体在经济实力和地位上如何，其在区域物流合作活动中的地位是平等的。

第二，区域物流合作的核心和关键是突破某些制度或权益限制，协调各合作主体的利益，使物流要素在区域层面进行合理流动和重新配置，实现资源共享和市场共享，实现利益的共赢。

第三，区域物流合作的核心目标，是实现物流资源（物流基础设施、物流人力资源、物流信息资源、物流资本资源等）在合作区域内的优化配置，最终实现区域物流一体化发展。

第四，利益共赢是区域物流合作的基本驱动力，也是维系合作的核心价值观。合作主体可分为物流企业和地方政府两大类，且利益要求不尽相同。物流企业的合作活动以追求经济利益为主；地方政府的合作活动则追求经济效益、社会效益、政治效益和生态效益。

第五，从区域物流合作的效果来看，区域物流合作不仅包括物流企业之间劳动分工、合伙、市场交易和共同经营的行为和行业协会及地方政府的相互协作行为，还包括了行业协会及地方政府相互行为所产生促进区域物流合作的制度，比如市场制度、政策及法律法规。

第六，从合作的范围来看，区域物流合作既包括区域内地区与地区间的物流合作，又包括区域间的物流合作。区域内合作是基础，区域间合作是区域内合作的扩展，没有区域内合作就没有区域间合作。

本书研究的区域物流合作，是指合作主体在区域内相邻同等级行政区之间进行的物流领域合作的问题。

三、物流资源

此前，国内许多研究人员都对物流资源内涵进行过界定。例如，姜大立[11]等从广义和狭义两个方面去认识物流资源，认为广义的物流资源是指物流服务和物流作业所依赖的资金、技术、知识、信息、人员、场地、设备、设施、网络等所有元素；狭义的物流资源主要指物流企业、物流市场以及运输仓储等物流基础设施。舒辉[12]在论及现代物流资源整合中将物流资源分为客户资源、物流服务能力资源、信息资源三个方面。马士华[13]将物流资源分为有形资源和无形资源，运输通道、物流园区、港口以及企业所使用的物流设备等均属于有形物流资源；而物流人力资源、物流技术资源、物流信息资源、物流市场需求资源、物流服务能力资源等一般属无形资源。丁辉[14]将物流资源分为硬件方面和软件方面两大类，其中硬件方面主要包括物流基础设施和物流装备；软件方面主要包括企业资源、信息资源和制度资源。可以看出，目前对物流资源的界定存在多种划分方法，但其所包含的内容基本上是相同的。

物流活动是指依靠物流资源提供运输、包装、仓储、流通加工、装卸搬运、配送以及信息传递等物流服务和物流产品的过程。因此，从广义上讲，物流资源是指为提供物流服务或生产物流产品所需要的一切资源。通常情况下，物流资源可以分为两类，一类是物流物质资源，一类是物流劳动力资源。在经济学意义上，物质资源即用于生产的生产要素，可以称为物流资本；劳动力资源是社会生产的永恒条件，存在于活的、健康的人体中，可以用物流劳动人数表示，因此本书所论的物流资源主要是指物流资本和物流劳动。

第三节 区域物流合作研究现状及综述

目前,在物流业比较发达的美国、日本、欧洲等国家和地区有关区域物流的研究多侧重于企业物流层面,往往利用数量化的技术工具,从跨国公司的角度来研究物流基础设施布局、市场竞争机制以及供应链运作机制等问题,通过研究与实际紧密结合为企业提供优化策略。在较为宏观的区域物流研究方面,很少涉及区域物流合作研究,而是主要集中在区域物流与区域经济的关系[15~17]、区域物流规划中的方法研究[18~21]、区域物流协作及可持续发展研究[22~24]、政府在区域物流发展中的角色与职能研究[25]等(由于不是本书研究的重点,故不做详细阐述)。

在国内由于对区域物流概念缺乏系统、权威的定义,所以学者关于区域物流的研究是从多个角度展开的。归结起来,区域物流研究涉及以下几个方面:一是区域物流与区域经济发展的互动关系,主要从定性[26][27]和定量[28~32]两个角度开展研究;二是特定地区的物流业发展规划或城市物流规划[33~38];三是区域物流与物流需求的关系研究[39][40];四是区域物流发展的政策研究[41~43];五是区域物流的竞争力研究[44~49];六是物流网络节点设施布局研究[50][51];七是区域物流合作相关研究;八是区域物流一体化研究。区域物流合作与区域物流一体化是本书研究的重点内容,因此做重点论述。

一、物流合作相关研究现状综述

我国关于物流合作的研究主要是从微观角度出发,以提高物流运作效率、降低物流成本为目标,研究企业之间的物流合作问题,并取得了较丰富的研究成果,主要的研究成果有物流企业之间的合作问题[52~55](主要研究物流企业之间的合作模式、合作伙伴选择等问题）、物流企业与生产企业之间的合作问题[56～58]（主要研究生产企业与物流企业的合作模式、物流外包、物流合作伙伴的选择、合作利益分配等问题）。近年来，随着区域物流概念的提出，学者开始从宏观的角度来研究物流合作，把物流作为区域经济的子系统来寻求系统与系统之间的合作，把物流合作放在区域内或区域间来考虑，即区域物流合作发展。由于本书研究的重点是区域物流合作，因此着重对区域物流合作进行阐述。

（一）国家之间的物流合作

孙军[57][60]分析了中日韩物流合作的基础，并利用贸易进出口总额预测中日韩区域物流合作潜力；利用系统工程的观点建立中日韩区域物流合作综合评价指标体系，运用层次分析法得出中日韩区域物流合作良好的结论。

徐千倩[61]分析了中日物流合作的现状及问题，通过构建回归模型对中日物流合作趋势进行分析及预测，提出了加强政府合作、信息网络构建、人才培养、物流技术标准合作等中日物流合作创新模式。

岑丽阳[62]分析了中国—东盟区域物流合作的基础，提出了建立中国—东盟区域物流合作的政策机制、合作组织机制、合作的信息平台、人才培养战略的合作途径选择。

王效瑜[63]探索泛北部湾各国物流产业在政府与企业两个层面应该如何整合各国的物流资源，以使泛北部湾物流产业合作达到共赢的局面；从宏观层面提出了各国政府的战略选择，包括重视产业发展、加强产业关联、推进产业合作、促进产业和谐、优化产业布局五个方面；从微观层面企业合作主要应选择物流战略联盟的模式，尤其是股权式和契约式战略联盟的模式。

李学工、辛荣[64]结合四国物流现状，运用比较分析法进行中俄韩日四国物流资源的特色分析，提出联合共建物流合作高地、物流基础平台建设、物流合作的保障措施等建议，作为构建四国物流合作的框架、推动物流合作实践发展的参考。

田海潮，常国松[65]认为泛黄海区域物流合作的制度形式属于浅层次的，再进一步的合作与发展存在着社会制度、经济体制、贸易政策、物流技术、经济发展水平等诸多障碍因素，这不仅需要中日韩三国政府按照组织的章程推进合作，还需要通过物流法规政策的颁布与实施来引导企业发展物流领域的合作。

(二) 粤港物流合作研究

邓谨[66]和卢雪[67]通过对粤港物流业发展现状的分析，指出了粤港物流合作中存在的问题，在分析CEPA效应的前提下，提出了两地合作的新模式，并对粤港物流合作关系做出了模式定位，探索了两地物流合作的总体思路，就如何提升粤港物流合作水平提出若干对策和建议。

冯邦彦、王鹤[68]提出了粤港物流合作存在着合作主体、规模结构、业务结构、人力资源要素等结构性缺陷，分析了CEPA对粤港物流合作的结构性收益。

张云锐、李继东[69]认为粤港物流合作存在缺乏政府高层之间的协调机制、企业信息化与标准化水平较低以及物流基础设施重复建设等问题，提出了建立双方政府高层物流合作协调机制、尽快推进粤港两地物流的信息化和标准化建设、加速粤港两地物流企业的重组调整和共同建设国际性、现代化物流园区等措施建议。

(三) 海峡两岸物流业合作研究

邹定斌[70]论述海峡两岸物流业合作的形成过程、合作模式和发展趋势，揭示两岸物流业合作的形成机制与发展规律，提出应以信息化为起点推动两岸物流业的发展，并将零售业物流合作作为推动两岸物流业发展新的突破口。

李艳梅、宗刚[71]根据台海两岸物流合作需求总量、结构和空间分布特征，对两岸物流合作方式进行了研究，提出了两岸物流合作方式主要是发展多式联运、拓展物流腹地、构建轴辐网络、整合港口资源，组建战略联盟、加强企业合作。

陈丽满[72]依据比较优势理论与动态优势理论分析了福建（以下简称闽）和台湾（以下简称台）物流业的互补性及合作的利益，并提出了整合物流资源、完善物流基础设施、培养人才等对策措施。

陈文芳[73]分析了闽台港口物流业合作的必要性、可行性以及存在的问题，提出了两地建立国际物流枢纽中心、开展海上航运物流、构建港口物流信息平台等物流业合作发展对策。

陈海[74]分析了海峡两岸物流业发展现状，运用系统聚类分析法对海峡两岸港口进行层次划分，并对所划分的港口未来的合作发展提出了建议；在政府在两岸物流合作中扮演的角色、建立两岸物流行业协会、合作培养人才等方面提出建议。

蔡怀鲁[75]分析了两岸港口当前的合作发展现状及其问题，认为两岸政治关系影响物流合作，提出两岸应当加强政治互信、共同营造和谐稳定的港口物流合作环境、加快港口物流资源整合的发展建议。

（四）我国内陆区域物流合作研究

金兴盛[76]分析了长三角区域物流合作的重要性，提出长三角物流合作的基本框架——以开展区域物流规划、培育物流市场体系、建立现代物流信息体系和加强工作经验交流为主要内容，以制定长三角物流发展政策建议、加强人才交流、建立物流统计指标体系和开展标准化建设为切入点，建立政府、中间组织和物流企业多主体合作的物流合作机制。

赵志田[77]分析了环北部湾经济圈物流合作基础、合作条件、合作现状与问题，以及进一步合作所遇到的挑战，提出环北部湾经济圈"节点—联结—网络"合作结构及以第三方物流企业为核心的合作模式，即第三方物流联盟。

曾玲燕[78]采取指数平滑法、回归分析法、趋势外推法和灰色模型法等方法对长沙、株洲、湘潭（以下简称长株潭）地区社会经济指标、货运总量等进行了预测，阐述长株潭区域物流一体化发展的迫切性；运用灰色聚类分析法进行城市物流能力的综合评价，丰富了区域物流节点布局的方法。

薛青[79]以"城市群—物流"复合系统为研究对象，以物流规划为研究主线，以网络规划为研究核心，运用区域经济和系统工程的相关理论方法对关中城市群物流网络规划问题进行了系统、有序的研究；运用主成分分析法，对关中城市群各城市进行了物流等级排序，将基于元胞自动机求解最短路的模型运用到西安市的物流配送系统之中。

董林、李川[80]描述了北京西南五区物流产业发展的现状与特点，指出加强合作是促进京西南区域物流发展的关键，并提出形成产业错位发展、调整存量结构、共同打造节点、形成有效联动、推进五区联合招商、形成协商共议机制等建议。

周伟[81]提出要加快京津冀区域物流网络和物流节点建设，建设网络型基础设施，加强海港、空港、公路和铁路枢纽有机连接，推进口岸一体化，重点建设物流基地和发展物流企业的区域物流发展构想。周伟[82]分析了京津物流合作的必要性，提出加强物流合作的思路，即政府要重视和引导物流园区的健康发展、加强物流发展的环境建设、加强物流基础设施建设和发展第三方物流企业。

踪程、何继新[83]分析了京津冀在发展区域物流一体化过程中的制约性因素，构建了京津冀区域物流一体化模式的基本框架，并给出相应的策略建议。

综合以上对物流合作研究的综述，可以发现对区域物流合作的研究有以下五个特点：第一，研究的内容主要涉及区域物流合作的必要性、合作的基础、合作的条件、合作的现状、合作存在的问题、合作的模式以及加强合作的政策措施建议；第二，研究的方法主要为定性归纳分析与实证分析相结合；第三，根据合作区域范围的不同，可分为国家之间的物流合作、粤港物流合作、海峡两岸物流合作和内地特定区域物流合作；第四，就研究的对象看，主要是针对我国的特定经济区域内地区之间在物流领域的合作；第五，目前的研究倾向于将区域物流合作的主体默认为参与合作的地方政府。

二、区域物流一体化研究现状综述

目前，国内学者研究区域物流一体化，主要侧重于针对特定区域的物流一体化相关问题的研究。特定区域主要指经济比较发达的区域，如长三角、珠三角、京津冀等经济圈；研究的相关问题主要包括区域物流一体化的必要性、存在的问题及障碍、区域物流一体化的发展模式、加强区域物流一体化发展的对策建议等。

刘辉[84]和沈阳[85]在分析长三角物流业发展现状的基础上，指出长三角物流业发展存在物流网络不完善、物流发展环境较差、物流企业专业化程度较低等问题，提出长三角应该依靠整合物流网络、改善物流发展环境、物流企业的市场化整合来实现区域物流一体化，并给出有利于促进实现区域物流一体化发展的对策建议。

钱廷仙[86]认为长三角物流一体化存在着行政壁垒、利益冲突和交通信息阻碍，提出了完善协调机制、规划衔接、通关一体化、信息一体化和区域物流分工协作的建议措施。

揭毅[87]总结了长三角区域物流一体化发展的现状，提出了完善现代物流基础设施网络、培育现代物流市场体系、建立现代物流合作机制的措施建议。

胡以乐[88]通过SWOT分析法，指出了长三角实现区域物流一体化存在着一体化的合作意识不断增强、国内外大型物流企业的大量进驻、发达的交通基础设施、积极建设中的"大通关"式的物流信息化网络等优势和机会，存在着条块分割严重、缺乏现代物流运作理念、物流装备技术水平较低、信息化水平有待提高、物流人才匮乏的劣势与威胁。

高远秀、姜阀[89]认为京津廊区域物流一体化是经济发展、现代物流业发展、提高京津廊区域经济竞争力的必然要求。

焦文旗[90]认为地域文化差异、区域协调发展观念不强、区域基础产业尚待协调、区域间城际交通体系不完善、区域内物流标准化建设和信息系统平台建设不完善、缺乏物流人才的联合开发与合作培养,是京津冀地区实现物流一体化的主要障碍。

姜阅、魏震、高远秀[91]认为主体利益至上、廊坊区域物流发展整体水平低和物流要素的合理流动途经不顺畅,是京津廊实现区域物流一体化的主要障碍。

徐炜[92]在对区域物流一体化发展模式进行归纳、分析和评价的基础上,结合地区经验提出上饶、景德镇地区物流一体化应该采用综合区域发展模式,并从不同角度对其实现途径和可持续发展对策进行研究,以保证该模式发展的顺利性和持续性。

冯文杰[93]研究广州、佛山(以下简称广佛)同城化与广佛物流一体化的相互关系,结合耦合系统理论从量化角度阐明两地物流体系逐步融合乃至一体化的趋势,并从物流的纵向一体化、横向一体化和网络一体化三个方面对广佛物流的一体化发展对策进行了探究。

胡琳、李智彬[94]认为长株潭区域物流一体化发展存在如下主要障碍。从宏观来讲,区域物流业整合发展的体制和政策"通道"还没有形成;从微观来看,存在纵向部门分割、横向地区封锁并缺乏整体规划的问题。提出建立政府之间的协调机制和物流管理机制,并采取培育物流市场、统筹建设物流基础设施、促进物流信息系统发展和做大城市群延伸价值链的措施建议。

张思军[95]提出长株潭三市应超越按行政区划独自规划、发展产业的旧格局,三市统一规划物流业布局、统一物流业政策、统一整合物流资源,突出特色,深化分工,优化结构,形成三市合理分工、优势互补的区域产业发展新格局的物流一体化思路,并提出建立制度化的物流协调机制,合理规划区域物流体系,以多式联运为目标优化区域内港口、公路、铁路物流网络,加快推行物流信息化和大力发展扶持第三方物流骨干企业等措施建议。

韩向雨、刘洋、申金升[96]指出京津冀地区由于未建立区域间市场化的利益协调和补偿机制,行政区域的割裂对物流一体化具有重大的影响,并提出以基础设施建设与运营一体化为合作基础,以政策机制协调与对接一体化为合作保障,以物流市场准入与监管一体化为合作支撑，以公共信息共享与交换一体化为合作源泉的政策措施。

潘昭文[97]、李卫忠[98]分析了珠海、中山、江门（以下简称珠中江）城市群物流一体化构建的优势、劣势、机会和威胁，认为"本位主义"、经济发展不平衡、体制制约、物流标准化水平低、物流业发展定位趋同是其一体化发展的劣势，并提出整合物流通道、物流信息平台、区域物流制度、物流市场的一体化路径选择。

梁金光[99]等认为构建珠三角物流一体化的发展重点为基础设施平台、信息系统平台的建设及制度化的协调机制，并提出了制定和完善物流行业规范、积极发挥行业协会作用、大力引进和培育现代物流人才的政策建议。

胡强[100]分析了兰白（兰白经济区，地处新疆、青海、内蒙古、宁夏等多民族地区接合部）区域物流业的发展存在管理体制落后、缺乏系统规划、物流企业经营理念落后、物流硬件设施建设落后等问题，并提出了合理规划兰白区域物流系统、构建兰白区域物流发展平台、注重区域协调发展、推进物流基础设施建设、完善相关的法规体系、扶植重点物流企业、加快专业人才培养、实现物流标准化等政策建议。

焦文旗[101]对区域物流一体化的内涵、基本特征、原则等进行理论探讨，提出了区域物流一体化的影响因素以及一体化的标准。

普荣[102]分析了滇中（昆明、曲靖、玉溪、楚雄）城市群区域物流发展的现状及存在的问题，并提出了加强基础设施平台建设、加快区域物流资源的整合、加快物流标准化建设的战略选择。

综合目前对区域物流一体化的研究，可以发现对区域物流一体化的研究与区域物流合作的研究在内容、方法上有很大的相似性，笔者认为其主要原因是现有对区域物流合作的研究未能正确理解区域物流合作的内涵，致使其在最终表达上与区域物流一体化相似。此外，笔者认为区域物流合作是实现区域物流一体化的充要条件，是实现区域物流一体化必需的、唯一的途径。

第四节 研究思路及内容

一、研究的思路

本书研究的内容主要是区域物流合作发展实践过程中所遇到的问题，因此依据"发现问题，分析问题，解决问题"的研究思路，在研究过程中综合运用现代物流学、经济学、管理学、系统科学、区域规划等理论，对我国区域物流合作理论及应用研究进行分析研究。首先通过梳理我国区域物流合作现状，发现我国区域物流合作存在的难以协调和解决的问题；然后分析问题——"为什么区域物流合作存在这么多的问题，我们还要支持区域物流合作发展"，并解答这个问题，使合作主体坚定"合作共赢"的发展信念；最后对区域物流合作发展存在的两个主要问题进行深入研究，一是解决区域物流合作过程中谁是合作主体，合作主体应该做什么、如何做的问题；二是寻求一种易于监督、科学合理的区域物流资源空间配置的方法。本书研究的基本思路及主要内容如图1-1所示。

二、研究的主要内容

本书主要研究内容及篇章结构如下。

第一章：绪论。主要介绍本书研究的背景，阐述本书研究的意义；界定本书研究的区域物流合作的内涵；对既有研究工作进行总结评述；阐述本书研究的思路和主要内容。

第二章：区域物流合作研究的理论基础。阐述研究所运用的理论基础。

第三章：我国区域物流合作发展的现状与存在的问题。梳理我国三大经济区区域物流合作概况，总结我国区域物流合作存在的问题，

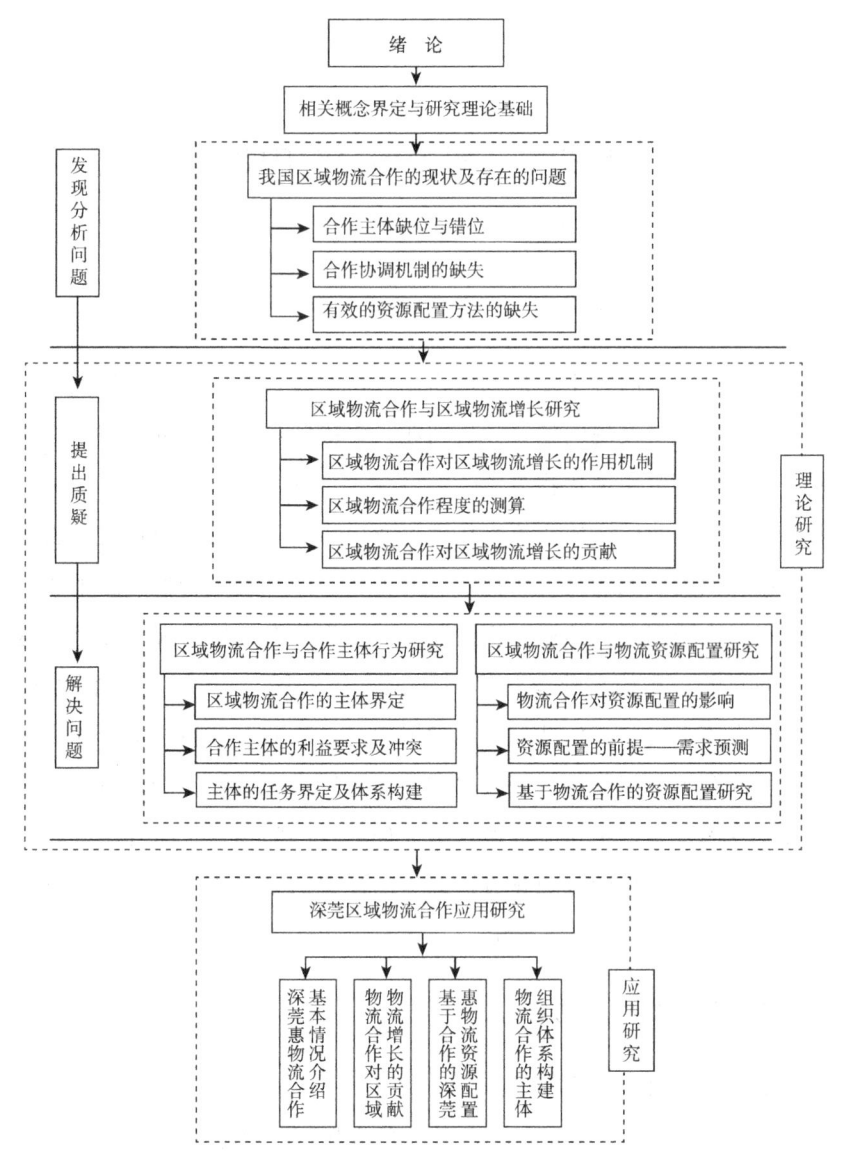

图 1-1 基本思路及主要内容

探讨问题存在的原因，从逻辑和理论上阐述区域物流合作的重点发展领域，并探讨我国区域物流合作的发展趋势。

第四章：区域物流合作与区域物流增长研究。将拓展的柯布-道格拉斯生产函数引入区域物流研究，以量化研究区域物流合作对区域物流增长的作用，主要包括阐述区域物流合作对物流增长的作用机制，建立包含合作程度要素的区域物流增长模型，建立区域物流合作程度的评价指标体系并确定测算方法，探讨确定区域物流合作程度对区域物流增长的贡献的理论方法。

第五章：区域物流合作与合作主体行为研究。依据利益相关者理论，从理论上探讨并界定区域物流合作发展的合作主体，运用博弈论思想分析合作主体在合作过程中的利益诉求以及利益冲突，运用演化博弈理论分析区域物流合作过程中各主体的作用以及具体任务，从而构建区域物流合作的合作主体组织体系。

第六章：区域物流合作与区域物流资源空间配置研究。主要从定量角度研究区域物流合作对区域物流资源配置的影响，对物流资源配置的前提——物流总需求预测进行研究，建立基于 BP 神经网络的综合预测法，探讨区域物流资本空间配置的原则，并建立基于区域物流合作的资本空间优化配置的方法。

第七章：深莞惠区域物流合作发展应用研究。选取深圳东莞惠州三市区域物流合作发展为研究对象，应用本书提出的区域物流合作理论与方法进行应用研究，主要包括通过建立深莞惠区域物流总量生产函数，测算深莞惠区域物流合作对其物流增长的贡献，对深莞惠区域物流总需求进行预测，并对深莞惠区域物流总资本进行空间优化配置，以及构建深莞惠区域物流合作管理组织体系。

第二章 区域物流合作研究的理论基础

第一节 区域发展理论

一、区域分工合作论

区域分工理论由来已久,早期的分工理论是针对国际分工与贸易而提出的,最具代表性的是斯密的绝对比较优势理论和李嘉图的相对比较优势理论,其充分阐述了合理的区域分工对资源的高效配置,以及协调区域发展的重要意义。区域自然资源禀赋是形成区域分工的自然基础,区域社会经济系统性质的差异是形成区域分工的重要原因,为获得最优的经济收益和最大的消费满足是形成区域分工的根本动力。根据区域发展的相互依赖理论,在区域分工深化的过程中,随着区域之间竞争的加剧,区域发展的相互依赖程度也日益加深,出于各自发展利益的需要,区域之间在分工的基础上必然要开始寻求合作。

因此,区域合作理论源于区域分工理论,分工合作论认为分工是合作的前提,合作是分工得以实施的保障,合作的目的是合作各方扬长避短,优势互补或优势相加,将分散的生产要素按最优结构合成新的生产力即协作生产力,取得"整体大于部分之和"的综合效益。通过合作,不仅可避免区域产业结构雷同导致的区际冲突,而且可以提高协作区域整体在全国区域分工的地位与作用,促进区域产业组织的创新、全国统一市场的形成和产业结构的协调化与高级化。区域合作是区域经济发展的普遍现象，合作是竞争的高级艺术形态。目前，区域合作主要有两种形式：一是区域之间存在产品、技术、服务等方面的关联而形成互补关系和相互依赖，因而需要通过相互合作才能满足各自的多方面需求；二是迫于市场竞争的压力，相关区域通过合作，实现优势互补或扩大同种优势，形成竞争的合力，追求各自经济发展更加稳定、规模更大。由于区域具有主体性，经济地理学将区域合作看成是经济要素在区域之间有意识、有目的、有计划的优化配置过程。在一个国家内部，区域之间的合作意味着区域利益诉求的一致性和相似性，表现为相互之间要素互动的频繁性与应对危机挑战的高度协调性。区域合作有专项合作与全面合作、政府合作与民间合作等不同的分类，就其发展形态看，一体化是区域合作的高级形态。

区域分工合作理论的积极意义，在于区域之间通过优势互补、优势共享或优势叠加，把分散的区域活动有机地组织起来，把潜在的区域活力激发出来，形成一种合作生产力。通过合作，可以冲破要素区际流动的种种限制，促进要素向最优区位流动，加强区际经济联系，形成区内和区际复杂的经济网络，提高区域经济的整体性和协调能力，形成统一大市场，构筑区域一体化格局。

区域物流合作是区域合作的重要形式，因此，进行区域物流合作的研究必须借鉴和运用区域合作相关基础理论。在区域物流发展过程中，应充分吸取过去我国强调区域综合化而建立各地独立的工业体系，最终造成重复建设和资源浪费严重的经验教训。各地方应根据各自不同的物流资源要素禀赋所形成的相对比较优势，进行合理的区域分工，从区域的视角确定自己的物流发展定位。同时，要积极与其他地方的物流发展进行对接与合作，发挥区域协调合作优势，形成优势互补或优势叠加，把分散的物流活动有机地组织起来，把潜在的区域物流竞争力激发出来，形成区域物流一体化的综合物流体系，避免区域间与区域内物流发展的过度竞争，从而提高区域物流效率与竞争力。

二、区域发展管治理论

20世纪60年代以后,西方资本主义国家进入了以强调平等、多元等社会价值为基础的后工业社会。后工业社会的生产特征及全球化的进程,使得世界经济生产方式形成空间性,既强调跨边界、区际差异,也强调控制和协调。同时,由于信息、科技的发展及社会中的各种正式、非正式力量的成长,人们如今所崇尚和追求的最佳管理和控制形式往往不是集中,而是多元、分散、网络型以及多样性的,也就是"管治"的理念。

"管治"一词,原意主要是指控制、指导或操纵,当前的众多文献中经常将其译为 Governance。蔡拓[103]认为管治要义在于从政府转向非政府,从国家转向社会,从领土政治转向非领土政治,从强制性、等级性管理转向平等性、协商性、自愿性和网络化管理。张京祥[104]认为区域管治的重点是涉及不同层级政府或发展主体间、同级政府之间的权利互动关系,在于寻求到一种公平与效率并重的区域管理方式和探索一条通往区域可持续发展的道路。与传统的以控制和命令手段为主、由国家分配资源的治理方式不同,管治是指通过多种集团的对话、协调、合作,以达到最大程度动员资源的统治方式,以补充市场交换和政府自上而下调控之不足,最终达到"双赢"的综合的社会治理方式。它具有以下三个特征,一是强调解决公共问题的过程属性,基础是协调;二是强调协调的主体是多个利益单元和决策中心的共同作用;三是管治的过程有赖于各方成员之间的持续相互作用。

在利益博弈的市场经济时代,区域物流发展需要运用管治的视角来处理发展过程中所衍生出来的各种利益纠纷,也需从管治的视角对区域物流发展规划的编制和实施进行再审视。总体来讲,管治理论对区域物流合作的影响以及启示主要体现在以下三个方面。首先,在合作的内容方面,区域物流发展的空间协调与引导成为区域物流合作的新的组成部分;其次,在合作的过程中,要注意协调参与合作的各个主体的利益,多元参与、协商协调、跨区域合作成为合作过程中不可缺少的组成部分与过程；最后，在物流合作的管治过程中，需要寻求合作成员各方持续相互作用的方法以及管治途径。

第二节 经济学理论

一、行政区经济理论

行政区经济理论产生于20世纪90年代，是人文地理学和区域经济学的一种创新理论。行政区经济的概念最早是由华东师范大学的刘君德教授在当代中国从计划经济体制向社会主义市场经济体制转轨过程中所产生的行政区划对区域经济的刚性约束这一典型现象的背景下提出的，是一种特殊的区域经济现象，它把行政区划改革研究与区域经济发展研究有机地整合在一起，开辟了行政区经济研究的新领域。

行政区经济具有四大特征：一是行政性，指地方政府在区域经济发展中起主导作用，甚至是决定性作用；二是封闭性，这是行政区经济与经济区经济的本质差异，其重要表现是生产要素难以跨行政区流动；三是两面性，指行政区经济运行对区域经济具有消极影响和积极影响；四是过渡性，指产生于我国区域经济由纵向运行系统向横向运行系统转变这一特定时期、具有过渡性质的一种区域经济类型。

归纳起来，行政区经济主要有五大表现：

一是企业竞争中渗透着强烈的地方政府经济行为。各级地方政府从自身利益出发，干预发育程度不高的市场，对本地企业实施保护并干预其行为，扰乱市场秩序，造成区域内不同行政区之间企业竞争的不公平性。

二是生产要素的跨行政区流动受阻。由于在计划经济体制下各地区有健全的工业生产体系，在一定程度上阻碍了新时期生产要素的横向流动，在地方保护主义促使下的市场重复建设，削弱和阻碍了生产要素跨行政区的流动。

三是行政区经济的稳定结构。区域统一大市场和发达市场的难以建立与地方封锁和保护两种力量处于一种相对稳定的博弈均衡状态，致使行政区经济的运行处于看似正常的稳定状态结构。

四是行政中心与经济中心的高度一致性。地方政府占有的行政资源越多，其在区域经济发展中就越处于有利的地位。因此，行政中心可以自然地成为经济中心，而经济中心如果不能及时获得相应的行政资源，其经济中心的地位就难以提升，经济辐射范围与强度也就受到制约。

五是行政区边界经济衰减性。我国的省会城市一般都处于行政区的中心部位，经济中心的经济辐射力在扩散过程中因受空间递减规律作用的影响在到达行政边界地区时，已被大大削弱了，因而行政边界地区往往成为区域经济的衰竭地带。

随着我国三大经济区重新定位并向周边扩展，我国的区域经济格局朝着区域经济一体化的方向发展，主要表现为区域内部行政区之间的合作与交流更为频繁、市场机制越来越成熟、政府职能朝着服务型政府的角色转型，行政区经济理论发展逐步与制度经济学、政府经济学、公共管理学相组合，酝酿着新的突破和创新。

行政经济理论的两面性表明，行政区经济对我国区域物流合作发展既有有利影响，也有不利影响。由于区域物流系统的构建要与区域经济社会系统、区域环境系统等其他社会子系统相衔接，地方政府参与物流系统的构建可以更好地兼顾社会效益和生态效益，尤其是物流通道、大型物流节点等具有"准公共物品"性质的物流基础设施的建设，地方政府参与可以有效地避免"市场失灵"，而且有利于区域物流基础设施的统一布局。虽然行政区经济对物流系统的构建有其有利的作用，但在区域物流合作和一体化的发展过程中，它越来越体现出在区域物流发展过程中不利的一面，主要体现在部分物流节点设施重复建设、物流市场分割、物流空间布局冲突、物流发展定位冲突等不利于区域物流一体化发展的作用。因此，行政区经济理论的意义在

于从行政区划的视角为探讨我国以地方政府为主导的区域物流业的发展过程中在区域内部及区域之间合作发展遇到的问题提供分析方法和思路，并为消除行政区经济的负面影响而提供理论支撑。

二、博弈论

博弈理论的形成始于 1944 年由美国 Princeton University 著名数学家冯·诺伊曼（John von Neumann）和经济学家摩根斯坦（Oskar Morgenstern）出版的《博弈论和经济行为》一书，至 20 世纪后半期，博弈论成为社会科学领域的重要理论之一。博弈论是研究决策主体的行为方式发生直接相互作用时的决策以及这种决策的均衡。所谓博弈，是指参加博弈的各方为了自身的利益最大化而采取的策略，即参与人（个人、团队或其他组织）面对一定的环境条件，在一定的规则下，同时或先后、一次或多次，从各自允许选择的行为或策略中进行选择并取得相应结果的过程。博弈论分为合作博弈和非合作博弈，它们之间的区别主要在于人们的行为相互作用时，当事人能否达成一个具有约束力的协议。合作博弈强调的是团体理性，强调的是效率、公正、公平；非合作博弈强调的是个人理性、个人最优决策，其结果可能是有效率的，也可能是无效率的。目前，虽然非合作博弈是博弈论研究的主流，其成熟程度高于合作博弈，但合作博弈也是非常重要的。从长远看，合作是有条件的，是普遍存在的一种经济行为；另外，从博弈的角度来说，当非合作博弈存在无效率或低效率时，就说明了合作博弈的可能性和必要性。

博弈论的基本要素包括参与人、行动、信息、战略、支付、结果和均衡。其中，参与人、战略和支付是描述一个博弈所必需的要素，参与人、行动和结果统称为"博弈规则"，博弈分析的目的就是使用博弈规则预测均衡。

博弈论对于深化区域物流合作有重要的指导意义。从区域物流发展的视角看，参与合作的各地区可以作为博弈参与人，在市场经济条件下，都追求区域利益最大化。在区域物流资源非均衡性和独特性及国家财政有限的约束下，各地方政府之间、企业与企业之间开展竞争博弈，按各自最优决策行事，以达到区域利益最大化。如果各方均不合作，则区域理性未能达到各自预期目标。因此，为谋求区域利益最大化，各地区之间必须相互合作，不仅要考虑自身优势的发挥，还要考虑与其他地区的合作，以实现共赢。

随着区域物流深度发展，从物流基础设施规划建设、物流市场培育与进入、物流服务的范围及价格制定，都存在着广泛的博弈。而区域物流合作的过程实际上也是物流利益主体的博弈过程，在满足区域各物流主体利益的条件下，实现纳什均衡。

在物流合作博弈领域中，合作主体行为是一种理性行为，一种利益最大化行为；区域物流合作来源于既定条件下局部利益主体最大化目标的有机组合；任何一个行为不仅有收益，而且有成本，主体选择何种行为取决于成本收益的比较和权衡；合作主体在一些关键问题上相互做出让步，形成相互遵守的共同规则，就能达到均衡状态。因此，深化区域物流合作研究：一是要密切关注合作的行为主体及其利益要求；二是要关注博弈的"游戏规则"；三是要尽可能探讨有效协调物流企业、政府、物流需求者和当地居民等不同利益主体关系的路径，充分实现各方利益的共赢，以期达到纳什均衡。

三、演化博弈理论

《博弈论及其经济行为》以完全信息为基础、假设参与人是完全理性的，开创性地研究、构建了博弈论的基本理论框架[105]。然而在现实的经济生活中，由于人的感知认识能力限制和语言上的限制，参与人的完全理性与完全信息的条件是不可能存在的。

演化博弈论摒弃了完全理性的假设，把博弈理论分析和动态演化过程分析结合起来，以达尔文生物进化论和拉马克的遗传基因理论为思想基础，从系统论出发，把群体行为的调整过程看作为一个动态系统[106]。在演化博弈论中，可以把从个人行为到群体行为的形成机制以及其中涉及的各种因素都纳入演化博弈模型中去，构成一个具微观

基础的宏观模型。由于有限理性，博弈双方不可能在每一次博弈中都能找到最优的均衡点，于是他的最佳策略就是模仿和改进过去自己和别人的最有利策略。当某个系统中的所有参与者都采取"演化稳定策略"时，那么采用其他策略的个体将无法侵入这个系统，系统达到了演化均衡[107]，为研究人类社会经济系统中的合作行为提供了一个方便的数学框架，因此能够更真实地反映行为主体的多样性和复杂性，并且可以为宏观调控群体行为提供理论依据。

在演化博弈论中，其核心概念是"演化稳定策略"（Evolutionary Stable Strategy，ESS）和"复制动态"（Replicator Dynamics）。1972年，John Maynard Smith 引进"演化稳定策略"概念[108]，替代了经典博弈中的 Nash 均衡，演化稳定策略是指在重复博弈中，有限理性个体出于其利益得失考虑，模仿和改进过去自己和别人的最有利策略，不断对其策略进行调整以追求自身利益的最大化，不断用较高支付的策略代替较低支付的策略，并达到一种均衡，并且能够经受有限理性所引起的错误与偏离的干扰，这种均衡下的策略为"演化稳定策略"[109]。ESS 是一个"静态"的概念，其假设只要求表现更好的策略具有更快的复制（增长）速率，并不涉及具体的博弈动力学。直到1978 年，Taylor 和 Jonker 引入了复制动力学的概念（Replicator Dynamics）[110]，提出了复制者动态方程。复制动态是指个体的收益随着个体在群体中所占的比例的变动而变动，描述了某一特定策略在种群中被采用的频数或频度的动态微分方程。根据演化原理，一种策略的适应度或支付（Payoff）比种群的平均适应度高，这种策略就会在种群中发展，即适者生存，体现在这种策略的增长率大于零。

在重复动态博弈中，假设两类参与人均采用纯策略，令 S 是参与人所有纯策略的集合，$\varphi_t(S)$ 代表所有在 t 阶段采用纯策略 $s \in S$ 的参与人集合，$\theta_t(S)$ 表示在 t 阶段采用纯策略 s 的参与人群体比例向量，那么：

$$\theta_t(S) = \varphi_t(S) / \sum_{r=S} \varphi_t(r) \qquad (2-1)$$

于是，在 t 阶段采用纯策略 s 的参与人的期望效用是：

$$u_t(s) = \sum_{r \in S} \theta_t(r) \times u(s,r) \qquad (2-2)$$

式中，$u_t(s, r)$ 表示采用纯策略 s 的参与人在另一类参与人采用纯策略 r 时的期望效用，那么，群体的平均期望效用为：

$$\overline{u}_t = \sum_{s \in S} \theta_t(s) \times u_t(s) \qquad (2-3)$$

根据上面的假设，有限理性的参与人有一定的统计分析能力和对不同策略收益的事后判断能力，收益较差的参与人迟早会发现这种差异，并开始学习模仿另一类型的参与人，此参与人类型的比例是随时间而变化的，是时间的函数。上述比例随时间变化的速度取决于参与人学习模仿的速度[111]。

根据 Taylor 和 Jonker 提出的连续时间模仿者动态模型：

$$\varphi_t'(s) = \varphi_t(s) \times u_t(s) \qquad (2-4)$$

对式（2-1）求导，并将式（2-4）代入该式，化简得到：

$$\frac{d\theta_t(s)}{dt} = \theta_t(s) \times [u_t(s) - \overline{u}_t] \qquad (2-5)$$

此式即为模仿者复制动态方程，该动态方程符合 Fudenberg 定理。令 $\frac{d\theta_t(s)}{dt} = 0$，即可解出所有复制动态稳定状态，然后讨论这些稳定状态的邻域稳定性，可以根据 ESS 定义，即若一个策略 s^* 是一个 ESS，当且仅当 s^* 构成一个 Nash 均衡，对于任意的 s 都有 $\theta_t(s^*) > \theta_t(s)$。

四、经济增长理论

经济增长是现代经济学的主要研究内容之一，经济学家一直从影响经济增长因素的角度解释经济增长的动因、增长机制。经济学理论对影响经济增长的各种因素的探究越来越广、越来越深，从土地、物质资本、劳动、技术逐渐扩展到人力资本、分工、制度、合作等，并且从开始的要素外生决定逐渐发展到要素的内生决定，这些都标志着经济增长理论不断地走向成熟[9]。

早在古典经济学产生之前，重商主义者认为经济增长的本质就是货币财富的积累，而重农主义认为"黄金和白银本身不是而且从来不是财富"，真正的财富是农业收成，只有努力发展农业才能增加社会财富。古典经济学家如威廉·配第、亚当·斯密、大卫·李嘉图等都认为劳动是经济增长的重要源泉，这奠定了劳动在财富创造中的重要地位。真正建立起完整的现代经济增长理论模型的是哈罗德和多马，哈罗德-多马模型是典型的以劳动和资本作为促进增长的两种因素而构建的一个经济增长模型，采用要素间无替代性的生产函数，是现代经济增长理论的研究起点，也是经济增长理论要素内生化的起点。

现代经济增长理论发展呈现自然演进规律，主要包括以外生技术进步为特征的新古典主义经济学、技术内生化的新经济增长理论，和以制度作为其解释变量的新制度学派的经济增长理论。新古典主义经济学理论的两个主要模型为是索罗-斯旺（Solow-Swan）模型和拉姆塞-卡斯-库普曼斯（Ramsey-Cass-Koopmans）模型，从此，新古典经济增长理论达到了顶峰。新经济增长理论也称为内生经济增长理论，其诞生标志着现代经济增长理论进入了一个新的发展阶段，内生经济增长理论主要包括三个模型，第一个是阿罗（Arrow）、罗默（Romer）、巴罗（Barro）认为技术进步来源于投资，并以生产中积累的资本代表技术水平将技术内生化，从而建立了技术内生的增长模型，其通常被称为知识积累模型，或者简称 AK 模型；第二个是宇则宏文（Uzawa）、卢卡斯（Lueas）将人力资本引入生产函数从而引入增长模型，从而构建了人力资本内生化增长模型；第三个是沿袭杨（Young）、杨小凯（yang）、贝克儿与墨菲（Becker，Muphy）的专业与分工理论，认为增长是专业化和劳动分工演进发展的过程，这类模型通常叫作分工演进模型，简称 ED 模型。以诺斯为代表的新制度学派经济学家，将制度变迁放入经济增长逻辑框架中加以考量，并认为制度因素是经济增长的重要解释变量，较好地解释了转型经济中的经济增长问题，将经济增长理论向前推进了一步。

本书将合作程度要素引入区域物流增长模型中主要参考的经济增

长模型是拉姆塞-卡斯-库普曼斯模型[112~114],此处简要介绍该增长模型。

假定生产函数是具有哈罗德中性技术进步的新古典生产函数 $Y = F(K, AL)$,它满足投入的边际产出递减、规模收益不变和稻田条件,故可简记为 $y = f(k)$。

(一)资本积累方程

假定在封闭不存在政府部门的经济中,总投资等于总储蓄,同时最终产品由消费和投资两部分组成,即:

$$\overset{*}{K} = Y - C - \delta K \quad (2-6)$$

因为 $y = f(k)$,于是可将公式(2-6)改写成单位有效劳动形式:

$$\overset{*}{k} = f(k) - c - (n + g + \delta)k \quad (2-7)$$

式中,n,g 分别为外生给定的劳动增长率和技术水平增长率;δ 为资本折旧率。这样,最优储蓄水平就由最优消费水平决定,而最优消费水平是根据家庭最优消费决策由模型内生决定。

(二)最优决策和均衡增长

假定整个经济中家庭数为常数 H,每个家庭的成员数以不变的增长率 n 增长。家庭的消费决策者通过选择全家各期的最优消费水平来最大化整个家庭的效用,即:

$$\underset{c_t}{\text{Max}} \int_0^\infty e^{\rho t} u(A_t c_t) \frac{L_0}{H} e^{nt} dt$$

$$S.t. \ \overset{*}{k} = f(k) - c - (n + g + \delta)k \quad (2-8)$$

式中,ρ 为个人主观贴现率,L_0 为整个经济体的初始人口数。求解公式(2-8)的家庭最优决策问题,即可得到消费 c 和资本 k 的动态路径(即关于 $\overset{*}{c}$ 和 $\overset{*}{k}$ 的两个方程),它们共同平衡增长的最优路径。

$$\frac{\overset{*}{c}}{c} = \frac{u'}{u''A_t c_t}[r - \rho + \frac{u''A_t c_t}{u'}g] \quad (2-9)$$

同时,因为约束条件 $\overset{*}{k} = f(k) - c - (n + g + \delta)k$(公式2-8)把资

本的动态变化表示成了消费、资本和其他外生参数的函数，于是根据式（2-9）知道了各期最优消费水平后，就可确定资本的最优动态路径。

此外，任何时点的总储蓄率 s 都有：

$$s = \frac{z}{f(k)}, z(t) + c(t) = y(t) = f[k(t)] \quad (2-10)$$

式（2-10）中，$z(t)$，$c(t)$，$k(t)$，$y(t)$ 分别为每单位有效劳动的投资、消费、资本存量和最终产出产品，其取值均由最优消费决策决定，因此总储蓄率为内生决定。

以拉姆塞·卡斯·库普曼斯模型为代表的最优增长理论将微观经济主体的动态优化分析引入经济增长理论研究，并提出了经济增长模型研究所必须包括的"以最优化行为分析决定每个时点资源配置比例"准则，使经济增长理论有了坚实的微观经济基础，将储蓄率（资本积累方程）内生化，进一步发展了新古典经济增长理论。

五、资源配置理论

（一）资源配置的原因

19 世纪 70 年代，瑞士洛桑派的瓦尔拉斯在研究资源分配时提出"稀缺是决定资源价值的核心"。之后伊斯特尔（K. W. Easter）和瓦尔蒂（J. J. Waelti）提出"如果某资源存在竞争利用状况，那么就可以说资源是稀缺的"。正是由于资源稀缺性、竞争性和资源本身分布的非均衡性，客观上决定了资源的流动性特征，从而引起了对资源配置的研究。

（二）资源配置的机制

古典经济学、新古典经济学以及马克思在《资本论》中都对资源配置的机制进行了研究。古典经济学和新古典经济学强调市场对稀缺资源的配置，就像亚当·斯密"看不见的手"的原理所描述的那样，"个人的利益自然会使他们把资本投在通常最有利于社会的地方。当由于这种自然的倾向，导致他们把过多的资本投在此用途，而致使该用途利润下降,低于其他用途利润时,人们会立即改变这错误的分配,不需要法律的干涉,个人的利害关系与情欲,自然会引导人们把社会的资本尽可能按照最适合于全社会利害关系的比例,分配国内的一切不同用途"[115]。马克思在针对人类社会发展过程中的自然经济、商品经济、产品经济三种经济形式,提出了资源配置的三种方式论,并从唯物辩证法的角度,预示在未来的共产主义社会将以公有制基础上的计划配置资源方式来调节社会总劳动的合理分配,以此修正市场配置资源的历史局限性[116]。

(三)资源有效配置判断标准——资源配置效率

由于资源具有稀缺性,因此资源利用关注的重点为收益的最大化,资源的配置效率也成为资源经济学的核心问题,且最早研究资源配置效率的是针对不可再生的自然资源。早在1931年,美国数理经济学家霍特林就发表了《可耗尽资源的经济学》,奠定了不可再生资源配置效率问题的理论基础,其结论被称为霍特林规则,成为资源经济学的基本原理之一[117]。

古典经济学认为资源使用时达到最有效率的状态就是经济效率状态,也就是资源的最佳配置状态。而新古典经济学派的阿瑟·庇古在他的《福利经济学》中提出社会福利函数,认为社会福利最大时的资源配置为资源最优配置。然而阿罗在《经济福利和发明的资源配置》中证明了著名的"不可能性定理",从数学逻辑上否定了社会福利函数的存在。新古典经济学派的边际学派的帕累托提出了在经济学中被称为"帕累托最优"衡量资源配置是否处于最佳状态的标准,简单来讲就是强调资源有效配置的条件是边际成本与边际效益的均衡。资源的空间配置是资源配置的一个方面,不同空间的资源利用边际效益相等是资源最优配置的唯一原则,即只要满足了不同地域对资源利用的边际效益相等,就可以保证整体的资源利用效益的最大化[118]。

(四)资源配置的基本原理

资源配置的基本原理主要有系统性理论、结构理论、公共产品理

论、等边际效益原理、流动性原理、增量带动存量原理以及规模经济原理[119]。下面针对几个与本书有关的理论进行论述。

资源配置的系统性原理是指在动态经济规划中，资源配置是资源在时间、空间及产业层次上的分配过程。它一方面指资源生产力的客观分布以及调整状况，另一方面指资源的开发利用能产生一定的结构功能和效益，通过选择最佳的时空、产业层次和结构分布条件，合理配置资源生产力，增加资源开发利用的整体效益。本书研究区域合作过程中的物流资源配置，其主要思想就是依据各个行政区物流产业的发展水平以及发展结构，在空间和时间上合理配置物流资源，实现整个合作区域的物流整体效益。

公共产品指那些在消费上具有非抗争性与非排他性的产品。由于公共产品具有"共享"和"公共"的特性，往往出现"市场失灵"的情况。由于市场机制在公共产品供给方面显得无能为力，政府的介入就成为一种自然的和必然的结果。物流资源中的物流通道设施、物流公共信息平台、大型物流节点等带有准公共产品的特征，因而需要政府适当地介入物流资源配置的过程，以实现帕累托最优。

等边际效益原理指将一定的资源在不同的方面进行配置时，配置效益达到最佳的基本条件是资源在各方面的边际效益相等。流动性原理是指资源在不同方面进行配置时，资源应具有一定的在不同方面之间的流动性，即可以进行部门间、产业间、地区间的流动。区域物流资源在不同的行政区之间进行配置时，其配置效率达到最佳状态也是该资源的边际产出，根据流动性原理，物流资源的流通方向应该由边际效益较低的地区流向边际效益较高的地区。

规模经济性原理是指资源的投入具有一定的规模经济性，当在一定的投入水平内，资源投入呈规模收益递增，而当投入规模超出一定限度，又会导致规模收益递减。区域物流资源的配置不仅要充分利用其资源配置的规模经济性，而且要避免某一地区投入过量而造成的收益下降。

第三节 管理学及现代物流理论

一、利益相关者理论

利益相关者理论的萌芽始于多德（Dodd，1932），之后归于沉寂。1963年由斯坦福研究所首次使用"利益相关者"这一管理学研究概念，并于20世纪80年代加以确立。在公司治理理论中，利益相关者理论是针对企业"股东利益至上"理论的回应，强调企业经营管理中的伦理问题。具有代表性的是Freeman[120]认为利益相关者是指任何能影响企业目标实现或被该目标影响的群体或个人，包括股东、债权人、雇员、供应商、消费者、政府部门、相关社会组织、社会团体、周边社区等。20世纪90年代以来，利益相关者理论在利益相关者分类问题方面取得很多新的成果，包括企业生产和管理观点的利益相关者；主要和次要观点的利益相关者；力量、法律和紧迫性观点的利益相关者。张文雅[121]结合我国区域旅游合作的实际情况，吸收了利益相关者管理理论发展的新成果，认为区域合作组织的利益相关者分类的三个基本影响因素为利益性质、关系程度和影响力。其中利益性质主要是指区域合作组织各利益相关者相互间的经济、法律和道德利益，在利益结构中，区域合作组织各利益相关者的经济利益决定了其在合作中的地位，法律法规以及道德是各利益相关者和组织的基本保障；关系程度是判断利益相关者的一个重要标准，合作组织中各利益相关者的关系有的是直接的、密切相关的、至关重要的，有的是间接的、松散的和相对次要的；不同的利益相关者对合作组织所具有的影响力是不同的，某些相关者拥有决定其生存和发展的绝对影响力，另一些则力量相对较弱。

国外运用利益相关者理论来指导企业及其他组织的发展，已取得

较好效果,而我国当前还处于探索阶段。目前国内物流业的发展遇到重复建设严重、竞争激烈、缺乏规划指导等诸多问题,以及区域物流合作过程中存在着合作进程缓慢、合作形式化等问题,如何处理好不同地方政府之间的关系、物流企业以及其他利益相关者之间的关系,以及各主体之间利益的合理分配,以实现不同地区物流资源的合理开发配置等,是区域物流合作的核心问题。

二、物流供需平衡理论[122][123]

(一)物流需求

物流需求是社会需求系统中的一个重要组成部分,它来源于社会再生产活动,是由社会再生产活动的需要而引起的派生需求,其总量不仅受社会再生产活动中生产、流通和消费的控制,而且同时受物流系统的供给能力与水平的影响。具体来讲,物流需求是指一定时期内社会再生产活动对生产、流通、消费领域的原材料、半成品和成品、商品以及废旧物品和废旧材料等在空间、时间等方面的位移及其服务的需求。物流需求具有派生性、复杂性、时效性和地域性等特点。

由此可见,社会上实际完成的物流量是社会经济系统与区域物流系统共同作用的结果。由于社会再生产活动产生了对物流服务的需求,因此物流需求是产生物流量的动力或势能,而需求转变为现实的物流量的阻抗是物流系统的服务能力与水平,所以有:

$$V = D(E, S)$$

式中,V 为可以完成的物流量;E 为社会再生产需求;S 为物流系统服务能力与水平;D 为物流需求函数。

实践表明,通常影响物流量的因素主要有经济总量及增长速度、产业结构、消费和市场环境、经济空间布局、技术进步、物流水平以及物流成本等因素。分析物流需求的意义主要是了解社会再生产活动对物流供给的需求,进而引导社会物流资源合理配置,从而形成有效的物流供给。

(二) 物流供给

物流供给是指物流市场主体运用物流资源生产能够满足物流需求的产品与服务，通常表现为物流系统的能力和服务水平。宏观上物流供给分为动态和静态两种形式，依靠物流通道实现物流位移的供给属于动态形式，依靠物流节点实现的时间价值以及增值活动的供给属于静态形式。

通常情况下，物流供给水平主要取决于物流市场主体的运作能力、物流通道设施、物流节点设施、物流需求、物流技术以及物流制度等，其中物流供给主体的运作能力受到物流技术、物流基础设施运作效率的影响。

区域物流系统的供给以其服务能力和服务水平的变化来满足或适应区域物流需求，物流服务水平在一定时期内是连续变化的，而物流系统的服务能力是跳跃式的，取决于物流系统的要素投入水平，因此区域物流系统的供给能力可以表示为：

$$Y = F(K, A, V, L)$$

式中，Y 代表物流系统的供给能力，K 代表物流设施设备资金等资本投入，A 代表物流技术水平，V 代表物流需求水平，L 代表物流劳动力的投入，F 为物流供给函数。

(三) 物流供需平衡

按一般供需均衡理论，供需平衡是社会再生产顺利进行的必要条件，是稳定物价的重要条件，是合理配置社会资源的有效手段。因此，在区域物流发展过程中，物流的供给与物流需求也应该实现平衡，这样才能促进物流资源的合理配置，维持物流市场秩序，保障区域物流的健康发展。

在特定的区域经济系统和区域物流系统下，当物流供给小于物流需求时，应该提高对物流系统生产要素的投入，以增加物流供给，提高物流服务水平，满足物流需求，实现供需平衡；当物流供给大于物流需求时，应该减少对物流系统生产要素的投入，以降低物流供给，

实现供需平衡。因此，可根据物流需求与物流供给的相互作用，实现物流供需的平衡模式 P。物流平衡模式 P 可以用物流需求量 V 和物流供给 Y 来表示，即：

$$P=P(V, Y)$$

当 $V=Y$ 时，即 $D(E, S) = F(K, A, V, L)$ 时，区域物流系统实现供需平衡，此时 $P_0=P(V_0, Y_0)$。

第三章 我国区域物流合作现状及存在的问题分析

我国区域物流合作发展的现状如何,存在哪些问题,该如何解决?这不仅是本书研究的基本思路,也是本书研究的立论依据。因此,本章首先梳理我国三大经济圈区域物流合作发展实践的基本情况;其次总结探讨我国区域物流合作发展存在的问题,并深层次分析产生这些问题的原因;再次从理论及逻辑上阐述了区域物流合作发展的主要领域及内容,丰富区域物流合作发展;最后结合我国区域政策的变化、政府职能的转变以及市场经济体制的完善,探讨我国区域物流合作发展的趋势。

第一节 我国区域物流合作发展的现状

随着我国区域经济一体化的不断发展、现代物流业的不断成熟,区域物流一体化逐渐被提上了物流业发展的议程,尤其是《国民经济和社会发展十二五规划》和《物流业调整和振兴规划》的颁布,将区域物流合作发展推向了一个新的高潮,区域物流业发展已成为我国地方政府发展物流业的重要战略。目前,我国区域物流合作的实践主要集中在经济发达的长三角、珠三角、京津冀及环渤海等经济区,在全国范围内已基本形成三大区域物流合作发展的格局。

一、长三角区域物流合作发展概况

长江三角洲经济区是由上海市、江苏省8个城市和浙江省7个城市共计16个城市组成，并在1997年成立了长江三角洲城市经济协调会，形成长三角地区城市间的合作机制。长江三角洲区位优越，自然禀赋优良，经济基础雄厚，体制比较完善，城镇体系完整，已成为全国发展基础最好、体制环境最优、整体竞争力最强的地区之一，在我国社会主义现代化建设全局中具有十分重要的战略地位。

2003年8月，长江三角洲地区苏浙沪三地物流主管部门召开"长江三角洲物流合作高层论坛"，探讨成立"长三角物流合作经济圈"的相关事宜，将物流产业推进到区域合作的层面，拉开了长三角地区区域物流合作发展的序幕。2005年，"两省一市"物流相关负责部门在杭州举行的"长江三角洲物流合作高层论坛"上签订了"长江三角洲物流合作的框架协议"，使长三角物流合作上升到了一个新的层面，具有突破性的意义。2007年"两省一市"物流相关负责部门启动了"现代物流发展联席会议制度"，制定了《关于促进长三角地区现代物流联动发展的若干措施》，标志着长三角地区物流合作进入实质性发展阶段，物流区域联动发展的趋势逐渐显现。2008年10月，"两省"经贸委和上海市经委召开"推进长三角地区现代物流联动发展大会"，并在其倡导下，由两省一市物流协会牵头，成立"长三角地区现代物流合作联盟"，该联盟是由长三角地区物流行业协会及相关社团组织、各类物流企业、科研教育机构等联合建立、自愿参加跨省市的现代物流发展合作组织，是继2007年建立"长江三角洲地区现代物流联动发展联席会议制度"后联动发展的又一重要举措，标志着长三角地区有了一个统一的企业物流业务交流合作平台。2011年5月，"两省一市"召开的长三角地区现代物流业联动发展大会暨中国（江苏）长三角物流发展合作论坛确定每年5月6日为"长三角物流日"，旨在进一步密切物流企业合作，优化物流资源配置，推进两省一市现代物流联动发展，之后长三角地区现代物流业联动发展大会暨中国长三角物流发展合作论坛每年召开一次，就物流业的发展重点进行合作与交流，形成了区域物流合作的常态化形式。2009年3月，《长江三角洲地区快递服务发展规划（2009－2013年)》和《长江三角洲地区道路运输一体化规划纲要》正式出台，标志着长三角区域物流合作成果已经落实到规划的层面，使物流合作成果更具可操作性和保障性。

在国家宏观政策指导、地方政府的积极推进和物流企业参与下，长三角区域物流一体化的进程不断加深，长三角区域物流合作发展进入了一个史无前例的高潮期。自2003年以来，长三角地区开展了对区域物流合作联动发展和物流圈的建设的广泛讨论，举办的论坛和签署的各种有关政策文件也比较多（表3-1），区域物流合作不断加强，形成了长三角物流发展与合作高层论坛、长三角地区现代物流发展联席会议制度和长三角地区现代物流合作联盟的合作形式和制度，在联手布局物流基础设施、相互开放物流市场、共同开展现代物流发展规划研究、促进物流企业合作等方面取得了巨大的成就。合作内容广泛、合作形式多样、合作主体参与度不断提升、合作成果逐渐务实有效，标志着长三角地区物流合作和一体化发展进入一个新的发展阶段。

表3-1 长三角地区区域物流合作发展相关活动及成果一览表

序号	时间	合作、会议的名称	主要参与者	主要议题	形成的协议、制度	主要成果
1	2003年8月	长三角物流合作高层论坛	苏、浙、沪三地物流主管部门召开，学者、中间组织和企业界专家参加	探讨成立"长三角物流合作经济圈"的相关事宜，重点研讨长三角物流合作和物流园区运营模式	主管部门形成长三角物流合作会议纪要；中间组织形成长江三角洲物流中间组织合作倡议书	提出建立长三角物流合作联席制度，共同开展现代物流发展规划研究，共同培育现代物流市场体系，共同建立现代物流信息体系；形成长三角物流中间组织的联合等发展建议

续　表

序号	时间	合作、会议的名称	主要参与者	主要议题	形成的协议、制度	主要成果
2	2003年10月		苏浙沪三地交通厅（局）	加快"长三角"道路运输一体化进程，逐步形成"长三角"区域道路运输大市场	《长三角道路运输合作和一体化协议》	建立"长三角"道路运输协调委员会制度，协调"长三角"区域道路运输的政策和法规，统一市场准入条件，推动交通信息互享，抵制交通运输市场的不规范行为
3	2004年	2004 中国（上海）长三角物流合作高峰论坛	三地物流主管部门召开，学者、中间组织和企业参加			建立了长三角物流合作联席制度
4	2005年	长江三角洲物流合作高层论坛（杭州）	苏浙沪三地物流相关负责主管部门		《长三角物流合作的框架协议》	行业协会提出了推进合作的倡议
5	2005年12月	2005 中国（江苏）长三角物流合作高峰论坛	中国长三角物流发展联席会议由苏、浙、沪物流行业协会，企业联合主办	加快物流供需对接、促进物流资源整合、推进自主创新能力建设、提升区域物流业综合竞争能力	长三角物流中介组织合作的倡议书	就物流业的发展趋势、政府宏观政策、物流产业规划、制造业的物流需求、物流中心建设、物流建设推广、物流设备制造、物流信息化以及第三方物流、现代物流人才开发一体化等诸多方面的问题进行了较为深入的交流与研讨
6	2005年12月	物流园区调研	国务院发展研究中心组成的专家组		形成《长三角物流园区合作与发展》报告	长三角物流园区发展现状及存在问题、长三角物流园区合作可能性与模式

续 表

序号	时间	合作、会议的名称	主要参与者	主要议题	形成的协议、制度	主要成果
7	2006年10月	2006中国（浙江）长江三角洲物流合作高层论坛	长三角物流发展联席会议、苏浙沪物流行业协会、香港物流协会、台湾全球运筹发展协会、企业、专家学者	以"创新、合作、品牌"为主题，以推动物流业合作与发展为主线，研究和探讨了区域物流联动发展的新路子	《长三角、香港、台湾物流合作框架协议》	广开长江三角洲地区和香港、台湾物流企业合作共赢的渠道，拉开了长三角及港台地区物流交流合作的序幕
8	2006年12月	长三角物流园区合作与发展高层论坛	国务院发展研究中心与上海市、江苏省、浙江省政府发展研究中心组成联合课题组	加强合作，避免低水平重复建设，以加快形成差异化竞争的新格局		完成了"基于区域内合作的长三角物流园区发展的思路与政策建议"及相关报告
9	2006年6月至今	长三角港口管理部门第一至六次合作联席会议	长三角16个市港航管理部门		长三角港口管理部门合作联席会议制度	建立强有力的区域综合协调机构，加强港口发展宏观经济分析与研究、深水岸线资源规划建设和管理、港口功能合作定位与分工调整、港口引进外资政策研究与协调、港口市场宏观管理与综合协调和港口发展政策支持与凝聚合力
10	2007年5月	长三角区域大通关协作第一次联席会议	两省一市口岸办、海关和检验检疫局		《长三角大通关建设协作备忘录》	实现电子口岸全面互通互联，是长三角区域大通关的突破性进展

续 表

序号	时间	合作、会议的名称	主要参与者	主要议题	形成的协议、制度	主要成果
11	2007年8月至今	长三角地区现代物流发展联席会议第一至五次会议	江苏省经信委、浙江省发改委、上海市商务委	商讨区域内现代物流发展问题，指导物流合作，组织和推进重点物流合作项目实施	长三角地区现代物流发展联席会议制度、《关于促进长三角地区现代物流联动发展的若干措施》	建立由政府、协会和企业联盟三个层面组成的长三角地区现代物流联动发展联席会议制度。明确了长三角地区现代物流联动发展指导思想与原则，确定了发展重点和八大措施，以促进长三角地区区域物流一体化建设
12	2007年	2007中国（上海）长三角物流发展与合作论坛	中国长三角物流发展联席会议，苏、浙、沪物流行业协会，企业	物流业与制造业联动发展	中国长江三角洲物流发展联席会议	一是明确联动发展对提升长三角地区经济综合竞争力的意义，物流企业要进一步加强区域合作，共同推进联动发展；二是物流业联动发展要按照"长三角地区现代物流发展联席会议制度"确立的指导思想和基本原则，围绕完善物流基础设施建设，培育发展物流市场，优化物流发展环境等三个方面开展工作；三是物流行业协会要积极发挥作用，促进联动发展中各项措施的落实

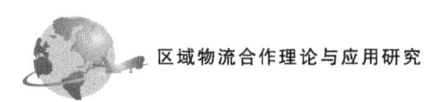

续 表

序号	时间	合作、会议的名称	主要参与者	主要议题	形成的协议、制度	主要成果
13	2008年10月	推进长三角地区现代物流联动发展大会	江苏、浙江和上海两省一市政府主管部门倡导、行业协会牵头	探讨建立长三角地区现代物流合作联盟		建立了长三角地区现代物流合作联盟，确立了建立高效完善、融合联运的区域现代物流体系，制订有利于利益共享、共赢发展的物流政策，标志着长三角地区有了统一的企业物流业务交流合作平台
14	2009年7月				两省一市联合发布《关于推进长三角地区道路货运（物流）一体化发展的若干意见》	三地集装箱车可互享同城待遇，为推进长三角货运物流一体化迈出了关键性一步。推进长三角地区物流一体化发展取得共识，确定三地今后将积极培育和发展道路物流重点企业，共同发文认定"长三角地区道路货运（物流）重点企业"
15	2011～2016年5月	长三角现代物流联动发展大会暨长三角物流发展与合作研讨会/论坛	两省一市物流主管部门	2012年主题："十二五"物流业发展面临的新形势 2012年主题：推进物流业与制造业的联动发展 2013年主题：聚焦最后1公里 2014年主题：创新驱动下的物流发展 2016年主题：长江经济带托盘循环共用		重点介绍了上海市"十一五"期间物流业的主要成效，设立"5.6"长三角"物流日"，标志着长三角物流业有了一个共同的物流节日

资料来源：根据百度、谷歌等网络检索结果整理

二、泛珠三角区域物流合作发展概况

"珠三角"是由广东省的广州、深圳、东莞、珠海、佛山、中山、惠州、江门和肇庆9个城市组成的区域。"大珠三角"是从"珠三角"至"泛珠三角"的一个过渡概念,是由"珠三角"和香港、澳门组成的。"泛珠三角"包括珠江流域的广东、福建、江西、广西、海南、湖南、四川、云南、贵州9个省区加上香港、澳门两个特别行政区。"泛珠三角"经济区的提出,对于促进我国区域合作和区域经济一体化的发展具有重要的作用。目前,"泛珠三角"的区域合作机制为泛珠论坛和洽谈会,并确立了行政首长联席会议制度、政府秘书长协调制度、日常工作办公室制度以及部门衔接落实制度等,并在广东省设立泛珠三角区域合作行政首长联席会议秘书处。

在《泛珠三角区域合作框架协议》和《泛珠三角区域合作发展规划纲要(2006~2020年)》的基础上,2005年7月,"泛珠三角"中的九省区共同签署了《泛珠三角现代物流发展合作协议》,成立了"泛珠三角物流联盟",达成构建规范、统一、高效、创新、发展、开放的现代物流体系的共识,为"泛珠三角"区域物流合作发展奠定了基础,对于打破以行政区域配置物流资源和规划物流经济发展的模式,按照区域物流发展规律和生产力发展的内在要求,搭建有组织、有制度保证的区域物流合作新平台具有重要的指导意义。2004年3月,广东等10个省市签订了《泛珠三角经济圈九省区暨重庆市道路运输一体化合作发展议定书》,标志着"泛珠三角"经济区物流通道合作进入实质阶段。2006年6月,在湖南长沙举行了"泛珠三角区域海关关长联席会议","泛珠三角"区域海关将从海陆空三方位入手扩大物流通关的改革力度。

经济比较发达的"大珠三角"地区率先开展了区域物流合作,为泛珠三角区域物流合作做出了巨大的贡献。在CEPA的影响下,为促使深港澳与广东省区域物流业整体协调发展,在地方政府的积极推动下,分别于2005年3月和2008年9月召开的首届"深港澳物流一体化"峰会和"2008粤港物流合作交流会",对于推进区域物流合作,消除障碍,加强物流资本市场和投资领域的合作,提升香港、澳门以及广东省物流业的竞争力,促进大珠三角区域物流一体化建设发展发挥了巨大的作用。在《珠江三角洲地区改革发展规划纲要(2008~2020)》的指导下,2010年7月,深莞惠三市共同编制《深莞惠交通运输一体化规划(2011~2030)》,从边界路网、港航、轨道交通、公交、运输枢纽、物流、航空等多方面规划三市交通运输一体化,对于加强三市在物流基础设施合作方面具有重大的作用。2009年4月,珠中江三市签署《推进珠中江紧密合作框架协议》,明确提出推动区域内交通基础设施建设,共同提升海港空港资源优势,加快区域生产性服务业发展步伐,构筑融合粤西在内的物流体系和制造业基地,并于2010年6月签署了《珠海、中山、江门2010年共同推动重大交通能源项目框架协议》,协议中明确三地加强高速公路、轨道交通、港口等方面的合作,促进珠中江经济及物流一体化发展。2012年2月,广佛肇三市通过了《广佛肇交通基础设施衔接规划(2011~2020年)》并正式印发,对于促进三市物流通道整合具有重要的作用。

同时,粤港澳物流企业之间已经展开实质性的合作,香港、澳门、深圳三地的物流企业互相组合,竞相成立合资物流公司,通过资本合作将三地物流变得休戚与共。例如,香港凯力、网丰集团等分别在深圳、广州成立了合资物流公司。物流服务的延伸性大大拓展了深港澳物流合作的实际操作性,物流服务的区域已经模糊化,不再有国内或海外服务区等界限,这也是区域物流合作发展不可替代的动力。

珠三角经济区在区域物流合作、区域交通运输一体化以及物流企业合作方面的探索,在完善基础设施、优化便利通关、共筑信息平台、建设物流园区、培养物流人才和拓展货源空间方面所做的努力,对于解决部分地区物流企业弱小、物流人才缺失、物流业标准没有建立、运输标准及有关税费标准不统一、通关手续不同步等诸多难题有重要的作用,对于深化和加快区域物流合作实践具有重大的指导意义。随着跨行政区的交通一体化和物流一体化规划等的出台及落实,将完善物流基础设施的资源整合，加强物流资源整合的产业支撑和实现物流网络空间的合理布局。

三、环渤海区域物流合作发展概况

环渤海经济圈是指由以辽东半岛、山东半岛、京津冀为主的环渤海滨海经济带及其延伸辐射到山西、辽宁、山东及内蒙古中东部的"五省二市"组成的区域。环渤海地区交通便捷、工业基础雄厚、自然资源丰富、骨干城市群密集、科技教育先进，是我国北方经济最活跃的地区。目前，环渤海区域已召开了十五次环渤海区域合作市长联席会，对深化环渤海区域经济合作、探索环渤海区域共赢发展产生了深远的影响。由于环渤海区域所跨越的地域范围广大、区域内各地经济水平差异较明显，物流业合作较为松散，各方利益难以协调，多年来一直没有形成统一有效的物流业合作机制和组织。

2006年4月，环渤海地区经济联合体市长联席会第十二次会议通过了《推进环渤海区域合作的天津倡议》，倡议积极发展面向区域经济的各类中介机构以增强区域经济活力。北京物流协会、天津市交通与物流协会、河北省现代物流协会抓住京津冀地区区域合作的机遇，倡导和积极推进京津冀区域物流合作的发展，形成了"京津冀物流合作发展论坛"的物流合作制度，并指出在发展环渤海经济区的大环境下，优先发展物流产业，加强三地物流合作，大力推进京津冀地区区域物流一体化具有重要意义。2007年11月，由三地物流协会主办、物流企业参与的"首届京津冀物流合作发展论坛"召开，签署了首份物流合作框架协议——《物流合作协议》，三地协会建立了工作联席会制度，协议约定三地将加强沟通、合作，实现三地物流协会信息共享，网站互联，共同推进三地现代物流产业的发展，相互支持进入对方物流服务领域，给予对方物流企业"一视同仁"的本协会成员同等待遇，这为三地物流企业的跨地域发展提供了充分的制度保障。2011年3月，第二届京津冀物流发展论坛以"开展京津冀区域物流合作，促进环渤海地区经济发展"为主题，提出加快整合和布局交通、物流基础设施的合作建议。"京津冀物流合作发展论坛"在推进京津冀地区区域物流资源优势互补、降低物流成本和提高区域物流竞争力方面发挥了巨大的作用；2014年9月，京津冀物流一体化发展论坛以大力推广绿色物流为主题，研究和提升城市配送效率，结合城市发展特点分析物流发展方向。此外，经过京津冀三地政府以及物流协会等有关部门的努力，2010年出台的《京津冀地区快递发展规划》不仅有利于促进快递服务在本地区的健康持续协调发展，而且在一定程度上表明京津冀三地政府及行业协会正在尝试将区域物流合作推进到规划层面，这对于加快区域物流合作具有重大的意义，有利于加快区域物流一体化的发展进程。

在物流通道设施建设方面，京津冀三地交管部门在京津冀交通一体化合作恳谈会上签署了交通一体化合作备忘录。合作备忘录指出，要对区域立体交通的合理配置、不同运输方式的有效衔接、津冀港口的有效竞争与合作等重要问题进行研究、协调，实现实质性的合作，这对推进京津冀物流通道一体化进程发挥了积极作用。同时，京津冀区域规划"一体化"构想取得了实质性的进展，北京、天津、河北规划部门签订了《关于建立京津冀两市一省城乡规划协调机制框架协议》，明确表示实现区域规划"一张图"，三地交通将逐步实现全面大对接，区域立体化交通时代即将到来。

自2014年京津冀协同发展上升为国家战略起，京津冀在物流领域的合作及合作活动日益增多，截至2014年9月，京津冀三地签订《共同推进物流业协同发展合作协议》《交通一体化合作备忘录》等物流领域的合作协议。2015年11月份出台了《京津冀协同发展交通一体化规划》。2015年学术界也召开了"第九届中国北京流通现代化论坛暨京津冀物流协同发展高峰会议"。在京津冀协同发展国家战略的支撑下，京津冀三地区域物流合作将更加深入。

与此同时，京津冀三地物流企业间的合作也取得了一定的合作成果。跨区投资物流设施、物流节点间跨区域合作、物流业务跨区域、物流企业的跨区域合作等新的发展模式不断出现。例如，中铁联合物流到河北迁安市投资建设物流园并与承德钢铁就物流业务达成合作；新发地农产品市场在河北涿州建立农产品物流中心；天津港与北京市有关单位合作打造的北京平谷国际陆港；河北省物流集团与天津市物资集团达成了战略合作联盟。物流企业的合作呈现出市场主导、政府引导的新特征。

第二节 我国区域物流合作发展存在的问题

一、区域物流合作存在的主要问题

我国各地推进区域物流合作的实践努力在一定程度上促进了区域物流的发展，但目前大多数的区域物流合作仍处于分散化、低水平的状态，收效不甚理想，甚至部分地方物流合作有始无终，有名无实。这既有区域物流自身发展的原因，也有体制上的原因，两者往往交织在一起。我国区域物流合作中存在的问题，可归纳总结为以下四个方面。

（一）物流合作主体缺位与错位，物流企业的积极性和主动性尚未充分发挥

从我国区域物流合作的发展历程来看，区域物流合作的提出与推进基本上都是参与合作的地方政府主导的。长期以来，区域物流合作多停留在地方政府间协作的层面，导致物流企业与物流行业协会处于从属地位，无论是物流市场培育、物流基础设施建设、物流信息平台建设，还是物流人才培育等方面的合作，都是通过地方政府间的安排来进行的。区域物流合作的初期需要地方政府来主导，没有地方政府的介入和提供相关政策措施，区域物流合作就缺乏必要的基础和条件。然而地方政府在经济职能方面扮演了决策人的角色，对辖区内有竞争力的物流企业加以控制，在一定程度上抑制了物流企业的竞争活力，使物流企业很难成为区域物流合作的真正主体，政府代替企业的行为时有发生，造成主体间的角色错位。在这种情况下，作为市场主体的物流企业，往往采取一种观望的态度，即便是参与了区域物流合作活动，却往往因缺乏自身的积极性、主动性和创造性而被边缘化。合作主体缺位致使物流企业不能利用资本纽带强强联手、深度融合，全方位优势互补与融合的格局不能形成，致使区域物流合作难以深入持久。

区域物流的发展不是由单一主体或其单一行动所能推动的，而是多个参与主体各种行为合力作用的结果。区域物流合作的顺利推进，不仅需要地方政府参与并制定的相关政策措施作为基础和保障，而且还需要落实到物流企业的行动上，两者缺一不可。然而到目前为止，尚未明确区域物流合作主体分类以及缺乏不同合作主体在区域物流合作中所承担的任务和责任的划分，导致合作主体定位模糊不清，利益主体、决策主体和操作主体不一致，区域物流合作就难以落到实处，是影响我国区域物流合作的广度与深度的一个重要原因。因此，实现区域物流合作的深度发展，必须充分调动地方政府、物流企业和物流行业组织的积极作用，正确定位地方政府、物流企业和物流行业组织三大主体在区域物流合作与发展中的地位和作用，正确处理好地方政府之间、地方政府与物流企业之间以及物流企业之间的关系。

（二）物流合作受制于现行体制和地方保护主义，领域和空间尚待拓展

目前，从我国区域物流合作实践的内容来看，在开展区域物流合作的地区中，物流信息平台建设和培育物流市场需求仍然是两项最主要的合作内容（表3-2），比例分别为75.6%和72.8%。从合作成果来看，我国物流合作在区域公路、铁路等物流运输基础设施建设等方面取得了显著的成效。由于地方政府的"经济人"角色，行政区经济"壁垒"和地方保护主义的存在，阻碍了区域物流合作，在制定区域物流规划方面利益难以协调，难以形成统一的区域物流发展规划；对区域物流发展影响重大的物流节点设施建设（尤其港口、机场、物流

中心和物流园区等建设）难以形成合力，造成物流节点设施资源的不合理配置和低水平的重复建设；致使行政区间物流市场难以开放，分割了统一的市场，对外地物流企业采取限制性、歧视性措施，客观上阻碍了物流企业之间的竞争与合作。

因此，区域物流合作不仅仅要继续加强物流运输体系的建设、加强物流信息平台的建设和培育物流需求主体，更要着力编制对区域物流一体化发展至关重要的统一的区域物流发展规划，加强物流基础设施（尤其是节点设施）的统一布局与建设，鼓励和引导物流企业合作，制定统一的区域物流法律法规和物流政策并开放物流市场。

表 3-2　2007～2009 年各地区开展物流合作的主要内容占比情况表[2]　　%

合作内容＼年份	2007	2008	2009
物流信息平台建设	75.8	76.9	75.6
培育物流市场需求	71.2	69.2	72.8
物流基础设施建设	40.3	48.5	43.3
物流人力资源开发与技术创新	32.8	20.6	22.8
规范物流市场	14.6	18.9	21.5
共同制定区域物流规划	15.7	16.8	18.2

（三）物流合作偏重于务虚，各自为政的局面尚未根本扭转

目前，我国长三角、珠三角以及中部许多城市群都提出要加强区域物流合作，并初步建立了合作制度。例如，中国现代物流发展报告（2010）进行的区域物流调研结果显示，在开展区域物流合作的地区中有 55.8% 签署了物流合作协议，物流合作协议的主要内容为共同建设物流信息平台、培育物流市场需求、加强物流基础设施建设、共同

制定区域物流规划等。然而,由于缺乏具体且具有可操作性的政策措施、监管实施方法手段和地方政府各自为政的一贯作风,区域物流合作呈现出重形式、重研讨、重宣言、重宣传的现象,有些甚至出现"伪合作"倾向,很多合作仅仅停留在观念或地区物流行政管理层面上,在物流资源共享、物流基础设施配置和共享、物流市场培育以及企业培育方面,各自为政的问题依然存在;物流市场进入壁垒、物流资源重复建设以及物流资源浪费的现象依然存在,区域物流合作难以实现其促进区域物流一体化发展的目标。

例如,长三角区域物流合作的议题从改革开放初期就得到了业内人士的关注,并在2000年就提上了议事日程,并于2005年签订了《长三角物流合作的框架协议》。然而根据国家发改委2007年公布的《长三角基础设施建设的基础与瓶颈研究》,长三角经济区内高等级基础设施尚未形成网络;港口结构性矛盾突出,港口群内部竞争十分激烈;航空运输市场空间不平衡,机场之间缺乏合理分工;各级物流中心城市的功能定位不明确,大搞物流中心建设,而致使这些物流中心大多自成体系,部门分割,行业垄断,地方封锁。直至现在,长三角地区还未形成长三角区域物流发展的统一规划,物流基础设施重复建设、物流能力分布不合理、港口群内部竞争激烈、各城市物流分工不合理、物流园区功能雷同和布局过密的现象还依然存在。

(四)缺乏有效的物流合作协调机制

以地方政府的行政力量来推动区域物流的分工协作,提升区域物流的整体运行水平与竞争力,进而实现区域的整体利益和各地区物流发展的诉求,是推进区域物流合作的一种行之有效的方法。区域物流合作的协调重点是发展利益的协调,然而我国目前针对解决区域物流合作利益协调的体系构建还存在一系列的问题。

首先,缺乏有效统一的协调合作组织。通常情况下,合作组织的建立昭示着合作进入一个崭新的时期。目前,我国区域物流合作仍然停留在物流主管部门的联席会议、单个项目的合作层面上,或采取定期会议（年会）的形式集体磋商解决有关问题，这种合作组织形式比较松散，制度化程度较低，没有建立一整套完善的议事、决策机制，没有建立结构功能完善的组织结构和运作管理模式，缺乏实质性的协商与沟通。

其次，缺乏统筹各方利益的机制。区域物流合作能够得以实现的重要表现，就是合作各方在各自所辖地区内按照统一的区域物流发展规划有步骤地建设物流基础设施、清除物流市场壁垒、建设区域物流信息系统、发展大型物流企业等。在区域物流合作过程中，由于不同地区物流资源禀赋、经济发展水平、区位分工等基础以及初始条件的差异，合作各方对整个物流系统发展所做的贡献以及所能获得的收益不可能完全成比例，在缺乏有效的利益协调和平衡机制的现实情况下，合作各方往往会因为合作收益不均和物流资源流向的不平衡而失去物流合作的积极性，最终使合作失败。

最后，缺乏相关法律、法规等制度保障。目前，我国出现的各种形式的区域物流合作组织，主要是由上层次政府介入或高层领导人推动的合作各方自愿参加，并且对参与各方在合作过程中的权利和义务缺少有权威性的区分。由于我国法律很少涉及有关地方政府横向合作的合作机制形式的具体规定，因而我国物流合作组织难以建立保障合作各方权利与义务的合作制度以及法律法规保障，严重影响着参与合作各方的积极性。在法律法规等制度上的空白，制约了由地方政府为主组成的合作组织的进一步发展。

二、区域物流合作问题产生的主要原因

目前，人们对区域物流合作的益处已经形成共识，但实施起来步履维艰，这也是国内绝大多数领域的合作存在的问题。因此，为了更好地促进和引导我国区域物流合作的实践活动，解决上述区域物流合作中存在的问题，有必要探求"合作中存在的实质问题"，以更好地促进区域物流合作的发展。根据我国区域物流发展的历程，结合政府在物流业发展中的作用，可以分析归纳出物流管理体制障碍、地方保

护主义和合作有效途径的缺失是区域物流合作问题产生的主要原因。

(一) 物流体制障碍

目前，我国物流发展存在的纵向部门分割、横向地区封锁的物流管理体制的问题，严重制约了区域物流发展的整体性、网络性和系统性。

我国现行的行政管理体系是纵向的树状权力体系，这种体系在自上而下的控制与调节方面有着明显的优势，但是在支持横向的同级行政地域单元之间的平行发展方面存在着明显的弊端，不利于同级行政地域之间的社会、经济关系的协调，而区域物流合作首先是横向的同级行政单元在物流领域开展的合作。我国采用国家、省、市、县四级政府内相关部门为物流主管部门的行政管理模式，缺少一个跨地区的物流管理机构来制定区域物流产业政策、规划产业布局、控制产业发展规模。由于缺少有效的行政管理手段，所以难以处理同级行政单元在物流合作中所面临的物流基础设施建设的衔接与配套、物流空间布局及定位、物流合作收益分配等问题，致使物流合作流于形式、主体错位、市场封锁的问题普遍存在，严重损害了区域物流业发展的整体利益。

现代物流业是跨部门、跨行业的综合型产业，其发展需要交通运输、城市规划、城市管理、税务、信息等多个部门的促进与管理，因此需要物流主管部门与工商、环保、工信、商务、交通、发改等与物流业发展相关的部门密切配合、协调合作，共同促进行政区内物流业的发展。然而，由于现行物流管理体制的多元化，导致协调一个行政区内的物流发展需要上述众多部门的参与，而且这些部门有各自对物流业管理的部门与利益诉求，在各自的利益驱动下，造成行政区内物流产业的相关业务条块分割严重，物流基础设施建设各部门分别进行、分布不合理，物流发展难以形成合力，难以实现规模经济、降低物流成本。

由于现阶段体制上的弊端，我国各部门从上到下一统到底，都有自己的物流体系、物流设施和资源，各部门为了各自的利益难以形成物流合作，更不可能做出统一协调、能够得到贯彻实施的物流发展战略。从本质上看，物流是一个"横向"的运动，是各行业各部门由于分工而产生的经济联系的需要。现在物流发展最大的瓶颈就是体制障碍，而体制障碍问题的核心是政府、企业和行业协会各自应承担的职能、权利的划分和平衡。在物流产业经营上，应该按照市场规律和物流发达国家的经验，全部由企业自主经营，政府负责制定政策措施、法律法规，规范企业经营的外部环境。在体制建设和职能划分上，建议"应该早做规划"，比如怎样打破部门分割格局，避免重复建设和条块对立，为物流产业的健康发展指明方向。

(二)"经济人"假设下的地方保护主义

我国物流产业起步晚、实力弱、水平低，但对国民经济发展意义重大，根据幼稚产业保护理论以及政府角色理论，地方政府在物流系统建设发展方面应发挥重要的作用。目前，我国多数城市采用了"政府搭台，企业唱戏"的物流发展模式，政府在物流基础设施建设、市场和企业培育、物流信息化建设以及物流政策法规制定方面发挥了重要的作用。同时，由于受到行政区经济的影响，地方政府实际上已经变成了区域物流发展的市场利益主体和市场竞争主体。

区域物流合作是以区域的整体利益为最高利益，应超越参与合作各地方政府的本体利益。然而，目前鲜有地方政府把区域利益放在首位，而是把其他各方和区域的利益作为能否实现自身利益的影响因素，并在考虑自身利益的基础上制定各自的物流发展规划。这样，一旦存在部分地方政府利益不能有效满足的情况，在缺乏有效的合作约束机制的情况下，必然产生地方保护主义的冲动，大大刺激各地方政府间的物流发展竞争意识和行为，从而忽视了区域物流发展的合作与协调，容易造成以下现象：

一是造成物流业务结构同质和物流发展空间定位冲突。在缺乏与周边其他地区物流发展的协调与沟通的情况下，地方政府所编制的物流规划或构筑的物流发展结构体系往往不能与周边各地区形成合理的分工定位与发展空间布局。这样就使物流资源不同、产业发展优势以及物流业务结构重点本应不同的地区在物流产业定位以及物流业务结构方面发生冲突与竞争，形成多个功能性、结构性的重复开发的区域物流系统，客观上造成严重的物流结构同构化现象和物流发展空间冲突，使本应差异化、协调化发展的区域物流陷入激烈的同质化竞争之中，也严重影响着区域物流合作及一体化的发展。

二是造成物流市场分割，物流企业跨地区发展受阻。在地方税收以及 GDP 的压力下，地方政府倾向于通过制定显性或隐性的保护本地资源、人才、企业、品牌与市场的各种限制性地方法律法规，对本地区的物流企业实行优惠政策，而对外地物流企业则采取限制性、歧视性措施。这些制度措施在一定的时间和范围内看似可有效地保护本地区物流企业的发展，增加了地方财政收入，给物流业的发展带来了一时的繁荣，但从长远来看，由于这些措施客观上会造成物流市场分割，严重阻碍那些有竞争力的物流企业做大做强，将从根本上妨碍区域物流业竞争力的提升。

三是造成物流基础设施，尤其是物流园区的重复建设。物流基础设施的建设具有投资大、对经济增长拉动性强的特点，颇受以投资促进增长的各地方政府的青睐。由于尚未形成统一的区域物流基础设施建设发展规划，导致各地方政府引导下建设的物流基础设施缺乏有效整合，重复建设的现象严重。由于物流园区具有良好的经济、环境优势而受到各地方政府的重视，所以造成了物流园区的大量重复建设，致使大部分园区运营难以步入良性发展轨道。

（三）缺乏合理有效、便于监管的合作途径

目前，以地方政府为主导的区域物流合作取得的最显著成果，就是签订物流合作协议，对制定统一的区域物流规划达成共识，并对物流信息平台共建、物流市场需求培育、物流基础设施建设、区域物流发展定位等区域物流规划的重要组成部分进行探索，也取得了一定的成果。然而,就合作的结果来看,物流市场进入壁垒、物流资源重复建设以及物流资源浪费的现象依然严重存在。分析这种现象产生的原因,一方面是由于地方政府的地方保护行为,另一方面则是由于缺乏具体且可行的政策措施、实施方法和手段,以致难以协调区域物流产业整体空间布局与定位、物流公共信息平台、物流基础设施资源配置等。由于信息产业和信息技术凭借其技术特点和互联网的发展,物流公共信息平台的建设更多是一个技术上的问题,而物流基础设施设备协调整合、统一布局建设则是区域物流合作的难点,也是重点。

虽然目前有许多物流基础设施布局的方法与理论,由于这些理论与方法没有充分考虑到地方政府对物流基础设施建设的利益要求与影响,致使在实际应用中,即使得到了理论上最优的布局方案,也往往由于方案不能考虑到每一个参与合作的地方政府的实际利益而使最优方案得不到通过;或者是方案得到通过,部分地方政府也可能会由于自身利益未得到完全满足而采取消极态度,致使方案无法执行。在这种情况下,即便是有严厉的合作监管机制,地方政府均可以以用地得不到满足、没有足够的资金等诸多借口逃避"违约惩罚"。

因此,需要寻求一种有效的、不仅可以实现合作过程中区域物流基础设施有效配置,而且有利于区域物流合作制度对其监管的物流基础设施配置途径。在我国现行的土地管理办法以及项目投资建设审批制度下,地方政府对物流基础设施的开发建设具有最终裁决权,并对物流基础设施项目的投资强度和投资规模具有监管权。在区域物流合作发展过程中,区域物流合作组织可以对参与合作的各地方政府的物流基础设施投资额进行监管,即可以容易便利地控制物流基础设施的资本新增量。这样,通过控制与监管各地区物流基础设施投资的资本新增量,可以有效地控制物流基础设施建设,以实现区域物流设施设备资源的优化配置。

第三节　区域物流合作的主要内容

根据目前对区域物流合作发展的研究，结合我国区域物流一体化发展的客观要求，以及促进区域物流一体化发展的措施建议，本节从理论上探讨我国区域物流合作发展应侧重的重点领域与主要内容。

一、共同制定区域物流发展规划

区域物流规划就是在正确认识区域物流规模、结构与特点的基础上，根据区域经济与社会发展目标，对一定时期内（一般为中长期）区域物流发展目标、区域物流资源建设、区域物流发展战略与对策等进行的系统设计[124]。区域物流规划的制定需要区域内各利益主体的共同合作参与，其一旦制定完成，就需要各参与主体严格执行，它是区域物流发展的行动指南，不仅有利于避免区域物流发展过程中存在的重复建设、过度竞争、资源浪费等问题，而且有利于预防或解决区域物流与交通、城市建设等区域经济与社会发展的各种矛盾。

区域物流发展规划应在区域物流发展总体战略的指导下，协调不同地区、城市之间的物流发展规划，以区域物流基础设施平台、区域物流政策平台、物流产业主体发展和区域物流空间布局为重点，在统筹考虑交通干线、主枢纽规划建设的基础上，通过广泛调查物流生产力布局、物流现状，根据各种运输方式衔接的可能，在区域范围内规划物流节点的空间布局、用地规模与未来发展，并着重解决区域内各地区的物流发展定位、物流发展规模和发展时序，并提供融资、土地、管理等方面的政策支持。

二、加强物流合作机制的建设

多方主体在区域物流发展的长期持续合作过程中,出于降低交易成本需要,就产生了组织化要求。组织化实质是对事务处理程序、人员节制关系、成本—收益分配办法等问题进行制度化设计的过程。物流合作机制是对各参与方、物流活动财务经费和物质资源进行集体调配使用并实现价值增加的制度安排,核心是基于工作程序需要对权力结构的公正设计和规则对接。适宜的物流合作机制设计,是主体间合作行为产生和得以持续有效运作的关键。

区域物流合作必须有强有力的组织保证和协商机制,因此区域物流合作机制主要包括合作组织机制和协调机制。合作组织机制主要包括配置决策机构、会议制度、表决方式、财务经费分摊和使用等,并成立独立的保证契约履行的监督仲裁机构,这对合作机制的公正性和合作的持续有效性起决定性作用;合作的协调机制主要包括促进合作主体积极性的激励机制、保证合作有序化、规范化的制约机制和促进公平性的利益协调机制。

因此,我国区域物流合作要建立制度化的合作机制,继续完善"地方主导、协会推动、企业参与"的区域物流合作机制,以利益共享、共同发展为基本目标,成立以地方政府、行业协会为主体的区域物流发展管理机构,并将合作内容由过去的对话、交流、协商等非制度性机制逐渐向组织、协议、地方立法等制度性机制转变;建立从地方政府、协会到企业的区域物流多层次协调机制,以保证物流活动顺利而有效地实施,并不断健全合作的激励机制、制约机制和利益协调机制,解决低水平重复建设,逐渐实现区域物流一体化发展。

三、加强物流基础设施网络的合作建设

物流基础设施是现代物流发展的前提和基础,完善的物流基础设施是现代物流业发展的要求,对于降低物流成本、改善物流条件、保证物流质量、推动区域经济的发展、提高区域形象、改善区域投资环

境和提升区域竞争力具有举足轻重的作用。随着区域经济一体化、企业网络化和物流网络化的发展，物流基础设施网络化是必然的趋势，也是区域物流发展的重点。因此在区域物流合作过程中，要着重在合作区域内建设功能完善、布局合理、规模适度的区域物流基础设施网络体系。

物流基础设施网络是由物流节点和物流通道两大基本要素组成的。物流节点是物流基础设施网络中连接物流线路的节点之处，可以将物流节点概括为两大类：一类是指为了实现物品流通顺畅，确保各种运输方式无缝连接的物流功能性设施，如分布在生产制造企业、商贸流通企业及各职能部门的货场、仓库、港口、码头等；另一类是指通过新建和改扩建的方式建设起来的，实现物流基本服务功能和综合服务功能的物流专业性设施（也称为物流运作设施），如物流园区、物流中心和配送中心。物流通道是物流节点的连接线，包括交通通道（公路、铁路、航空、水运和管道）和通信线路，主要承担物品流通过程中的运输和信息传递功能。这些通道通过不同的连接载体，形成不同的网络，如公路网、铁路网、航空网、通信网络等，而这些线路通过物流节点的衔接形成物流基础设施网络。

要加强区域物流基础设施的建设、使用的衔接与合作，高度重视物流基础设施网络建设，提高区域物流基础设施的经营与网络化服务能力，以充分发挥物流基础设施的整体功能，并逐渐形成高效率的区域物流基础设施网络。开辟和完善区域间的物流通道，形成综合物流通道网络系统，积极推动多式联运的发展；布局和建设物流节点体系，形成区域内"物流枢纽—大型物流园区—物流中心"三级节点网络，形成与经济结构调整和生态环境相协调，与区域物流发展需求相适应的现代物流运作设施网络体系。

四、改善和规范区域物流市场环境

市场是一种把买卖双方汇集在一起交换物品的机制，是现代经济中一种非常重要的制度安排，它通过价格机制、供求机制、竞争机制、风险机制及其相互作用机制协调着生产者、消费者及其活动。市场经济通过市场制度安排对人或组织给予非常强有力的刺激；同时它又对每个经济决策者有约束，这种约束使得他要对自己经济决策的后果负责[125]。市场通过市场机制引导着社会中物流资源的配置，减少物流技术创新的不确定性，培育市场创新的企业主体，对于现代物流产业的发展具有决定性的作用。参与物流合作的各方应共同研究和积极推动物流服务规范、价格机制、信用制度的建设，加强物流市场运营与管理的制度建设，形成公平、开放、竞争有序的物流市场环境。

区域物流合作要在以下三个方面做出努力。

首先，健全物流市场准入体系，促进物流资源的有效合理流动。健全的物流市场准入体系可以促进物流市场的公平公正和物流资源的有效合理流动，进而提高物流效率。共同清理、废止涉及贸易封锁和地方保护的制度和规定，简化和规范行政审批，建立健全物流服务规范和价格机制，加强信用制度建设。在市场层面上，支持参与合作的物流企业以同等待遇进入对方所辖地区物流服务领域，并制定给予与地区内企业同等待遇的具体政策和措施。

其次，统一市场监管准则，促进物流企业的公平竞争。由于现代物流业涉及多部门、多行业管理，应在参与合作的区域内制定一部综合性的、跨行业、跨部门的物流法规以规范市场行为，统一市场标准，各地方应打破条块分割的体制障碍，为物流企业创造一个公平、透明的物流市场环境。

最后，建立健全市场信用体系，优化市场文化环境。在物流企业层面上，物流企业间建立诚信协调机制，以实现物流企业诚信守法等级评估的相互认可，为物流企业间开展更深层次的交流和合作奠定基础。

五、构建区域物流公共信息平台

物流信息平台是指利用计算机、云计算和物联网等现代信息技术构筑一个虚拟开放的物流网络平台，通过对物流各个环节的相关信息进行采集、分类、筛选、储存、分析、评价、反馈、发布、管理和控制，为物流企业的信息系统提供基础支撑信息，同时通过信息支撑政府部门在行业管理与市场规范化管理等方面的协同工作机制的建立。物流信息平台是进行和优化物流供应链管理的基础，是物流公共信息平台的"血脉"和"神经中枢"。

区域物流公共信息平台作为国务院《物流业调整和振兴规划》中提出的九大重点工程之一，是面向社会的基础性、公益性物流信息资源，是提高我国物流信息化水平、改善物流效率、降低物流成本的重要手段，是建立社会化、专业化、一体化的现代物流服务体系的核心和关键，有助于提高闲置物流资源的利用率和整个物流作业环节运作的透明度，缩短物流运作的周期，减少物流信息的交换环节，实现物流规模效益，加快区域物流一体化的进程，对促进产业结构调整、转变经济发展方式和增强国民经济竞争力具有重要作用。

区域物流信息平台可进行物流、运输、仓储、海关、商检、税务、保险、金融等行业管理部门与企业之间的数据交换，实现信息互通和共享，具有政府行业管理功能、电子商务功能、物流企业集成服务功能。政府可通过物流信息平台实现物流企业、运营车辆的实时管理和实时发布政府有关物流业的政策信息和宏观经济信息；物流企业可通过信息平台实现运输与配送管理、货物跟踪与实时监测、订单处理、仓储管理及库存水平监控、综合查询与统计分析、信息发布及电子商务、网上办公等多项功能，对物流作业过程的信息化控制，并可实现与所有政府主管部门的"一站式"接入服务。

六、加强物流标准化建设

标准化是对产品、工作、工程或服务等活动规定统一的标准，并且对这个标准进行贯彻实施的整个过程。标准化是国民经济管理和企业管理的重要内容，也是现代科学体系的重要组成部分，是由于社会大分化、生产大分工之后，为合理组织生产，促进技术进步，协调社会生活所出现的事物，标准化管理是有权威的、有法律效力的管理。

物流标准化是以物流作为一个大系统并对物流活动规定统一的标准，是物流发展的基础支撑，也是实现物流系统高效经济运作的重要前提。物流标准化建设跟不上，将会极大地影响地区之间的交流与贸易。物流标准化主要包括三个方面：一是物流设施设备标准化，主要包括运输、仓储、搬运过程所使用的仓库货架、托盘、包装材料及其他作业工具等的标准化；二是物流信息标准化，主要包括在信息采集、传递过程中所需要的物流信息分类编码标准、物流信息采集标准和物流电子单证及信息交换平台标准三个方面；三是物流服务的标准化，如针对快递、干线运输、包装、装卸等物流分领域服务流程和工作的标准化。

因此，要加强物流标准化的建设，就是要制定区域物流系统内部设施、机械设备、专用工具等各个分系统的技术标准；制定区域物流信息的分类编码、信息采集和信息交换平台的技术标准；制定系统内各个分领域如包装、装卸、运输等方面的工作流程标准、服务质量标准等。由于本书研究的区域物流合作的合作主体为中观领域的范畴，难以对物流标准化这个巨大的系统工程进行有效的开发与建设，但是可以根据实际情况在区域范围内推广并使用统一的国际或国家通用的物流设施设备标准、使用统一的物流信息技术标准、使用统一的物流服务标准，形成统一的现代物流标准化体系，提高区域现代物流标准化作业水准，增强与国际接轨能力，促进统一物流市场的形成。

七、促进物流企业的市场化整合

企业是最重要的市场主体，市场经济活动的顺利进行离不开企业的生产和销售活动。物流企业是指从事物流活动的经济组织，其主要服务于社会经济活动过程中的流通环节，如果说生产企业是国民经济的细胞，那么物流企业就是国民经济的血管。物流企业整合能够促进区域内部地区之间的分工与协作，能够有效地避免物流基础设施的重复建设以及物流资源的浪费，在推动地区间优势互补、分工协作方面发挥着重要作用。

物流企业的市场化整合既是适应市场以及产业发展需求变化的产物，也是物流企业自身专业化、规模化、社会化发展和区域物流发展的需要。这就要求传统的物流企业以建立现代企业制度为突破口，努力成为具有竞争力的现代物流企业，可通过基于供应链理念的整合、基于规模经济的优化重组或基于信息平台的虚拟整合的方式方法，通过兼并、重组、联营、撤销等多种形式，实行"强强联合"。促进物流企业的社会化、专业化发展，鼓励物流企业进行跨地区的物流信息网络整合，支持物流企业的跨地区发展，促进物流企业进行市场化流程再造。

八、制定区域内统一的物流产业政策

物流产业政策是为政府实现物流产业结构合理化，促进经济发展所采取的宏观管理政策和措施，其目标是为现代物流业的发展创造一个良好的宏观环境，切实保障区域物流系统发展目标的实现。物流产业政策主要包括物流产业结构政策、物流产业组织政策和物流产业发展政策，具体涉及物流法规、市场管理（准入、运作、监管）、协同制度、行业标准、技术支持、财政政策、土地政策、税收政策、金融政策、交通管理政策和人才政策等。政府在制定物流产业政策与法规时，一方面要充分利用市场机制在资源配置方面的作用，另一方面要弥补市场机制的不足，努力形成竞争有序、公平、公正、公开和统一的市场环境。

区域物流合作要求参与合作的各个地方实行统一的物流产业政策，有利于营造公平、公开、统一的物流市场秩序，提高物流市场绩效；有利于促进区域物流空间布局、地区之间分工协调、物流资源的合理有效流动与配置；有利于扶持弱小物流企业，改造传统的仓储和运输企业，优化物流产业结构，并推动其向高级化发展。在此基础上，参与合作的地方政府还应结合当前的物流业发展实际情况，在物流基础设施建设、物流装备更新的融资、物流节点的土地使用、运输服务及运输价格政策、工商登记管理等方面制定有利于物流产业发展的支持性措施。

第四节 我国区域物流合作的发展趋势

在物流社会化、物流精益化、物流规模化的发展要求下，在我国区域发展总体战略的指引下，各级地方政府十分重视区域之间的合作协调发展，各地区之间多层次、多方位、多元化的合作日益增多，合作更加务实，合作领域不断拓展，物流市场开放程度不断提高，区域合作协调组织机构不断增多，合作协调机制不断完善。在我国地方政府职能转变的强力支持和努力下，市场经济体制不断完善的情况下，我国区域物流合作发展呈现出新的发展趋势。这些新的发展趋势最重要的就是合作机制的健全，并在此基础上的合作参与主体角色的变化、合作领域深度上的变化和物流资源配置方式的变化。

一、参与主体在区域物流合作中角色的变化

纵观经济一体化的发展进程，可以发现经济一体化是在微观和宏观两个层次上同时进行的，是这两种层次上的一体化的统一。其中，微观层次主要依靠企业生产一体化，也可以被称为功能性一体化；宏观层次主要依靠国家政策协调一体化也可称为制度性一体化。[126]我国区域物流合作发展处于起步阶段，其发展主要是以中央政府和地方政府为主进行推动引导发展的，存在着物流企业参与程度较低的问题。但是随着区域物流合作发展的不断成熟以及区域物流合作机制的不断健全，参与主体在合作中的角色发挥的时间及作用将会发生变化。

随着我国加快政府职能的转变以及区域物流合作机制的不断健全，政府作为区域物流合作的管理主体，主要发挥物流公共物品供给、物流市场监管以及物流发展引导的作用，实现区域物流发展的制度性一体化。物流行业协会将会深度参与到区域物流合作发展中，承担起物流行业管理、行业自律的作用，协助政府实现区域物流发展的

制度性一体化。而区域性物流企业将会成为区域物流合作发展的主体，发挥主导作用，通过区域性物流企业的投资、经营，进而促进区域物流一体化运营，实现区域物流发展的功能性一体化。通过政府的管理引导和区域性物流企业的共同作用，推动区域物流合作的发展，最终实现区域物流一体化发展。

二、合作领域深度上的变化

随着区域物流合作参与主体角色的变化，物流合作的领域也会发生相应的变化。目前，在政府主导的情况下，区域物流合作发展的领域主要侧重于制度性的供给，主要目标是实现物流制度性的一体化。因此，该阶段的合作重点领域主要为健全合作机制、改善物流市场环境、制定统一的物流产业政策、加强物流标准化建设以及通过制定区域物流规划指导区域物流基础设施的建设布局等。

随着区域物流合作不断发展和区域性物流企业的形成，区域物流合作的主要领域将会侧重于物流生产活动的一体化，目标是实现物流功能性一体化。因此，这一阶段在物流制度性一体化的支持下，合作领域主要体现在物流运作层面，主要包括物流的网络化运营、物流服务一体化、物流服务无缝化等微观领域。

通过物流合作领域上的这种由宏观到微观两个层面的发展以及相互协调促进，促使区域物流合作的不断发展，最终实现区域物流一体化发展。

三、区域物流资源配置方式的变化

区域物流资源配置的主体可以为物流企业和地方政府，由于我国物流业发展的现状以及处于经济发展方式转变的客观条件下，目前我国物流资源配置的方式主要是"政府主导，企业参与"。由于物流基础设施的建设需要大量的土地、资金、政策的供给，因此地方政府主要通过制定区域物流发展规划，通过规划引导各类企业参与到区域物流基础设施的建设中去。

随着区域物流合作发展主体角色以及合作领域深度的变化,地方政府职能的转变以及区域性物流企业的崛起,将会在一定程度上改变区域物流资源配置的方式。物流企业作为物流活动运作主体,将逐步发挥其作为市场组织在区域物流资源配置上的优势,运用物流资本,合理构建区域性物流基础设施网络以及物流业务运作网络,实现物流网络的协同化运作,并提高物流基础设施建设、运营的效率。地方政府作为区域物流市场的监管主体,将退出具体的有形物流资源配置的领域,更多地对区域物流活动进行监管,并从宏观角度在区域物流发展定位及引导物流产业升级方面做出努力,并正确地处理物流发展与城市定位、环境保护及可持续发展的关系。

第四章　区域物流合作与区域物流增长研究

为什么要强调加强区域物流合作，区域物流合作对区域物流的发展有什么影响？本章沿着上述的思路，研究区域物流合作对区域物流增长的作用及贡献。首先，界定区域物流增长的内涵并将拓展的柯布-道格拉斯生产函数引入区域物流生产活动；其次，将合作要素引入区域物流生产函数，从理论上研究区域物流合作对区域物流增长的作用机制；最后，建立以合作对象为目标的合作程度测算体系，阐述利用改进的索洛余值法定量测算合作程度对区域物流增长的贡献率的方法与步骤。

第一节　区域物流增长的内涵及区域物流生产函数

一、区域物流增长的内涵

在宏观经济学文献中，经济增长通常被理解为经济的人均产出或收入的增加，而产出的增加实际上是通过投入生产要素，并不断提高要素生产效率创造更多产品的过程。因此，西方经济学主要基于总量生产函数研究经济增长问题，先后经历了古典、新古典和新经济增长理论三个阶段，并且每个阶段研究的投入要素侧重点不同。无论是古典经济增长理论侧重的资本积累或提高储蓄率，还是新古典经济增长理论侧重的技术进步分析，都离不开对要素的投入以及要素的生产效率分析。马克思政治经济学指出社会再生产活动应该包括生产、分配、交换和消费四个环节，显然，经济增长理论关注的主要是社会生产和消费，而忽略了分配规则和交易活动对经济增长的影响。随着新制度经济学的诞生，它把劳动分工、制度变迁、交易等因素引入对经济增长的研究，更加注重由于分工、交易等制度因素给经济运行带来的协调成本、交易费用以及经济增长等问题，促进了经济增长理论的发展，从而把经济增长的研究重点延伸到了整个社会再生产活动。然而，面对经济增长的现实，现代经济增长理论解释能力比较差，而且与发展经济学处于一种对立的状态。沈佳斌[127]认为经济增长与经济发展有完全相同的基本构件——产出增加和经济结构变化，因此提出经济增长应不仅包括产出的增加，还应该包括经济结构的变化。在现实中，如果产出单纯依靠资本和劳动力的投入，那么我们通常会认为这种产出是粗放的、不健康的，这不是经济增长的应有之义。因而，本书认为经济的增长应该包括依靠资本、劳动、技术等要素投入而实现的产出增加，还应该包括经济增长方式的转变——即依靠优化投入要素的组合实现产出的增加。

按照对经济增长内涵的理解，并根据魏际刚[128]分析物流经济过程中建立的物流发展的综合理论框架，本书认为区域物流增长应是指区域物流总产出或人均产出的增加，这种产出一方面是通过物流资源、物流资本、物流人才、物流技术等生产要素投入而获得的增加，另一方面是通过改进技术、制度创新、合理分工等优化投入要素结构及组合方式等手段改变物流增长方式而获得的提高。因此，引起区域物流增长的要素主要有物流消费需求增加、物流技术创新、物流制度创新和物流生产要素投入增加。

二、区域物流总量生产函数的引入

目前，在工业与农业产业全要素生产率的研究中，广泛地运用宏观经济增长模型作为产业的经济增长模型[129]，可见宏观经济增长模型可以运用到产业增长的研究之中。物流业作为一个新兴产业,虽然目前发展规模尚小,但是之所以可以被称为一个新兴产业,主要是由于物流产业具备了产业所具有的特点以及满足了产业的规定性[130]。物流产业具备了完整的产业形态,独特的产业技术基础,具有投入—产出特点,具有可衡量产业水平的产值以及形成了经济组织的产业特点,同时,也满足了产业的规模规定性、职业化规定性和社会功能规定性。因此,从理论上讲,在研究区域物流产业的增长时也可以运用宏观经济增长模型这个工具进行研究。

实际上,我国许多研究也将经济增长模型引入了物流产业的发展研究之中。例如,贺兴东[131]基于宏观经济增长模型,建立了含有制度因素和技术创新的物流业增长模型,并基于柯布-道格拉斯生产函数研究了物流业的增长路径;莫鸿[132]等利用柯布-道格拉斯生产函数测算物流业技术进步率对经济增长的贡献;黄蕾(2008)[133]以柯布-道格拉斯生产函数为模型基础建立物流产业的生产函数,通过模型考察浙江省物流产业的增长,并测算出全生产要素对物流产出的贡献程度;余泳泽[134][135]等利用随机前沿生产函数测算物流业效率以及产业技术效率时,采用了超对数生产函数和柯布-道格拉斯生产函数作为随机前沿生产函数,利用省际面板数据进行检验,检验证明柯布-道格拉斯生产函数可以作为测算物流业效率以及产业技术效率的随机前沿生产函数;刘洁[136]基于柯布-道格拉斯生产函数研究了亚欧大陆桥物流通道发展路径。上述研究为本章分析区域物流合作对区域物流增长的作用具有重大的参考意义。

基于上述现有的研究,在本书对区域物流合作理论的分析研究中,将区域物流系统总量生产函数设为柯布-道格拉斯生产函数(简称 C-D 生产函数)。

C-D 生产函数是经济学中最常用的生产函数,是由美国数学家柯布(C. W. Cobb)和经济学家道格拉斯(P. H. Douglas)在生产函数的一般形式上引入了技术资源要素,他们认为在技术经济条件不变的情况下,产出与投入的劳动力和资本的关系可以表示为:$Y = AK^{\alpha}L^{\beta}$。

其中，Y表示产量；A表示技术水平，为常数，也称为效率参数，表示能够影响产量但不能单独归于资本或劳动的因素；K表示资本；L表示劳动力；α,β表示K和L的产出弹性，当K增加1%时，Y增加α%。

柯布-道格拉斯生产函数具有许多优良的性质，概括起来有以下几点：

第一，当$\alpha+\beta=1$时，$Y=AK^{\alpha}L^{\beta}$是齐次函数，其为生产规模不变的生产函数；当$\alpha+\beta<1$时为规模递减的生产函数；当$\alpha+\beta>1$时为规模递增的生产函数。

第二，α是资本的边际产出与平均产出的比值，β是劳动的边际产出与平均产出的比值。

第三，资本和劳动的边际产出是递减的。

C-D生产函数一经提出，国内外许多学者都对该函数进行了改进研究，其中比较具有代表性的为索洛在技术中性的假设下推导出增长速度方程和"经济计量学模式建造者之父"的丁伯根改进的生产函数是最为常用的。在这里不一一列出，详见董晓花[137]对C-D生产函数的研究综述。

本章研究设定的区域物流系统总量生产函数为拓展的柯布-道格拉斯生产函数，其具体的形式为：

$$Y_t = A_t F(K_t, L_t, H_t, Z_t)$$

其中$Y_t, A_t, K_t, L_t, H_t, Z_t$分别代表区域物流系统某一时期的总产量、技术水平、资本投入、劳动力投入、合作以及制度投入。

三、区域物流总量生产函数的投入要素的内涵

物流生产活动是指物流从业者依靠物流设施设备等物流作业资源生产提供运输、包装、仓储、流通加工、装卸搬运、配送和信息传递等物流服务和物流产品的过程。因此，区域物流生产活动包括的主要要素为区域物流总产出、物流物质资源的货币表现、物流资本以及物流劳动等。

(一) 投入要素的内涵意义

1. 区域物流总产出

目前，学者们在运用生产函数研究经济增长时，通常将 GDP 作为经济活动的总产出，而 GDP 是指在一定时期内，一个国家或地区的经济活动中所生产出的全部最终产品和劳务的价值。因此，区域物流总产出也可以用物流活动中所生产出的全部最终产品和劳务的价值来表示。通常情况下，这种价值称之为物流业增加值。物流业增加值是一个可很好地表征区域物流总产出的指标量，然而我国尚未建立一套完整的物流业统计体系，因而难以获得一个地区的物流业增加值资料。

从物流生产活动的过程看，区域物流产出应该包括物流活动在一定时期内所完成的运输量、包装量、仓储量、流通加工量、装卸搬运量、配送量和信息传递量的总和，这个总和也称为物流量。物流量是物流学科及物流实践中十分重要的一个概念，是物流系统规划确定所需设施服务供给能力的基本依据，可以有效地表征物流活动的总产出。虽然有不少学者曾研究探讨各种不同物流作业量间的相互联系和数量转换折算方法，力图通过寻求不同的物流当量构建一种合理可行的关于物流量的普适度量表征方法，但到目前为止，对于物流量的定义及计算方法并未取得社会各界的普遍共识。

尽管如此，可以发现在组成物流量的各种物流作业量中，与其他物流作业量及物流量总量关系最密切、最为直接的是与运输活动相关联的货物运输量（包括货物发送量、货物周转量等）；除运输活动自身外，仓储、包装、装卸搬运、流通加工、配送、信息服务等其他物流活动所产生的相应的物流作业量，都可以根据对物流作业对象（货物种类）、客户需求特征、物流节点设施在本地及区域物流体系格局中所处的地位作用等方面的具体分析，确定各种物流作业量与货运量之间的一定数量关系；加之现有的运输及物流统计体系中，只有有关货运量和货运周转量统计是最为完整稳定的信息统计来源，因此可以以一定时期内全社会的货运量或货运周转量作为物流生产活动的总产出。

2. 物流资本投入

资本本身是一个相对宽泛的概念，广义的资本可以包括物质资本、人力资本和土地。但是，在经济学意义上，资本主要是指用于生产的基本物质资本，即资金、厂房、设备、材料等生产资料与原材料等要素。因此物流资本可以理解为用于物流生产活动的基本生产要素，包括流动资金、物流信息、作业场地、作业设施设备等所有物质资源，具体来讲主要包括物流基础设施，主要有物流通道和物流节点，物流通道主要有公路、铁路、航道、航线、管道等，物流节点主要有货运场站、物流中心、物流园区、港口、机场等；物流设备，主要是指能够实现运输、包装、仓储、流通加工、装卸搬运、配送以及信息传递所需要的运输工具、包装工具、仓储设备、流通加工设备、装卸搬运设备、信息传递设备等。

在生产函数中，资本是一个存量概念，即一个时间点上所拥有的物质资本总量。因此，物流资本也是只在一个时间点上物流物质资本的总量。然而，我国不但没有专门的物流资本的统计数据，而且也没有社会物质资本总量的统计数据。因此，对于区域物流资本的计算，本书将在下文给出方法并进行处理获取。

3. 物流劳动

劳动是指有劳动能力和劳动经验的人在生产过程中有目的地支出劳动力的活动。因此，在经济领域，生产函数中的劳动是指生产中工作人员的活动投入，一般用劳动力代替，劳动力是指在经济活动中实际投入的劳动数量。因而，我们可以认为物流劳动是指在物流活动中实际投入的劳动数量，包括物流管理人员和物流作业人员。显然，区域物流生产函数中劳动力的投入应该是年度平均量，但是由于难以获得物流从业人员年平均数的统计数据，因此采用国内外普遍的做法——采用物流从业人员年末数作为物流劳动力的年度平均量。

（二）投入要素表征指标的选取与处理方法

1. 投入要素表征指标的选取

我国物流业发展起步晚，尚未建立起以物流业为基础的统计体系而缺少对物流业的统计数据，因而难以直接获得上述表征物流资本和物流劳动的统计数据。根据分析，在物流活动中，运输成本占物流总成本的比率高达50%，而且运输和仓储是物流活动过程中最主要的两类活动。因此，许多研究人员将交通运输、仓储和邮政业的运行指标作为物流业运行的指标。例如，莫鸿[132]、余泳泽[133]等在测算物流产业技术进步率时也将交通运输、仓储和邮政业的运行指标作为物流业运行的指标，贺兴东[131]运用相关性检验、一致性检验和契合度排序三种方法选取交通运输、仓储和邮政业增加值来反映物流业运行情况等。因此，本书研究中将全社会货运量作为物流业实物产出量，将交通运输、仓储和邮政业的增加值、固定资产投资和从业人员数分别作为物流业的增加值、固定资产投资、从业人员数。

2. 投入要素的数据处理

从投入要素的基础数据来看，数据的原始量纲不同，有的是实物量，例如货运量；有的是价值量，例如物流固定资产投资、物流业增加值等，而且价值量数据均是按当年价格计算的数据。当运用当年价格数据在不同年份之间进行对比时，因存在价格变动因素而不能真实地反映实物量的变动，因此需要消除价格变动的影响。本书采用指数缩减法来剔除价格因素，其计算公式为：$CI_t = I_t / CPI_t$，其中，CI_t表示数据的第 t 年可比价格值，I_t 表示数据 CI 第 t 年当年价格观测值，CPI_t表示第 t 年居民消费价格指数。

本书将当年交通运输、仓储和邮政业的年末从业人数作为物流劳动投入(L)，将当年的社会货运量作为物流产出(Y)，将当年交通运输、仓储和邮政业的固定资本存量作为物流业的资本存量。Y，L 这两项数据可以直接从相关统计年鉴上获得，而无法直接获得物流资本 K。我国对每一年的交通运输、仓储和邮政业的固定资产投资以及固定资本形

成总额进行统计,因此,可以通过下面的计算方法估算获得物流资本 K。

戈登史密斯(Goldsmith)在 1951 年开创的永续盘存法是目前普遍采用的测算资本存量的方法。其计算公式为: $K_t=(1-\delta)K_{t-1}+I_t$,其中 K_t 是第 t 年的资本存量,K_{t-1} 是第 $t-1$ 年的资本存量,δ 为经济折旧率,I_t 为当年物流固定资产投资(物流固定资本形成总额)。从公式可知,要对物流业资本存量进行估算,首先要考虑基期资本存量 K_0。本书采用杨格[138]的估计方法,用基年的物流固定资产投资(物流固定资本形成总额)除以 10% 作为基期的资本存量,其他的数据均以基期作为基期价格;其次是 δ 的取值,目前 δ 的取值主要有 5%[①]和 9.6%[②]两种方法,由于物流固定资产不仅包括物流基础设施,还包括大量的物流设备,因此本书 δ 的值设定为 9.6%。

第二节 区域物流合作对区域物流增长的作用机制

区域物流合作是指合作主体为获取物流合作发展的合作剩余,自愿地在物流相关领域进行的合作,而合作主体主要包括地方政府、物流行业协会和物流企业,因此,区域物流合作是这三种主体之间合作关系的相互作用、相互协调的统一体。从这个角度讲,区域物流合作不仅仅包括物流企业在物流作业活动中的合作,还包括地方政府以及物流行业协会在物流制度供给与物流管理中的合作,因此区域物流合作中的合作是合作行为与合作制度的统一体。本书从合作行为和合作制度两个角度来探讨合作对区域物流增长的作用机制。

---

① 根据王小鲁在《我国经济增长的可持续性——跨世纪的回顾与展望》一书中设定"当固定资产属于可重置性较低的资产时,设定折旧率为 5%"。

② 根据张军等在《中国省际物质资本存量估算:1952~2000》一文中考虑建筑和设备不同的折旧率,最后综合考量,设定折旧率为 9.6%。

一、区域物流合作行为对区域物流增长的作用机制

由于区域物流增长问题涉及物流生产要素投入、物流要素生产效率、物流市场交易效率和物流生产要素的结构及组合方式四个方面。因此本书从这四个方面分析论述区域物流合作行为对区域物流增长的作用机制。

(一) 区域物流合作行为对区域物流生产要素投入的作用

在现代物流活动中,物流需求者要有效地实现其物流需求,离不开运输、仓储、信息交流、装卸搬运等物流服务环节。而物流产业实质上是以实现商品流通为目的,以社会经济为基础,以提供运输、仓储、装卸搬运、信息交流、场站活动为手段的综合性服务活动。因此,物流业的发展过程也就是不断地投入物流通道建设、物流节点建设、物流作业工具、物流从业人员、物流组织管理等物流生产要素的过程。显然,随着物流业的不断发展,需要加大物流开发中的财力、物力、人力等生产要素量的投入。

通过区域物流合作,特别是地方政府之间的物流合作,可以增强物流基础设施投资建设能力并避免重复建设,从而节约资本、土地、人力等物流生产要素的投入量,并降低其机会成本。物流企业间的合作,可以实现物流运作过程中设施设备以及信息资源的共享和物流从业人员素质的提高,提高对现有物流设施设备等物流生产要素的利用率。因此,区域物流合作行为可以有效地整合区域物流资源,实现物流生产要素的集约化发展,在节约物流生产要素投入量的同时,提高物流生产要素的使用率,使有限的物流资源可以投入到物流技术创新中去,从而促进区域物流增长。

(二) 区域物流合作行为对物流投入要素生产效率的作用

马克思在考察资本主义世界市场形成过程时指出:"重要的不是市场在空间上的远近,而是商品到达市场的速度,即时间量,在一定时间内能够生产多少产品,在一定期间资本能够增值多少次,它的价

值能够再生产和增值多少,就取决于流通速度,取决于流通经历的时间"[139]。可见,社会再生产活动需要物流业能够在流通领域做出高效的反应。物流产品的生产过程就是物流消费的过程,两者在时间和空间上并存,具有同一性,因此,物流产品不可能像其他产品一样进行流水线生产。由于物流活动在运行中会受到区域壁垒和衔接障碍,致使物流活动在运作中受到延误,使得单位时间内生产的物流产品量下降,从而制约了物流要素生产效率的提高。

因此,地方政府间在物流领域的合作,可以最大限度地消除区域壁垒,实现区域间物流活动的资金流、技术流、信息流等物流要素畅通无阻,从而减少物流生产的空间位移和时间耗费,提高物流生产要素的生产率。物流企业的合作,可以实现企业的规模经济和范围经济,并实现物流作业的无缝衔接。规模经济主要表现为,在物流生产过程中的规模化运作不仅可降低单位物流产品的生产成本,而且可实现物流生产要素的充分利用,例如优化运输、集中仓储、共享信息等;而范围经济主要体现在物流产品生产过程中的协同效应,这不仅可以提高生产多样化物流产品的能力,而且可以提高物流生产要素的利用率以及物流知识的积累,例如配送协同、仓储协同等。

(三) 区域物流合作行为对物流市场交易效率的作用

根据交易成本理论,由于物流市场搜寻成本、谈判成本、合同成本和监督执行成本等交易成本的存在,而物流生产活动与消费活动的同一性致使物流生产活动要克服时空距离的作用,这给物流生产信息的交流带来困难,会增加供求双方的信息传播和收集费用,提高交易成本,增加物流消费者的货币支出与时间成本,降低交易效率。因此,物流企业通常会通过并购实现一体化,以内部组织代替外部市场,以行政安排替代市场交易,以此减少交易费用,提高交易效率。然而,物流组织规模扩大也会产生"组织失灵"的问题,导致无法达到以一体化降低交易费用提高交易效率的目的。

物流企业的合作是一种介于企业和市场之间的中间状态,一方面物流企业可以通过合作将市场组织化，以契约确定物流企业间的信用关系、交易程序与利益关系，从而利用组织的确定性降低物流企业市场交易中的相关费用；另一方面可将组织市场化，保持各物流企业的相对独立性，避免一体化组织的激励失灵、信息扭曲等问题，利用市场机制来降低交易费用，提高交易效率，而交易效率的提高反过来又可促使区域物流合作更加顺畅。

（四）区域物流合作行为对物流生产要素的结构及组合方式的作用

在经济领域，生产过程中生产要素的结构及组合方式，即要素的不同的投入方式和使用方式，构成了不同经济增长方式。因而，物流生产领域中各种物流要素的结构、投入、组合以及使用方式，就构成了区域物流的增长方式。从区域物流的投入—产出角度出发，区域物流增长方式可分为两种类型，一种是依靠增加劳动、资本等物流生产要素的投入而增加物流产出，另一种是依靠调整物流生产要素的投入组合以及要素的技术水平而促进物流产出增加。

区域物流合作行为可以有效地整合物流生产要素，提高生产要素的使用效率，以及改善物流活动中的交易效率，这在一定程度上影响着生产要素的投入结构。物流企业在合作过程中的资源共享，可使不同类型的物流企业集中精力发展本企业具有核心竞争力的业务，不断促进区域物流产业的专业化分工，而物流活动的分工和专业化会使企业将注意力集中在更窄的生产领域（形成从事运输、仓储、加工、装卸等市场细分的服务企业），从而能够比较容易地产生技术创新，进而推动物流生产要素结构及组合方式的改变，促进物流生产力的提高，从而推动区域物流增长。

二、区域物流合作制度对区域物流增长的作用机制

区域物流合作制度，是指区域物流合作发展中所形成的有利于物流合作行为发生的物流制度，是确保物流主体积极参与区域物流合作的前提基础，是制定统一的区域物流政策、法律制度和形成统一的物

流市场制度重要保障。因此，在物流制度中引入有效的合作制度，其本身就是制度创新的一部分。虽然区域物流合作制度对具体物流活动的作用是间接的，但是合作制度对物流市场、地方政府以及物流技术创新等传统制度的影响和作用是巨大的，其通过影响和改善传统制度和物流合作行为进而促进区域物流增长。

（一）合作制度对物流市场制度的影响

市场是现代经济中买卖双方交换物品的重要制度。物流市场通过价格、供求、竞争、风险等机制及其相互作用协调着生产者、消费者及其活动。物流市场的主要功能，是通过有效的激励和约束实现物流资源的有效配置。然而，由于我国物流市场发展成熟度低，激烈的市场竞争致使物流业发展呈现无序的状态，严重地制约着物流需求规模的扩大。同时，由于对于公共物流设施的供给存在着"市场失灵"的现象，导致难以形成区域内高效衔接的物流节点、物流通道和物流公共信息平台，严重影响区域物流的发展。

区域物流合作制度可以为物流企业提供有效的产权保护、裁决纠纷，增加区域物流合作过程中的违约成本，降低维权成本和交易成本，提升物流企业的合作意愿，促进区域物流合作的发展。区域物流合作制度可以通过有效的制度安排，促使各地方政府联合起来，加大对区域内公共物流设施的供给，有效地克服"市场失灵"，从而促进物流生产要素的投入。此外，相对于物流组织或个人自建立的物流生产服务设施，这些公共设施具有更高的使用率，进而促进区域物流增长。

（二）合作制度对地方政府的影响

地方政府是实现国家利益、经济利益、社会利益的一种重要组织制度安排。地方政府会根据物流发展的现状发挥相应的职能，例如制定本地区物流业发展规划、加强物流供给设施以及对本地区物流市场进行宏观调控等。然而，在我国经济发展过程中，地方政府会产生自我强化的倾向，形成行政区经济，导致在物流业发展过程中屡屡出现

"政府失灵"的现象，产生物流市场分割、物流基础设施重复建设等严重阻碍区域物流发展的问题。

区域物流合作制度可以促使地方政府间形成有效的协商合作机制，以约束各地方政府对物流业的不当干预，通过有效的制度供给克服"政府失灵"，有利于实现制定统一的区域物流业规划和建立统一的物流市场，实现区域内物流要素的统一布局和高效流通，降低物流交易成本，从而提高物流生产要素的利用率和提高物流交易效率，进而促进区域物流增长。

（三）合作制度对加快物流技术创新制度的影响

物流技术创新是指物流企业为了满足物流需求者的物流需求，提高企业服务能力和竞争力，运用知识、工艺、技术，采用新的经营管理模式和生产方式，以新产品新服务开发为目标的一系列创新活动。物流技术创新主要包括垂直创新和水平创新两种类型。垂直创新是通过采用新设备、新工艺和新技术或者是对新设备、新技术本身的研发，使原有物流服务产品的质量或服务效率得以提高。例如，通过采用信息技术（EDI、RFID、物联网等）提高物流服务的准确性与及时性以及通过采用集装箱运输、特种货物加固技术提高运送物资的完好率。水平创新就是新物流产品（服务）的发明，例如为满足中小企业融资需求而创造的仓单质押业务，为满足电子商务发展而出现的"即日到"配送服务，为满足远距离跨区域运输客户的"一站式"门到门服务等。

通常情况下，物流技术创新需要几个或者多个物流企业来共同完成，因此，需要企业之间的协作配合。然而，技术创新成果具有很强的外部性，主要表现为"公共产品性"和"技术外溢效应"，因而在合作中难免会存在"搭便车"的行为，从而影响到企业间合作创新的积极性，影响到物流技术创新。

区域物流合作制度可以有效地协调物流企业在合作过程中的利益及诉求。在垂直创新过程中，合作制度可以明确规定和保障各个合作

企业与创新成果的关系,使各合作企业具有安全感,垂直创新会在这样一种环境下得到激励。在水平创新过程中,各个物流企业水平合作以提供新产品新服务,合作制度可以保障企业在合作中的权利,使企业集中精力提升自身的核心竞争力,从而促进技术创新。因而技术创新可以有效地优化物流生产要素结构及组合方式,从而促进区域物流增长。

三、包含合作程度要素的区域物流增长模型

上述两节从定性的角度论述了区域物流合作中的合作对区域物流发展中各要素的影响,本节尝试从定量的角度,将合作要素纳入区域物流增长模型中,以更好地理解和研究区域物流合作对区域物流增长的内在机制。将消费者和企业的最优化分析引入经济增长模型的Ramsey-Cass-Koopmans[112~114]经济增长模型,以及黄少安[9]对合作与经济增长的研究,为本节将区域物流发展中的合作要素纳入区域物流增长模型,以便深层次定量分析合作对促进区域物流增长的作用提供了研究思路。

(一) 区域物流系统总量生产函数

基本假设[131]:

假设区域物流系统为封闭系统①,系统中存在物流生产部门和物流消费部门两部门主体;物流生产部门进行生产,为物流消费部门提供物流产品和服务;物流消费部门为物流生产部门提供再生产资本和劳动力;区域物流系统中物流生产部门的物流产品和服务为单一、同质的,该产品和服务既可以用于消费,也可以用于投资;物流生产部门的生产投入为资本(主要用于物流设施设备等劳动资料的投入)、劳动力(主要指无差别的劳动)和技术(主要指技术的水平创新和垂

---

① 宏观经济学在研究宏观经济增长、建立经济增长模型时均假设研究的经济系统是封闭的,而现实的经济系统是开放的,存在进出口活动。现实的物流系统也为开放的系统,为了方便分析,因此假设为封闭的系统。

直创新);而物流投资和消费的决策主要是由物流消费部门做出的。

设区域物流系统的总量生产函数为具有时间下标的柯布-道格拉斯形式:

$$Y_t = K_t^\alpha A_t^\beta [H_t L_t]^\gamma, 0 < \alpha, \beta, \gamma < 1 \qquad (4-1)$$

式中,α, β, γ 分别为 K_t, A_t 和 $H_t L_t$ 的产出弹性,并且 $\alpha + \beta + \gamma = 1$。其中,$Y_t$ 为 t 时期区域物流系统的最终产出,K_t 为 t 时期物流劳动资料资本存量,H_t 为 t 时期合作程度,A_t 为 t 时期的技术水平,L_t 为 t 时期的物流劳动力,他们的初始水平是既定的。假设物流劳动力的增长率是外生的,即 $L_t/L_t = w$;技术水平受到合作程度 H_t 和劳动力 L_t 的影响,并且技术水平对时间的导数为 $A = \pi \cdot A_0 \cdot H_t L_t$,其中,$\pi$ 代表有效劳动 $H_t L_t$ 对技术水平增长的影响系数,A_0 为初始状态的技术水平。

H_t 是刻画物流合作主体合作程度的一个变量。在区域物流合作中,由于合作双方努力的程度(或者称对合作的态度)、为合作所付出的额外成本以及合作获得的收益等因素并非可以完成识别,因此在合作的过程中,合作主体存在着"搭便车"以及无条件享受合作的外部性的可能,因而会导致合作主体并非付出以事先约定的劳动,即存在着"囚徒困境"。同时,区域物流合作通过提供一系列的规则,确定合作中人与人的关系并约束人们之间的相互关系,从而明确和识别合作过程中的因素,通过减少人们之间合作的不确定性以及改变劳动力在物流产品生产中的能力,减少交易费用,促进物流增长。所以,区域物流合作对区域物流增长的影响主要是通过影响合作主体的劳动以及合作主体的行为。因此,在此处研究认为物流合作是通过改变劳动力的程度从而促进物流经济的增长。当然,在现实的物流合作中,不仅仅劳动要素存在着合作问题,资本以及技术等其他生产要素也存在着合作问题,这样认为可以简化分析,并且不影响事物的本质。因而可以称 $H_t L_t$ 为有效劳动。

因此,假设的区域物流系统总量生产函数具有哈罗德中性技术进步的劳动增进型的新古典生产函数,它具有如下三个特性:每种投入要素有正的且递减的边际产出,即 $Y'_t>0, Y''_t<0$;规模收益不变,即 $\forall t>0$, $Y_t(t\Box)=t \cdot Y_t(\Box)$;稻田条件,即 $\lim_{K \to 0} \frac{\delta Y}{\delta K} = \lim_{L \to 0} \frac{\delta Y}{\delta L} = \infty$, $\lim_{K \to \infty} \frac{\delta Y}{\delta L} = 0$。由式(4-1)可得: $y_t = k_t^\alpha b_t^\beta$。

由于区域物流系统中只存在物流生产部门和物流消费部门,所以物流产出在物流消费和物流投资之间进行分割,假定物流资本折旧率为 $\delta>0$,则物流资料累积方程为:

$$K_t = Y_t - C_t - \delta K_t \qquad (4-2)$$

式中,C_t 为物流总消费,内生于代表物流消费部门效用最大化决策。

各变量的人均有效形式为:人均有效产出为 $y_t = Y_t/H_tL_t$,人均有效资本为 $k_t = K_t/H_tL_t$,人均有效技术为 $b_t = A_t/H_tL_t$,人均有效消费为 $c_t = C_t/H_tL_t$。假定物流合作水平有独立的演进过程,与其他要素无关,只是时间 t 的函数,物流合作水平的增长率 $\varphi_t = H_t/H_t$。对人均有效资本求导,并结合式(4-2),可得:

$$k_t = y_t - c_t - (\delta + \varphi_t + w)k_t \qquad (4-3)$$

对人均有效技术求导,并结合技术水平对时间的导数关系,可得:

$$b_t = \pi A_0 w - b_t(\varphi_t + w) \qquad (4-4)$$

(二)物流合作的独立演进

在下一章第三节中,通过对地区 A 和 B 不对称物流企业的演化博弈分析,得到了影响合作的因素以及各因素对合作的影响。这些因素主要包括初始状态下合作者的比例、合作的成本、合作的收益、合作收益的分配、背叛合作所获得的额外收益和对背叛合作的惩罚等。在没有对背叛合作进行惩罚的情况下,由于背叛合作所获的收益通常大于扣除合作成本的合作收益,因而大大降低了合作的可能性致使不能够实现合作。在现实世界中,正如第五章第三节所述,由于政策法规不完善以及维权成本太高,往往导致没有企业愿意付出额外的成本去惩罚背叛者。在这种情况下,往往导致整体社会信用下降,无法实现有序的合作发展,这也是本书着力解决的问题。由于重点研究合作与区域物流系统增长的关系,需要在现实社会中存在合作,并且随着时间的推移实现一个稳定的均衡,因此引入惩罚者。惩罚者具有两个特点,一是他本身进行合作,二是他会付出成本去惩罚背叛者,可见,如果惩罚背叛者所获得的收益大于付出的成本,惩罚者是存在的。

根据黄少安[9]对合作行为的研究,假设参与区域物流合作的主体分为三种类型:合作者、背叛者和惩罚者,其在第 t 期所占的比例分别为 m_t, n_t, ξ_t,并且 m_t, n_t, $\xi_t \in [0,1]$,$m_t + n_t + \xi_t = 1$,它们的初始值分别为 m_0, n_0, ξ_0,因此,区域物流合作程度 H_t 为合作者与惩罚者比例之和,即 $H_t = m_t + \xi_t = 1 - n_t$,则初始值为 $H_0 = m_0 + \xi_0 = 1 - n_0$。

假定每个时期合作主体随机地选择其他主体进行合作,那么他们在 t 时期三种类型的主体相遇的概率见表 4-1。

表 4-1　三种类型的合作主体相遇的概率

概　率	合作者	背叛者	惩罚者
合作者	m_t^2	$m_t n_t$	$m_t \xi_t$
背叛者		n_t^2	$n_t \xi_t$
惩罚者			ξ_t^2

假设惩罚者有最高的适存度,背叛者次之,合作者最差。当同种类型的合作主体相遇,两者适存度相同,因而在下一期仍然维持原策略,这样合作者相遇仍为合作者,背叛者相遇仍为背叛者,惩罚者相遇仍为惩罚者。当不同类型合作主体相遇时,合作者与背叛者相遇,下一期全部变为背叛者;合作者与惩罚者相遇,双方保持自己原来的特性;背叛者与惩罚者相遇,惩罚使得背叛的成本超过背叛收益,下一期背叛者变为合作者,惩罚者维持自己的特性。

因此,在 $t+1$ 期,三种类型的合作主体所占的比例分别为:

合作者:$m_{t+1} = m_t^2 + m_t \xi_t + n_t \xi_t = m_t^2 + (1 - \xi_t)\xi_t$

背叛者:$n_{t+1} = n_t^2 + 2 m_t n_t$

惩罚者：$\xi_{t+1} = m_t\xi_t + n_t\xi_t + \xi_t^2 = \xi_t$

由此可以推导出：

① 由 $\xi_{t+1} = \xi_t$ 可知，惩罚者的比例是稳定的，等于初始值 ξ_0。

② 合作程度 H_t 具有单调性，并且其变化是由合作者以及惩罚者的初始比例 m_0 和 ξ_0 决定的。

因为 $H_{t+1} - H_t = m_{t+1} - m_t = (\xi_t - m_t)n_t$，可见，当 $\xi_t > m_t$ 时，$H_{t+1} > H_t$，合作程度会提高；当 $\xi_t = m_t$ 时，$H_{t+1} > H_t$，合作程度会提高；当 $\xi_t = M_t$ 时，$H_{t+1} = H_t$，合作程度不变；当 $\xi < m_t$ 时，$H_{t+1} < H_t$，合作程度会变差。然而，无论 m_0 和 ξ_0 具有何种关系，合作程度 H_t 为单调函数。

③ 区域物流合作程度 H_t 存在极限值。

因为 $m_{t+1} - \xi_0 = m_t^2 - \xi_0^2 = (m_t + \xi_0)(m_t - \xi_0)$，可得 $\dfrac{m_{t+1} - \xi_0}{t - \xi_0} = m_t + \xi_0$，因此 $m_{t+1} - \xi_0 = (m_t + \xi_0)(m_{t-1} + \xi_0)(m_{t-1} + \xi_0)\cdots(m_t + \xi_0)(m_0 - \xi_0)$。当 $m_t < \xi_0$ 时，由②知 m_t 单调递增，可得 $(m_0 + \xi_0)^t(m_0 - \xi_0) < m_{t+1} - \xi_0(m_t + \xi_0)^t(m_0 - \xi_0)$，因为 $m_t + \xi_0 < 1$，所以 $\lim\limits_{t\to\infty}(m_t + \xi_0)^t = 0$，从而可知 $\lim\limits_{t\to\infty}(m_{t+1} - \xi_0) = 0$，所以 $\lim\limits_{t\to\infty}H_t = \lim\limits_{t\to\infty}m_t + \xi_0 = 2\xi_0$；同理，当 $m_t > \xi_0$ 时，$\lim\limits_{t\to\infty}H_t = \lim\limits_{t\to\infty}m_t + \xi_0 = 2\xi_0$；由于 $H_t \leqslant 1$，所以此时 $\xi_0 \in [0, 0.5]$。同理可得当 $\xi_0 \in [0.5, 1]$ 时，$\lim\limits_{t\to\infty}m_t = 1 - \xi_0$，从而 $\lim\limits_{t\to\infty}H_t = \lim\limits_{t\to\infty}m_t + \xi_0 = 1$，达到完全合作的程度。

区域物流合作程度的动态变化程度 $\varphi_t = \dfrac{H_{t+1} - H_t}{H_t} = \dfrac{(\xi_t - m_t)n_t}{m_t + \xi_0}$，可见，合作程度的变化 φ_t 是非线性的形式，并且具有单调和收敛于固定值的性质，即当 $t < T$ 时，$\begin{cases}\varphi_t > 0, 当\ m_t < \xi_0\\ \varphi_1 < 0, 当\ m_t > \xi_0\end{cases}$，当 $t > T$ 时，$\varphi_t = 0$。所以，当 $m_0 < \xi_0$ 时，区域物流合作程度会不断变好，此时 $\varphi_t = \dfrac{H_t}{H_t} = \begin{cases}\varphi_t > 0, 当\ t \leqslant T\\ \varphi_t = 0, 当\ t > T\end{cases}$；当 $m_0 > \xi_0$ 时，区域物流合作程度会不断变差，此时 $\varphi_t = \dfrac{H_t}{H_t} = \begin{cases}\varphi_t < 0, 当\ t \leqslant T\\ \varphi_t = 0, 当\ t > T\end{cases}$。

（三）物流消费部门及其行为

假定区域内存在着相同无差别的物流消费者,并且物流消费者在 t 时刻的效用函数为 $u[c_t]$,其中 c_t 为 t 时刻每一个物流消费者的消费。假设该效用函数 $u[c_t]$ 是对 c_t 递增的凹函数,并且当 $c \to 0$ 时, $u'(c) \to \infty$,当 $c \to \infty$ 时, $u'(c) \to 0$。在此处,本书使用一个常用的即期效用函数,简称为 CIES 效用函数,该效用函数的形式为 $u(c_t) = (c_t^{1-\theta} - 1)/(1 - \theta)$,其中 θ 为相对风险厌恶系数,并且 $\theta > 0$,如果消费者对风险的厌恶程度越大,即 θ 越大,函数的边际效用下降得就越快,消费者就不愿意接受消费随时间的变化。

由于我们假定劳动力以不变的速度增长,即 $L_t/L_t = w$,那么 t 时刻的物流劳动力人口规模为 $L_t = L_0 \cdot e^{wt}$,为了方便表述,此处将基期劳动力标准化为 1。

假设物流消费者在每一时刻点上将其收入用于物流消费和物流投资,那么消费者就需要最大化一生效用,即 $\max U = \int_{t=0}^{\infty} e^{-(p-w)t} u(c_t) \mathrm{d}t$,贴现率 $p > 0$。为了避免蓬齐游戏[①]的发生,我们对消费者的预算约束为：其一生消费的贴现值不能超过其初始财富与其一生劳动收入的现值之和。

（四）模型求解

区域物流系统最优问题可以表示为：

$$\max U = \int_{t=0}^{\infty} e^{-(p-w)t} u(c_t) \mathrm{d}t \tag{4-5}$$

$$s.t. \begin{cases} k_t = y_t - c_t - (\delta + \varphi_t + w)k_t \\ y_t = k_t^\alpha b_t^\beta \\ b_t = \pi A_0 w - b_t(\varphi_t + w) \end{cases}$$

设现值哈密顿函数为：

---

① 这是指家庭以连环信用的形式无限贷款。比如如果家庭能够以社会资产的真实收益率获得贷款,那么他就可以依靠不断的贷款所获得的货币收入补偿其债务。

$\Gamma = u(c) + \lambda_1[y - c - (\delta + \varphi_t + w)k] + \lambda_2[\pi A_0 w - b_t(\varphi_t + w)]$，其中 λ_1, λ_2 分别为 k, b 的余状态变量，可以看作 k_t, b_t 的影子价格。令哈密顿函数一阶偏导数为零，可得：$\frac{\partial \Gamma}{\partial c} = c^{-\theta} - \lambda_1 = 0, \frac{\partial \Gamma}{\partial k} = \lambda_1(\frac{\partial y}{\partial k} - \delta - \varphi_t - w) = p\lambda_1 - \lambda_1$ 和 $\frac{\partial \Gamma}{\partial b} = \lambda_2 \frac{\partial y}{\partial b} - \lambda_2(\varphi_t + w) = p\lambda_2 - \lambda_2$，由此可得显示资本存量积累路径、消费路径和技术路径，从而得到关于 (k,c,b) 的三维微分系统：

$$\begin{cases} k = y - c - (\delta + \varphi_t + w)k \\ c = \frac{c}{\theta}[\frac{\partial y}{\partial k} - (\delta + \varphi_t + w + p)] \\ b_t = \pi A_0 w - b_t(\varphi_t + w) \end{cases}$$

将 $y_t = k_t^\alpha b_t^\beta$ 代入上述的三维微分系统，令 $k = c = b_t = 0$，可得两组均衡值：当物流系统处于 $0 \sim T$ 时期内时，区域物流系统的均衡点为 $(k^* = [\frac{\alpha(b^*)^\beta}{\delta + \varphi_t + w + p}]^{\frac{1}{1-\alpha}}, c^* = (k^*)^\alpha(b^*)^\beta - [\delta + \varphi_t + w]k^*, b^* = \frac{\pi A_0 w}{\varphi_t + w})$；当区域物流系统处于 T 至 $+\infty$ 时期内时，区域物流系统的均衡点为 $(k' = [\frac{\alpha(b')^\beta}{\delta + w + p}]^{\frac{1}{1-\alpha}}, c = (k)^\alpha(b')^\beta - [\delta + w]k', b' = \pi A_0)$。显然，当 $m_t < \xi_0$ 时，区域物流合作程度不断变好时，$k' > k^*, c' > c^*, b' > b^*$；当 $m_t > \xi_0$ 时，区域物流合作程度不断变差时，$k' < k^*, c' < c^*, b' < b^*$。

（五）均衡点处区域物流增长分析

① 当 $m_t < \xi_0$ 时，区域物流合作程度不断加深。

当 $m_t < \xi_0$ 时，t 处于 0 至 T 之间时，$\frac{\varphi_t = H_{t+1} - H_t}{H_t} = \frac{(\xi_t - m_t)n_t}{m_t + \xi_0}$，此时物流合作程度不断加深，$\varphi_t$ 大于 0 并且随着 t 不断增大而趋于 0，区域物流系统的人均有效资本、人均有效消费、人均有效产出和人均有效技术分别为 k^*, c^*, y^*；当 t 大于 T 时，区域物流合作程度达到最高，此时 $\varphi_t = 0$，此时区域物流系统实现稳定均衡点，人均有效资本、人均有效消费、人均有效产出和人均有效技术调整为 k', c', y' 和 b'（并且 $y' >$

y^*,由 $y_t = k_t^\alpha b_t^\beta$ 可得)。可见,在区域物流系统合作程度不断加深的情况下,该系统的人均有效资本、人均有效消费、人均有效产出和人均有效技术随着合作程度的提升而不断提升,当达到完全合作时,系统可以达到最高的稳态值(图 4-1,以 b_t^* 为例,k^*,c^*,y^* 同)。人均有效值乘以 $H_t L_t$ 就会得到总量值。因此,当均衡点由 (k^*,c^*,b^*) 变为 (k',c',b') 时,即在区域物流合作程度不断加深的情况下,资本、产出、消费和技术水平总量值会变得更多,说明促进了区域物流系统的增长。

从 (k,c,b) 的稳态解可以看出,当系统处于合作的稳态时,并且稳态点不发生变化时,人均有效资本、人均有效消费、人均有效产出和人均有效技术是关于函数设定的参数值,是固定的,因而人均有效增长为 0。但是,人均有效值乘以 $H_t L_t$ 就可以得到总量值,而 H_t 的增长率为 0,L_t 的增长率为 w,从而总量的增长率为 $g_Y = g_K = g_C = g_A = w$,此时物流系统的总量增长率维持在 w 的水平上。当 t 处于 0 至 T 之间,区域物流系统总量的增长率为 $g_Y = g_K = g_C = g_A = \varphi_t + w$,区域物流系统的产出、消费、资本和技术的增长速度呈不断降低的趋势,最终实现平稳。这与普遍社会合作现象相同,随着合作程度的不断加深,合作对资本、技术的边际收益会越来越低,资本以及技术的潜能开发难度越来越大,所以增长速度会不断降低。

② 当 $m_t > \xi_0$ 时,区域物流合作程度不断恶化。

当 $m_t > \xi_0$ 时,t 处于 0 至 T 之间时,$\varphi_t = \dfrac{H_{t+1} - H_t}{H_t} = \dfrac{(\xi_t - m_t)n_t}{m_t + \xi_0}$,此时物流合作程度不断恶化,$\varphi_t$ 小于 0 并且随着 t 不断增大而趋于 0,区域物流系统的人均有效资本、人均有效消费、人均有效产出和人均有效技术分别为 k^*,c^*,y^* 和 b^*;当 t 大于 T 时,区域物流合作程度达到最低,此时 $\varphi_t = 0$,区域物流系统实现稳定均衡点,人均有效资本、人均有效消费、人均有效产出和人均有效技术调整为 k',c',y' 和 b'(并且 $k' < k^*$,$c' < c^*$,$b' < b^*$)。可见,在区域物流系统合作程度不断恶化的情况下,该系统的人均有效资本、人均有效消费、人均有效产出和人均有效技术随着合作程度的恶化而不断降低,当达到完全稳态时,系统可以达

到稳态值最低(图 4-2,以 b_t^* 为例,k^*,c^*,y^* 同)。人均有效值乘以 H_tL_t 就会得到总量值。因此,当均衡点由 (k^*,c^*,b^*) 变为 (k',c',b') 时,即在区域物流合作程度不断恶化的情况下,资本、产出、消费和技术水平总量值会变少,说明降低了区域物流系统的增长。

由此可见,当区域物流合作水平提高时,区域物流获得增长;当区域物流合作水平降低时,区域物流增长降低。因此,区域物流合作对区域物流增长具有重要影响。

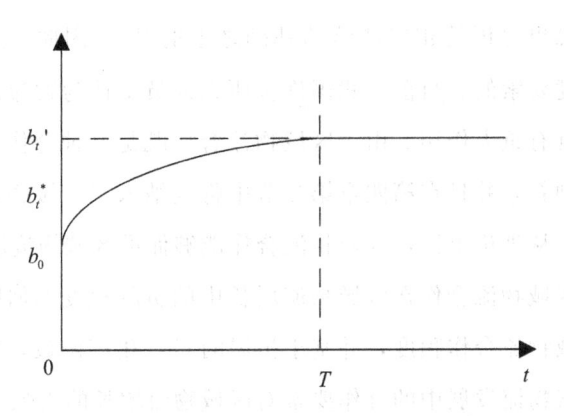

图 4-1 当 $m_t < \xi_0$ 时,b_t^* 随 t 的变化示意图

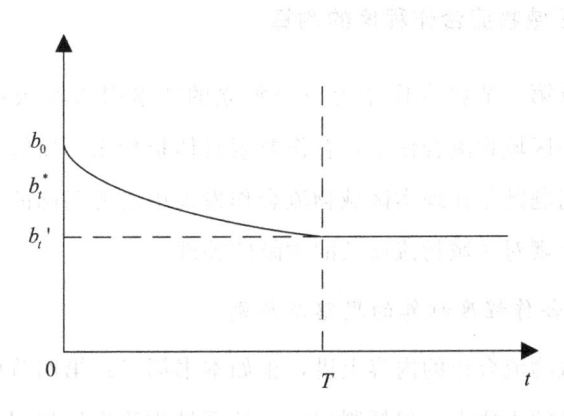

图 4-2 当 $m_t < \xi_0$ 时,b_t^* 随 t 的变化示意图

第三节　区域物流合作对区域物流增长的贡献研究

库兹涅茨认为经济增长就是向人们提供种类繁多的经济产品的能力的长期上升，而这种不断增长的能力是建立在先进技术以及所需要的制度和思想意识的相应调整的基础之上的[140]。因此，经济增长是离不开制度要素的。目前，我国许多研究人员也认为物流制度对物流业的发展具有重大作用。由于区域物流合作既是一种合作行为，又是一种制度创新，并且在第四章第二节中将其纳入了区域物流增长模型中，因而，从理论上讲，区域物流合作能够促进区域物流增长。

但是区域物流合作在区域物流增长中的贡献程度如何呢？本节主要测算区域物流合作程度，并基于扩展的C-D生产函数，从定量的角度探讨区域物流发展中的合作要素对区域物流增长的贡献。

一、区域物流合作程度的测算

第四章第二节将合作作为一个独立的要素引入区域物流增长模型，那么在区域物流合作中，合作要素具体指什么，如何测算合作程度？这个问题既是在现实区域物流合作发展中需要明确的，也是我们测算合作要素对区域物流增长的贡献的关键。

（一）合作程度测算的思路及原则

从区域物流合作的内容上讲，正如本书第三章第四节所指出，区域物流合作的主要内容包括制定统一的区域物流发展规划、加强物流合作机制的建设、加强物流基础设施网络建设、改善和规范区域物流市场环境、构建区域物流公共信息平台、加强物流标准化建设、促进物流企业的市场化整合、制定区域内统一的物流产业政策等。因此，上述的这些合作内容均可以作为区域物流合作程度测量的指标。然

而，如果只以是否进行上述内容的合作作为评判标准，由于上述的许多要素（如区域物流规划）的执行力度是难以测量的，因而，存在一个重要的问题就是由于难以测量而致使合作程度测算失真。

从区域物流合作的目标对象上来讲，区域物流合作的目标是实现区域物流一体化发展，而区域物流合作是区域内的各个主体围绕区域物流发展开展的一种跨地域活动，因此从区域物流合作的目标以及表征合作发展程度的因素等具体的表现形式入手，建立一个相对完整的合作程度测算指标体系，从理论上讲，可以客观、准确地反映区域物流合作的发展程度和效果。区域物流合作程度测算体系是以区域物流一体化发展为目标而建立反映区域物流合作发展程度的指标集合，因此需要由一组全面、准确、科学的，既相互联系又相互独立、又能定量化的指标组成，并且这些指标能够从不同角度反映区域物流合作的状态。

区域物流一体化发展最终表现为区域物流发展的整体性以及均衡性，这也是区域物流发展的最终目标和理想状态，参与合作各方通过合作最终实现区域物流的发展和竞争力的提升，并实现每个参与主体的均衡发展。同时，区域物流合作要求参与主体具有关联性，这也是区域物流合作的前提条件，通过有效方式形成相互联系的共同体，并随着合作内容及程度的深化，表现出更为密切的关联性。因此，区域物流合作程度的测算指标体系主要是围绕着整体性、关联性和均衡性三个目标指标展开。

（二）合作程度测算的指标体系

根据上述区域物流合作程度测算指标的思路及原则，通过对区域物流合作的目标、内容进行合理的分解、归纳和综合，在众多表征合作程度的因素中选择最具有代表性的测算指标，建立如表 4-2 所示的评价指标体系。

表 4-2　区域物流合作程度测算指标体系及各指标含义

目标指标	测量指标	指标含义
整体性	货运量区域集中度 A_1	区域总货运量/更高一层级区域货运总量
	货运量增长率 A_2	当年区域总货运量/上一年区域总货运量－1
	物流业国民生产贡献指数 A_3	各地物流业收入之和/各地当年总产值之和
关联性	区域性物流政策数量 B_1	共同制定的物流政策法规数量
	区域物流合作组织程度 B_2	用于判别物流合作制度的组织完善程度
	区域物流合作领域深度 B_3	区域内开展物流合作领域的数量
	联合投资物流项目比重 B_4	区域内联合投资的物流项目占总物流项目的比重
	物流企业合作程度 B_5	参与物流联盟的企业占总物流企业的比例
	工商企业物流外包比例 B_6	采用物流外包的物流运作模式的工商企业占总企业的比重
	物流产业结构相似指数 B_7	各地区物流运输方式的平均相似度
均衡性	物流产出均衡指数 C_1	各地区物流收入与最高地区之比的平均值
	物流公路通道均衡度 C_2	各地区物流公路通道密度与密度最高地区之比的平均值
	物流业固定资产投资均衡度 C_3	各地区物流固定资产投资比重与比重最高地区之比的平均值
	物流业人均增加值均衡指数 C_4	各地区人均物流增加值与最高地区之比的平均值

（三）测量指标说明及计量

上述的有些指标可以从相关资料中直接或间接获取，例如区域性物流政策数量、区域内开展物流合作领域的数量；有些需要专家打分，例如区域物流合作领域深度；还有些需要利用直接间接获取的数据经过相应的计算获得。这些测量指标的具体内涵与计量公式如下：

1. 区域物流合作的整体性指标

（1）货运量区域集中度

A_1＝参与合作的各地区货运量之和/各地区所在更高层级区域货运量＊100%，由此可见，A_1的最大取值为100%。

（2）货运量增长率

A_2＝（当年区域货运总量/上一年区域货运量总量－1)×100%，由于区域经济的发展具有一定的连续性与平稳性，因此，货运量的增长也具有平稳性。因此，可以认为货运量的增长率不超过100%。

（3）物流业国民生产贡献指数

A_3＝参与合作各地物流业收入之和/各地当年GDP之和×100%，由此可见，A_3的最大取值为100%。

以上三个指标为区域物流合作的整体性指标，反映了区域物流整体发展的状况，是区域物流合作目标的直接体现，三个指标的值越高，说明区域物流发展得越好，可从侧面说明区域物流合作程度越高。

2. 区域物流合作的关联性指标

（1）区域性物流政策数量

B_1表示截至测算年份已正式颁布的区域性物流政策法规总数。区域性物流政策数量在一定程度上反映各地方政府在区域物流合作过程中所发挥的作用以及政府合作的成果，制度化的区域物流政策越多，说明参与合作的地方政府的合作程度越密切。通常情况下，区域性的物流政策主要包括区域内对物流产业的运行主体实行统一的财政政策、融资政策、税收政策、土地政策、口岸政策、市场管理政策、交通管理政策和人才政策。B_1的获取可根据资料搜寻的办法寻找自起始年起颁布的区域物流政策法规的累计数。区域物流政策法规的累计数越大，则合作程度越高。每增加一个区域物流政策法规，则累计数增加1，可见当区域物流合作实现了上述的所有政策，B_1的最高取值为8。

(2) 区域物流合作组织程度

B_2 表示物流合作中合作组织的制度化程度，可直接地表示区域物流合作机制的组织完善程度。区域物流合作组织程度越完善，则物流合作程度越高。根据本书第五章的论述，区域物流合作的组织程度可以由区域物流联合发展委员会的健全程度来体现，区域物流联合发展委员会主要是由高层领导协商、物流主管部门对接、物流行业协会参与、具体职能部门落实四项主要内容，并且形成稳定的协商日程。B_2 可根据区域物流合作组织的完善程度来进行评判，当上述 4 项内容每增加一项，则 B_2 的值增加 1，因此 B_2 的最高取值为 4。

(3) 区域物流合作领域深度

B_3 表示区域物流合作在合作机制下实际开展的合作领域，实际开展合作领域的数量越多，则说明区域物流合作领域越广越深。根据本书第五章的论述，区域物流合作的领域主要包括制定统一的物流发展规划、物流通道网络设施的建设、物流节点设施的建设、物流公共信息平台的建设、统一物流运行标准的实行五个方面。B_3 的获取可根据资料搜寻的办法寻找自起始年起参与合作各方在物流不同领域合作的累计数，每增加一项合作领域，则累计数增加 1，可见 B_3 的最大取值为 5。

以上三项关联性指标主要反映地方政府在区域物流合作中的合作程度，从第五章可知，政府在区域物流合作过程中发挥着重要的作用。因此，上述三个指标计量得分越高，则表示合作程度越紧密。

(4) 联合投资物流项目比重

联合投资物流项目是指该物流项目的资金至少来自两个物流投资主体，该指标直接表明区域物流主体在物流基础设施投资建设方面的多元化程度，也是物流运营联合的基础。该指标计算公式如下：

B_4＝联合投资物流项目的数量/区域内总物流项目数量×100%，可见，B_4 的取值不超过 100%。

(5) 物流企业合作程度

作为区域物流合作的市场主体，物流企业在物流运作管理方面的合作程度直接反映区域物流市场的合作程度。物流企业的合作本书采

用参加物流联盟的物流企业数量占物流企业总数的比例来表示，计算公式如下：

B_5＝参与物流联盟的企业总数/物流企业总数＊100％，可见，B_5的取值不超过100％。

（6）工商企业物流外包比例

该指标主要反映制造业与物流业发展联动的关系，该比例越高，则说明物流企业与工商企业合作关系越密切，可以从侧面反映区域物流合作中物流企业的合作水平。该指标的计算公式如下：

B_6＝区域内采用物流外包的工商企业的总数/工商企业总数×100％，可见 B_6 的取值不超过100％。

以上三项指标主要反映了区域物流合作的市场主体在物流合作过程中的紧密程度，其指标值越高，则说明区域物流合作程度越高。由于上面的这三项数据难以获取，因此这三项数据可采用专家打分和市场调研的办法获取。

（7）物流产业结构相似指数

参与合作的各地区之间物流业的互补性越高，越容易产生关联性，区域物流合作的动力和效果就越明显。而互补性主要取决于参与合作的地区物流产业之间的结构相似度[141]，此处取其货运量实现方式的相似程度，因此可以得出区域物流产业结构相似指数。产业结构相似指数越高，越不利于物流合作活动的开展，因此采用（1－B_7）作为区域合作程度的测量值。

$$B_7 = \frac{\sum_{i=1}^{n}\left[\frac{\sum_{j=1(j\neq i)}^{n} Y_{ij}}{n-1}\right]}{n}, Y_{ij} = \frac{\sum_{m=1}^{k} x_{im} x_{jm}}{\sqrt{\sum_{m=1}^{k} x_{im}^2 \times \sum_{m=1}^{k} x_{jm}^2}} \qquad (4-6)$$

式中，B_7 为整个区域的物流产业结构相似指数；Y_{ij} 为 i 地区与 j 地区的物流产业结构相似指数；x_{im} 为 i 地区第 m 类方式实现的货运量占总货运量的比重；k 为实现货运量的方式的数量，n 为参与合作地区的数量。

3. 区域物流合作的均衡性指标

(1) 物流产出均衡指数

$$C_1 = \frac{\sum_{i=1}^{n} b_i}{n}, b_i = \frac{d_i}{d_{\max}} \quad (4-7)$$

式中，C_1 为区域物流产出均衡指数；$d_{\max}$ 为本区域内物流产出最大的地区的产出；b_i 为本区域中第 i 个地区物流产出 d_i 与 $d_{\max}$ 之比；n 为参与合作地区的数量。该指标说明区域内各地区物流产出的不平衡状态，数值越大表明地区物流产出越接近，物流发展均衡度越高，可见 C_1 的最大值不超过 1。

(2) 物流公路通道均衡度

$$C_2 = \frac{\sum_{i=1}^{n} m_i}{n}, m_i = \frac{l_i}{l_{\max}}, l_i = \frac{L_i}{S_i} \quad (4-8)$$

式中，C_2 表示物流公路通道均衡度；L_i 为第 i 个地区公路长度；S_i 为第 i 个地区的面积；l_i 为第 i 个地区公路网密度；m_i 为本区域中第 i 个地区公路网密度 l_i 与 $l_{\max}$ 之比；n 为参与合作地区的数量。该指标说明区域内各地区物流公路通道的不平衡状态，数值越大表明地区物流公路通道密度越接近，物流公路通道发展均衡度越高，可见 C_2 的最大值不超过 1。

(3) 物流业固定资产投资均衡度

区域物流固定资产投资均衡是指参与合作的地区物流业固定资产投资占全社会固定资产总投资的比重的均衡度，即：

$$C_3 = \frac{\sum_{i=1}^{n} e_i}{n}, e_i = \frac{r_i}{r_{\max}}, r_i = \frac{k_i}{K_i} \quad (4-9)$$

式中，C_3 是指物流业固定资产投资均衡度；e_i 为地区 i 的物流业固定资产投资占全社会固定资产总投资的比重 r_i 与参与合作的地区中比重最高的 $r_{\max}$ 的比值，r_i 为地区 i 的物流业固定资产投资 k_i 与全社

会固定资产总投资 K_i 的比值；n 为参与合作地区的数量。均衡度越高，则 C_3 的值就越大，说明区域物流固定资产增量在各个地区之间越均衡，越有利于区域物流合作发展，合作程度就越高。可知 C_3 的最大值不超过 1。

(4) 物流业人均增加值均衡指数

区域物流发展均衡的一个重要指标就是各地区物流业单位劳动创造出的增加值接近或相似，体现区域物流内涵发展的均衡特性。借鉴"物流产出均衡指数"的基本原理，选择并设计物流业人均增加值均衡指数，即：

$$C_4 = \frac{\sum_{i=1}^{n} p_i}{n}, p_i = \frac{q_i}{q_{\max}}, q_i = \frac{y_i}{l_i} \qquad (4\text{-}10)$$

式中，C_4 表示物流业人均增加值均衡指数；p_i 为地区 i 的人均物流增加值 q_i 与参与合作的地区中人均物流增加值 $q_{\max}$ 的比值；y_i 为地区 i 的人均物流业增加值；l_i 为地区 i 的物流业从业人数；n 为参与合作地区的数量。可知 C_4 的最大值不超过 1。

(四) 区域物流合作程度的测算方法

物元分析是由我国学者蔡文于 1983 年提出的一种研究不相容问题的方法，通过描述事物的可变性，把是与非的定性描述发展为定量描述，并通过建立多指标的评价模型来完整评价事物，从而为解决事物的评估问题提供了一个崭新的视角。从区域物流合作程度测算的指标体系可以看出，合作程度的测算是一个多层次、多指标和多属性的复杂问题，测算过程中既有精确信息又有模糊信息，因而将物元分析和模糊集相结合，建立基于模糊物元分析的区域物流合作程度的测算模型，可有效克服部分指标的不确定性带来的影响，同时又可很好地解决各测算指标不相容的问题。

1. 模糊物元及复合模糊物元

在物元分析中所描述的事物 M 及其特征 C 和量值 x 组成物元 $R=(M, C, x)$，同时把事物的名称、特征和量值称为物元三要素。

如果物元模型中的量值 x 具有模糊性，则称其为模糊物元。事物 M 有 n 个特征 C_1，C_2，…，C_n 及相应的量值 x_1，x_2，…，x_n，则称 R 为 n 维模糊物元。由 m 年待测合作程度组成了 mn 个评价复合模糊物元 $R=(x_{ji})_{m\times n}$ ($j=1$，…，m；$i=1$，…，n)。

2. 从优隶属度

模糊物元各单项指标相应的模糊值从属于标准方案各对应评价指标相应的模糊量值隶属程度，称为从优隶属度。各评价指标特征值对于方案评价而言，有的是越大越优，有的是越小越优，因此，对于不同的隶属度分别采用不同的计算公式。为了能充分反映合作程度量化指标的相对性，采用如下形式来计算从优隶属度 u_{ji}：

越大越优型 $u_{ji}=x_{ji}/\max x_j$，

越小越优型 $u_{ji}=\min x_j/x_{ji}$，

式中，u_{ji} 为从优隶属度；$\max x_j$、$\min x_j$ 分别为各方案中每一评价指标中的最大值和最小值。分析合作程度的指标属性，构建合作程度评价从优隶属度模糊物元 R_{mn}。

3. 标准模糊物元与差平方复合模糊物元

标准模糊物元 R_{on} 是指从优隶属度模糊物元 R_{mn} 中各评价指标的从优隶属度的最大值或最小值。本书研究均以最大值作为最优，即各指标从优隶属度均为 1，计算合作程度的评价差平方复合模糊物元 R_Δ，其中 Δ_{ji} 表示标准模糊物元 R_{on} 与从优隶属度矩阵 R_{mn} 中各项差的平方，则组成差平方矩阵 R_Δ，其中 $R_\Delta=(\Delta_{ji})_{m\times n}$。

4. 熵值法确定权重系数

首先，将判断矩阵 $R=(x_{ji})_{mn}$ 进行归一化处理，得到合作程度的评价归一化判断矩阵 B：

$$b_{ji}=(x_{ji}-\min x)/(\max x-\min x)$$

式中，$\max x$ 和 $\min x$ 分别为同一评价指标下不同事物中最满意者或最不满意者（越大越满意或越小越满意）。

其次，根据熵的定义，可以确定 m 年合作程度的 n 个评价指标的熵为：

$$H_i = -\sum_{j=1}^{m}(f_{ji}\ln f_{ji})/\ln m, i=1,2,\cdots,n$$

$$f_{ji} = b_{ji}/\sum_{j=1}^{m}bji$$

其中当 $f_{ji}=0$ 时，$\ln f_{ji}0$ 无意义，此时定义 $\ln f_{ji}=0$。

评价指标的熵权 $W=(w_i)_{1\times n}$，其中 $w_i=(1-H_i)/(n-\sum_{i=1}^{n}H_i)$。

5. 贴近度和综合评价

贴近度是指被评价样本与标准样本两者接近的程度，其值越大表示两者越接近，反之则相离越远。因此，可以根据贴近度的大小对各方案进行优劣排序，也可以根据标准值的贴近度进行类别划分。本书研究采用欧氏贴近度 ρH_j 作为评价标准，计算和构建贴近度复合模糊物元矩阵 $R_{\rho H}$，根据计算出的每年待测地区合作程度的指标的欧式贴近度作为合作程度的值。

$$R_{\rho H} = \begin{bmatrix} & M_1 & \cdots & M_m \\ \rho H_j & \rho H_1 & \cdots & \rho H_m \end{bmatrix}$$

其中 $\rho H_j = 1 - \sqrt{\sum_{i=1}^{n}w_i\Delta_{ji}}$。根据公式可知，欧式贴近度的最大值为 1，也就是合作程度的最大值为 1，因此可以认为所测算出的数值距离 1 越近，则合作程度越高。

二、包含合作程度要素的区域物流总量生产函数的测算

（一）区域物流总量生产函数的设定

为了更具一般性，可以假设区域物流总量生产函数为拓展的柯布-道格拉斯形式，放弃生产函数为希克斯中性技术进步的假设条件，即：

$$Y_i = A_tF(K_t,H_t,L_t) = A_tK_t^{\alpha}H_t^{\beta}L_t^{\lambda} = A_0e^{nt}K_t^{\alpha}H_t^{\beta}L_t^{\lambda} \quad (4-11)$$

假设物流劳动力和物流技术的增长是外生的，即 $L_t/L_t=w$ 和 $A_t/A_t=n$，其中，$A_t=A_0e^{nt}$，A_0 表示初始状态下的技术水平；K_t，H_t，L_t 分别为第 t 时期的物流资本、物流合作程度和物流劳动力的数

量，α，β，γ 分别为 K_t，H_t，L_t 的产出弹性，$\alpha+\beta+\lambda$ 的值不再设定为1，可以根据区域物流生产的具体情况按照数据拟合获得。当 $\alpha+\beta+\lambda>1$ 时，可以认为该区域物流总量生产函数是规模报酬递增的；当 $\alpha+\beta+\lambda=1$ 时，可以认为该区域物流总量生产函数是规模报酬不变的；当 $\alpha+\beta+\lambda<1$ 时，可以认为该区域物流总量生产函数是规模报酬递减的。

由于 Y_t，K_t，H_t，L_t 可以通过统计数据获取，因此想要求得区域物流总量生产函数，关键是要求出 A_0，n，α，β，λ 这五个参数的值。

（二）区域物流总量生产函数的估计

1. 区域物流总量生产函数的线性变换

由于区域物流总量生产函数形式为非线性模型，在非线性模型的情况下，没有有效的方法获得参数估计值。然而，根据统计学和计量经济学的知识，非线性模型可以通过一定的线性变化，将其变为线性模型。本书设定的区域物流总量生产函数为可变为线性模型的非线性模型。

将区域物流总量生产函数取自然对数，即可获得如下的模型：

$$\mathrm{Ln}Y_t = \mathrm{Ln}A_0 + nt + \alpha \mathrm{Ln}K_t + \beta \mathrm{Ln}H_t + \lambda \mathrm{Ln}L_t \qquad (4\text{-}12)$$

令 $Y_t^* = \mathrm{Ln}Y_t$，$K_t^* = \mathrm{Ln}K_t$，$H_t^* = \mathrm{Ln}H_t$，$L_t^* = \mathrm{Ln}L_t$，$c = \mathrm{Ln}A_0$，方程（4-12）即可变为线性模型：

$$Y_t^* = c + nt + \alpha K_t^* + \beta H_t^* + \lambda L_t^* + \mu_t \qquad (4\text{-}13)$$

式中，Y_t^* 为被解释变量；t，K_t^*，H_t^*，L_t^* 为解释变量；n，α，β，λ 为待估参数，即回归系数；μ_t 为随机误差项。

2. 多元线性回归模型的参数估计[142]

如果模型（4-13）满足以下两个基本假设，即为多元线性回归模型。

①被解释变量是确定性变量，不是随机变量，解释变量之间不相关。

②随机误差项具有零均值、同方差和服从正态分布,且在不同样本点相互独立,不存在序列相关性,即满足

$$\left.\begin{array}{l} E(\mu_t)=0,(t=1,2,\cdots T) \\ var(\mu_t)=\sigma^2,(t=1,2,\cdots T) \\ cov(\mu_t,\mu_l)=0,(t\neq l) \\ \mu_t \sim N(0,\sigma^2),(t=1,2,\cdots T) \end{array}\right\}$$

多元线性回归模型的参数估计包括模型结构参数 n、α、β、λ 的估计,也包括随机误差项的方差 σ^2 的估计,在满足多元线性回归模型的两个基本假设条件的情况下,可以使用最小二乘法(OLS)估计多元线性回归模型的参数。

对于多元线性回归模型,

$$\left.\begin{array}{l} Y_t^* = c + nt + \alpha K_t^* + \beta H_t^* + \lambda L_t^* + \mu_t, (t=1,2,\cdots T) \\ e_t = Y_t^* - \hat{Y}_t^* = Y_t^* - (\hat{c} + \hat{n}t + \hat{\alpha}K_t^* + \hat{\beta}H_t^* + \hat{\lambda}L_t^*) \end{array}\right\}$$

按照最小二乘法的基本思想,求多元线性回归模型的参数估计,就是要求使 $\sum_{t=1}^{T}[Y_t^* - (\hat{c} + \hat{n}t + \hat{\alpha}K_t^* + \hat{\beta}H_t^* + \hat{\lambda}L_t^*)]^2$ 达到最小的参数估计的 $\hat{n}$, $\hat{\alpha}$, $\hat{\beta}$, $\hat{\lambda}$。

3. 模型参数估计的结果检验及改进

在运用最小二乘法进行多元线性回归模型参数估计时,通常做法是首先采用最小二乘法进行参数估计,然后对参数估计的结果进行相应的检验。如果结果通过相应的检验,则认为参数估计结果可信;否则,参数估计结果可以被认为是无效的,则不能采用最小二乘法对该回归模型进行参数估计。

根据经典计量经济学知识,多元线性回归模型的最小二乘参数估计必须通过三级检验,即统计学检验、计量经济学检验和经济意义检验。常用的统计学检验主要有拟合优度检验、变量显著性检验和方程显著性检验,分别采用 R^2 检验、T 检验和 F 检验的值作为检验统计量。常用的计量经济学检验主要包括多重共线性检验、异方差检验和序列相关性检验，检验统计量分别为解释变量之间相关系数、WHITE 检验和 D-W 检验。经济意义检验就是检验模型参数估计结果是否符合客观的经济实际，主要包括参数大小和符号。

当变量显著性检验 T 检验不能通过检验时，最大的可能原因为变量之间存在多重共线性，修正多重共线性的方法主要有省略变量法、通过变换模型形式法、增加样本容量法和逐步回归法；当随机误差项存在异方差时，即 WHITE 检验未通过显著性检验时，修正异方差的方法主要为加权最小二乘法；当随机误差项存在序列相关性时，即 D-W 检验未通过显著性检验，修正方法主要有广义最小二乘法和广义差分法。

本书对统计学检验、计量经济学检验、加权最小二乘法、广义最小二乘法以及广义差分法等具体统计量的公式及方法不做过多的介绍，详见计量经济学的相关书籍[143][144]。在这里，主要介绍本书在第七章参数估计中遇到主要问题、主要统计量的检验及修正的基本思路。

首先，利用最小二乘法，根据时间序列的历史数据进行区域物流总量生产函数参数估计，获得参数的回归系数、R^2 值、T 值、F 值、WHITE 值、D-W 值等检验统计量；

其次，对 T 值进行显著性检验。如果 T 值未通过显著性检验，则首先检查变量之间的相关系数，通常情况下，变量之间存在多重共线性，因此采取对式（4-11）变换模型形式的方法来修正多重共线性，则式（4-11）可变为以下几种主要形式——$Y_t = A_0 e^{nt} \left(\dfrac{K_t}{L_t}\right)^{\alpha} H_t^{\beta} L_t^{\lambda+\alpha}$，$\dfrac{Y_t}{L_t} = A_0 e^{nt} K_t^{\alpha} H_t^{\beta} L_t^{\lambda-1}$ 和 $\dfrac{Y_t}{L_t} = A_0 e^{nt} \left(\dfrac{K_t}{L_t}\right) H_t^{\beta} L_t^{\lambda+\alpha-1}$ 等。此时再用重新获得的变量及数据对生产函数的参数进行估计。

再次，对 WHITE 值进行检验以确定是否存在异方差性。如果 WHITE 检验未通过，则根据不同的异方差形式采用不同加权方法的加权最小二乘法进行处理。

最后，对 D-W 值进行检验以确定是否存在序列相关性。根据

D-W分布表，可以得到临界值d_L和d_U，通过考察计算得到的D-W值与临界值的关系来判断模型是否存在自相关状态；如果存在自相关状态，则采用广义差分法对回归模型进行修正。需要指出的是，当D-W值不能确定是否存在自相关的时候，则需要借助相关图Q统计量检验和序列自相关的LM检验来进行判断。

当上述统计量均通过显著性检验时，才认为通过最小二乘法获得的区域物流总量生产函数的参数是可信的、科学的。

三、区域物流合作对区域物流增长的贡献测算

通过第四章第三节的计算分析，可以获得包含合作要素的区域物流总量生产函数，即$Y_t = A_0 e^{rt} K_t^a H_t^\beta L_t^\lambda$。通过该函数，引进索洛余值法的基本思路，以测算区域物流合作对区域物流增长的贡献。

（一）索洛余值法的基本思想[145]

索洛余值法是索洛（R. M. Solow）于1957年利用外生技术进步增长模型以柯布-道格拉斯生产函数为基础测算技术进步的基本方法。索洛在度量生产要素对经济增长的影响时，将资本和劳动对经济增长的贡献剥离以后，把剩余部分叫"索洛剩余"（也称全要素生产率TFP，Total Factors Productivity），并把"索洛剩余"视为广义的技术进步。索洛余值法的关键是将全要素生产率的进步视为技术进步。

索洛余值法的基本框架是研究产出增长率、要素投入增长率与技术增长率三者之间关系的模型。为了便于计量，该模型采用希克斯中性技术进步条件下的外生技术进步的柯布-道格拉斯生产函数，其形式为：

$$Y = A_t F(K, L) \tag{4-14}$$

式中，A_t为一段时间内技术变化的累积效应，相当于t时期的技术水平。

定义$\alpha = \dfrac{\delta Y}{\delta K} \dfrac{K}{Y}$和$\beta = \dfrac{\delta Y}{\delta L} \dfrac{L}{Y}$分别为资本和劳动的产出弹性，将式(4-14)对$t$求全微分并除以$Y$整理可得：

$$\frac{\dot{Y}}{Y} = \frac{\dot{A}}{A} + \alpha\frac{\dot{K}}{K} + \beta\frac{\dot{L}}{L} \qquad (4-15)$$

此式为索洛增长方程。其中 $\frac{\dot{Y}}{Y}$ 为产出增长率, $\frac{\dot{A}}{A}$ 为技术进步增长率（也称全要素增长率）, $\frac{\dot{K}}{K}$、$\frac{\dot{L}}{L}$ 分别为资本和劳动投入的增长率。其中 $\alpha+\beta=1$ 被视为该模型规模收益不变。上述的微分方程用差分方程近似替代，可得：

$$\frac{\Delta Y}{Y} = \frac{\Delta A}{A} + \alpha\frac{\Delta K}{K} + \beta\frac{\Delta L}{L} \qquad (4-16)$$

令 $y=\frac{\Delta Y}{Y}$, $a=\frac{\Delta A}{A}$, $k=\frac{\Delta K}{K}$, $l=\frac{\Delta L}{L}$，则（4-16）式变为 $a=y-\alpha k-\beta l$。此式的经济含义为全要素生产增长率等于产出增长率减去劳动和资本增长率，这就是索洛余值法。

索洛余值法的前提假设主要包括：影响经济增长的除技术进步外只有资本、劳动两种生产要素，且劳动和资本可以相互替代；经济处于完全竞争，资本和劳动都以其边际产品为报酬；资本和劳动都得到充分利用；技术进步是希克斯中性的，资本和劳动的边际替代率不变。[146]

自从索洛增长方程提出后，受到了以下三点批评，一是假设规模收益不变，即 $\alpha+\beta=1$，实际上把规模收益的变动对产出增长的贡献归为技术进步；二是把除了资本和劳动以外的所有导致产出增加的因素都归入技术进步显然不合理，并且忽略了经济增长的其他原因；三是由于时间序列数据可能存在异方差性，会导致存在多重共线性[147]。

（二）合作要素对区域物流增长的测算

索洛所指的技术进步不仅仅是在硬件方面的技术进化和技术革命，还包括了除资本和劳动以外的所有因素的广义技术进步。广义技术进步的内涵通常由资本劳动力资源配置的改善、人力资源的提高、知识的进步、规模经济、政策影响和管理组织水平六要素组成。由

索洛余值法是一种开放性的研究方法，随着研究的深入，许多制度经济学家将制度要素从索洛剩余中提取出来，用于测算制度变迁对经济增长的贡献。因此，本节尝试将表征合作程度要素从索洛剩余（全要素生产率）中提取出来，然后运用改进的索洛余值法测算区域物流合作程度对区域物流增长的贡献。

对区域物流总量生产函数 $Y_t = A_0 e^{nt} K_t^\alpha H_t^\beta L_t^\lambda$ 两边取自然对数，即可获得：

$$\mathrm{Ln}Y_t = \mathrm{Ln}A_0 + nt + \alpha \mathrm{Ln}K_t + \beta \mathrm{Ln}H_t + \lambda \mathrm{Ln}L_t \qquad (4\text{-}17)$$

可以发现，式（4-17）是本书多元线性回归模型的理论函数，其回归系数（或称为弹性系数）反映了各种物流投入要素的增长率对区域物流增长的影响。

将式（4-17）对时间 t 求导，可得：

$$\frac{\mathrm{d}Y}{Y \cdot \mathrm{d}t} = n + \alpha \frac{\mathrm{d}K}{K \cdot \mathrm{d}t} + \beta \frac{\mathrm{d}H}{H \cdot \mathrm{d}t} + \lambda \frac{\mathrm{d}L}{L \cdot \mathrm{d}t} \qquad (4\text{-}18)$$

也就是说，产出的增长率 $\frac{\mathrm{d}Y}{Y \cdot \mathrm{d}t}$ 等于技术增长 n、资本增长 $\alpha \frac{\mathrm{d}K}{K \cdot \mathrm{d}t}$、合作程度增长 $\beta \frac{\mathrm{d}H}{H \cdot \mathrm{d}t}$ 和劳动力增长 $\lambda \frac{\mathrm{d}L}{L \cdot \mathrm{d}t}$ 之和。

因此，合作程度对区域物流增长的贡献为 $H_{贡献} = \beta \frac{\mathrm{d}H}{H \cdot \mathrm{d}t} / \frac{\mathrm{d}Y}{Y \cdot \mathrm{d}t}$。

变微分方程（4-18）为差分方程，$\frac{\Delta Y}{Y} = n + \alpha \frac{\Delta K}{K} + \beta \frac{\Delta H}{H} + \lambda \frac{\Delta L}{L}$，令 $y = \frac{\Delta Y}{Y}$，$k = \frac{\Delta K}{K}$，$h = \frac{\Delta H}{H}$，$w = \frac{\Delta L}{L}$ 分别表示一段时期内区域物流发展过程中的人均产出增长率、人均资本增长率、合作程度增长率、劳动力增长率，并对上述方程两边同时除以 y，则式（4-18）可变为：

$$l = \frac{n}{y} + \frac{\alpha k}{y} + \frac{\beta h}{y} + \frac{\lambda w}{y} \qquad (4\text{-}19)$$

其中，$\frac{n}{y}$ 为全要素对增长的贡献率，$\frac{\alpha k}{y}$ 为资本对增长的贡献率，

$\dfrac{\beta h}{y}$ 为合作对增长的贡献率，$\dfrac{\lambda w}{y}$ 为劳动对物流增长的贡献。通过上述的分析，各投入要素的回归系数的大小以及年均增长率决定着其对物流增长的贡献率。

因此，区域物流合作程度对区域物流增长的贡献的计算公式为：

$$H_{贡献} = \beta \frac{\mathrm{d}H}{H \cdot \mathrm{d}t} \Big/ \frac{\mathrm{d}Y}{Y \cdot \mathrm{d}t} = \beta \frac{\Delta H}{H} \Big/ \frac{\Delta Y}{Y} = \beta h / y \qquad (4\text{-}20)$$

第五章 区域物流合作与合作主体行为研究

合作主体不仅是区域物流合作实践的行为主体，也是区域物流合作理论及应用研究的逻辑起点。不同参与主体在区域物流合作中的利益要求不同，因而所扮演的角色也不相同。区域物流合作不仅是多个主体行为合力作用的结果，而且其过程也是不同主体之间主体行为博弈的结果。因此，研究参与主体在区域物流合作中的行为与作用，是实现区域物流合作的主体保障与前提。本章首先依据利益相关者理论，探讨哪些主体应该作为区域物流合作的主体；其次利用博弈论的思想，分析这些主体在合作过程中的利益诉求及冲突；最后运用演化博弈理论，分析区域物流合作过程中各主体的作用及具体任务，从而构建区域物流合作的合作组织体系。

第一节 我国区域物流合作的主体界定

我国物流业处于快速发展中，区域物流合作相关的理论研究滞后于区域物流合作实践的发展。因此，本书应用利益相关者理论来界定区域物流合作的相关主体。

企业利益相关者的研究认为利益相关者是指那些与企业有一定的关系，并在企业中进行了一定的专用性投资的人。尽管企业利益相关者只是一个特定企业组织中的对象，但由于区域物流合作也具有组织的特点，而且利益相关者的研究具有普遍性，因此本书认为区域物流合作中利益相关者是指那些在区域物流合作发展过程中进行了一定的专用性投资，并承担了一定的风险的个体或组织，其活动能够影响并受物流合作组织目标的实现的影响。因此，区域物流合作的主体判定主要有以下三个标准：第一，区域物流合作过程中进行了专用性投资；第二，应该承担合作过程中的风险；第三，必须与区域物流合作发展的活动有关联。一般情况下，承担风险的大小与该主体在合作中投资专用性程度的高低密切相关，投资专用性程度越高，风险就越大。

结合我国区域物流合作发展的实际情况，初步判定区域物流合作的参与主体应包括地方政府、物流企业、物流行业协会。下面具体分析为什么这些主体需要被纳入区域物流合作之中，以及分析这些主体在区域物流合作中的角色定位。

一、区域物流合作的管理主导主体——地方政府

地方政府作为区域物流合作的管理主导主体，是由地方政府的职能、物流业的特殊性以及区域物流合作的特点共同决定的。

（一）地方政府的职能

在经济发展实践中，政府和市场的关系经历了市场完整论—政府干预论—新自由主义市场论—政府和市场结合论的发展阶段。当市场处于发展初期，亚当·斯密提出市场完整论，并在《国民财富的性质和原因的研究》一书中指出，建立在居民和企业理性基础之上的市场经济是有效率的，市场能够自我调节经济，不需要政府的干预，政府只需要做好"守夜人"就可以了，即为国民的自由、财产、人身等提供保障[148]。20世纪30年代，世界性经济危机证明了市场自我调节能力不能解释和解决市场所产生的各种问题，如公共物品供给不足、外部性和社会分配机制的不公平等。英国经济学家凯恩斯提出政府干预论，认为政府应该在为社会提供必要的公共物品、消除外部性和垄断、社会和财富收入的再分配、维持经济秩序、以必要的政策稳定宏

观经济等方面发挥作用。到了 20 世纪 70 年代，由于政府失灵，即寻租、腐败、内部性以及政府机构工作的低效率，政府干预经济的负面效应逐步显现，出现了低增长、高失业率和高通货膨胀率并发的"滞涨"怪病，认为在自由状态下市场能够达到均衡、资源能够得到合理配置、经济危机是政府过多干预经济的结果的新自由主义市场论出现。20 世纪 90 年代，亚洲金融危机爆发并引起了世界性的危机，新凯恩斯主义出现并认为市场失灵和政府失灵同时存在，而且仅靠单一的市场或是政府都无法克服，最有效的手段就是政府和市场结合。这样，政府作为市场的管理主体能够弥补市场失灵，而政府失灵又可以通过引入市场机制而加以改善。

20 世纪 80 年代以来，我国由中央集权的计划经济体制开始向市场经济体制转变，中央政府向地方政府和企业下放权力，地方政府和企业的自主权日益增强，地方政府在经济发展中的作用和地位都大大加强，极大地激发了地方政府发展经济的积极性和主动性。在市场经济条件下，地方政府的主要经济职能具体表现为依据中央政府的总体规划与长远发展目标，科学地制定与实施本地区社会经济发展的战略目标及实施步骤，在此基础上建立与健全促进区域经济发展的、与中央宏观目标相协调的地方性政策法规；利用地方财政与区域性收入分配政策，引导与调节本地区的市场供求状况，协调本地区的各种社会经济关系，推动区域经济增长；借助于地方性基础设施建设和各种形式的资金投入，保证地方性国有资产的保值与增值，并为社会提供相应的公共物品；培育与发展地方性市场体系，推动区域市场与全国统一开放市场的有机融合，为本地区社会经济生活的规范运行创造良好的市场环境；在中央宏观产业政策许可的框架内，及时有效地调节本地区的产业结构，最大限度地利用本地区的资源优势，建立与健全适合本地区的各具特色的经济运行格局。

物流业作为促进区域经济快速发展的新兴产业，它服务社会再生产活动，促进地区产业结构调整，改善地区投资环境，而且物流基础设施具有"准公共物品"特性等一系列的原因决定了需要地方政府对物流业的管理与调控。实践表明，世界各国政府对物流业的干预力度都要强于其他产业，表现在普遍具有强制角色和市场营销职能[149]。

（二）物流业的特性

任何产业的发展都需要受市场机制的作用与政府的管理。相对于其他产业，政府对物流业的管理调节更为重要，这是由我国物流业的特性以及其发展所处的阶段决定的。

从物流业的特性看，物流业具有综合性、公共性、信息不对称性、物流活动的外部性、跨地区性等特征，使得市场机制不能完全有效发挥作用，导致市场失灵，因此需要地方政府进行宏观调控，以弥补市场机制的缺陷。物流业的综合性主要体现在物流业作为生产性服务业与其他很多行业（交通运输业、仓储业、制造业等）具有密切的关联，部分行业直接构成了物流业，部分行业对物流业的发展有重大的影响，因此需要地方政府进行宏观调控以实现这些行业和部门的协调运作。物流业的公共性主要体现在物流资源以及基础设施的公共性，构成物流基础设施的物流通道（公铁水航）、物流节点（物流园区、物流中心、港口等）和物流信息平台在许多情况下具有公共物品特征，且物流基础设施的建设投资规模大、回报期长、风险高，导致以赢利为目的的企业对其建设缺乏足够的投资动力，因而需要地方政府进行直接、间接投资或者提供相关政策支持。物流业的信息不对称性是指物流供给商与物流需求企业之间对物流服务不具有对等的信息，容易导致市场失灵（物流供给与物流需求方面的信息不对称），致使物流供给过量或物流需求得不到满足，这都会对经济的发展产生严重的影响。物流活动的外部性是指物流企业行为对他人的福利造成影响，产生外部效应，具体又可区分为外部经济和外部不经济两种。物流业的跨区域性主要指物流活动的起点与终点不在一个地区，物流活动的跨区域性会给各地在公安、边防、口岸等方面带来新的问题，这些问题需要地方政府组织相关部门进行管理。

从物流业的发展阶段看，我国的物流产业发展起步晚，而且发展之初是在政府主导下发展起来的。虽然发展速度快，但目前仍然呈现"小散弱"的特征，根据幼稚产业保护理论，需要地方政府给予其一定政策上的扶持。随着我国城市的发展，城市物流基础设施与城市经济发展的不匹配，造成城市的交通拥挤。由于我国大多数城市物流基础设施的发展总体上尚处于相对落后阶段，物流配送基础设施和配送节点缺乏科学规划，需要政府对物流节点设施进行科学规划。按照世界物流业发展的一般规律，当城市化率达到50%，二、三产业发展进入工业化中期时，物流业作为推进城市化、工业化的行业，面临着广阔的发展机遇，需要地方政府大力支持以促进物流业的快速发展[150]。

（三）我国区域物流合作的特点

根据第二章第一节对区域物流合作内涵的界定，区域物流合作是区域物流主体在物流领域的合作，而地方政府是最重要的区域合作主体。区域物流产品的供给对区域物流合作的发展起着非常重要的作用，通常也被认为包括公共产品和私人产品的供给。区域公共物流产品主要包括区域物流发展的制度，具体包括市场机制、合作制度以及协调机制等；私有物流产品主要包括物流作业中所需要的设施设备，即物流通道、物流节点（运输枢纽、港口、物流园区、物流中心、配送中心）、物流公共信息平台等。

通常情况下，公共产品的提供会存在"囚徒困境"而导致公共产品供给不足的状态，而私人产品的提供存在"斗鸡博弈"会出现供给结构失衡的状态[151]。在我国区域物流发展的过程中，上述现象是明显存在的。因此，区域物流发展面临的公共物流产品供给不足问题，需要地方政府之间相互协调联动，共同提供公共物流产品；区域物流发展面临的私有物流产品供给失衡的问题，需要地方政府有效地控制供给，防止供给过量。因此，作为地方利益代表的地方政府是物流活动跨区域发展最有效的调控主体与制度供给主体。实际上，地方政府之间在组织和制定物流业发展规划与政策、开发区域物流资源、协调和促进区域物流合作等方面，已开始发挥调控、管理的主导作用。

二、区域物流合作的管理参与主体——物流行业协会

物流行业协会作为区域物流合作最重要的管理参与主体，是由物流行业协会的职能、物流行业协会在协调区域物流发展中的优势以及区域物流合作发展实践的需要决定的。

（一）物流行业协会的职能

行业协会是指介于政府与企业之间，商品生产业与经营者之间，并为其服务、咨询、沟通、监督、公正、自律、协调的民间性社会中介组织，属非营利性机构。在市场经济发展过程中，行业协会是成熟市场经济国家社会治理的重要主体，是发达市场经济国家在促进行业发展、规范行业秩序、沟通政府与企业的社会经济组织形式。目前，行业协会的运行机制主要有三种模式：以英美为代表的主体型行业协会、以欧洲各国为代表的辅助型行业协会和以日韩为代表的政府型行业协会。

我国物流行业协会是随着市场经济体制的建立和完善发展起来的，是经济体制改革和经济发展的产物。我国政府推动物流行业协会发展的最初动因，是试图将其发展成为政府实施物流行业管理等工作的助手，成为联系物流企业的纽带与桥梁。目前，物流行业协会已经成为物流业的管理协调机构，是沟通政府与物流企业的桥梁和纽带，是推动区域物流健康、快速发展的重要主体，发挥着政府和单个企业所不能发挥的重要作用。物流行业协会的主要职能有：服务物流企业，为会员企业提供高质量的服务，并帮助其解决在发展过程中遇到的问题，促进物流企业间的交流与合作；物流行业管理和服务，规范市场秩序，对区域物流市场进行监督、调控，维护整体市场的稳定，提高物流行业的整体效率；沟通政府与企业，通过建立与区域各地政府的对话机制和交流渠道，反映行业的呼声和利益要求，向政府提出具体的建议，并在政府制定了某项规章、制度、政策之后向政府反馈本行业的具体意见和建议；组织开展行业基础性工作，如制定和推广物流行业标准、物流技术交流和信息服务、物流人才教育和培训、物

流信息统计、物流规划咨询服务以及对外交往等。

（二）物流协会在区域物流合作过程中的协调优势

虽然地方政府作为管理主导主体发挥着对区域物流合作发展的组织和管理作用，但地方政府之间的合作有其局限性，不利于区域物流合作实践的有效开展。在区域物流发展中，由于物流行业协会是具有多样性、灵活性、平等参与式的自治性组织，而且具有边界模糊、结构灵活、手段弹性、包容性强、成员异质性强等特点，因此物流行业协会是一种极为有效的制度资源，不仅可以化解政府间合作中存在的矛盾和问题，而且可以协调企业之间的利益，是区域物流合作的有益补充。这种补充作用主要体现在：参与为政府决策提供咨询和参谋，有利于政策制定的合理性，是影响物流公共政策和推动制度建设的动力源泉；物流行业协会的中介性和公益性决定其在政府和政府之间、企业和企业之间的利益协调中具有不可替代的优势，是区域物流合作中不可缺少的理想的协调媒介；行业协会能够有效利用市场机制和政府制度，更好地辅助解决地方政府提供公共物品的公平和效率问题，是政府提供公共产品和服务的最佳合作伙伴。

（三）区域物流合作发展的需要

在区域物流合作过程中，往往会存在着参与合作的地方政府之间的利益难以协调、企业跨区域发展过程中遇到市场壁垒以及信用风险等问题，而物流行业协会在维护企业权益、协调政府利益、处理摩擦等方面都具有独特的作用。因此，物流行业协会的管理参与是区域物流合作发展的内在要求，在区域物流合作过程中应发挥重要管理参与主体的作用。

三、区域物流合作的市场活动主体——物流企业

在市场经济的大环境下，企业是市场经济活动的主体，其生产、经营活动直接关系着整个市场经济的发展。企业是从事生产、流通、服务等经济活动，以生产或服务满足社会需求，依法设立、自主经

营、独立核算的营利性的经济组织。企业作为一种营利性组织，是市场经济活动的微观主体，会在充分考虑市场的供求状况和其他企业关系的基础上，通过竞争或合作等发展策略，为实现其既定目标而参与市场经济活动。通过市场的调节，企业之间不断进行资源和能量的交换，并通过规模扩张和范围扩张来实现组织的持续性盈利，从而形成具有竞争力的市场活动主体。

物流活动归根结底是市场经济活动，物流企业是物流市场的微观主体，是物流活动的主要承担者，是物流供给和服务的生产者和提供者，是市场经济活动中独立的盈利经济组织。物流企业通过竞争或合作策略，采用优化物流资源配置、降低服务成本、提供差异化服务等具体手段来提高企业的竞争优势，追求企业利润最大化。由于物流活动存在着明显的规模经济和范围经济，因此规模扩张和范围扩张是物流企业获得持续竞争优势的有效途径，而实现物流企业规模扩张和范围扩张的一个重要的方向就是通过物流企业横向一体化发展，形成物流产业集群，最终实现区域物流一体化发展。

在区域物流合作发展中，区域物流活动的规模经济与范围经济必须通过物流企业来实现。如果物流企业缺乏合作的积极性、主动性和创造性，各物流企业均单打独斗，不利于物流企业的跨区域发展与做大做强，难以实现物流产业集群和物流活动的规模经济和范围经济。因此，物流企业必然成为区域物流合作的主体，这不仅是由物流企业的逐利性决定的，也是实现区域物流合作发展的目标决定的，且物流企业的参与是区域物流合作的基础。

第二节　区域物流合作主体之间的利益及冲突分析

马克思认为人们奋斗所争取的一切，都同他们的利益有关[152]。在区域物流合作发展中，各合作主体参与区域物流合作的目的不同，因而利益诉求也不同，而不同的利益要求必然会产生合作主体之间的利益冲突。因此，分析区域物流合作参与主体之间的利益冲突，首先需要明确各类参与主体参与区域物流合作发展的目的及利益要求。

一、区域物流合作主体的利益要求分析

在制度经济学看来，制度是一种人为设计的界定人们相互关系的约束机制。合作主体之间的关系离不开各式各样的显性契约和隐性契约。因而合作制度必须对合作主体的利益要求做出反应，否则合作难以长久生存和持续发展。现阶段我国区域物流的发展离不开地方政府、物流企业以及物流行业协会的支撑和辅助，如果这些物流合作核心参与主体的利益要求得不到重视和满足，那么任何一方的退出都将影响区域物流合作的顺利发展，而且极有可能使合作终止，致使区域物流合作发展停滞。

（一）地方政府的利益要求

地方政府对区域发展的利益要求，主要体现在促进并保护地方经济发展、稳定社会秩序和改善人民生活水平、维护并扩大其财政收入及支配预算[153]。地方官员作为地方政府职能的实践者，也是地方性政策法规的制定者与执行者。在政绩考核的驱动下，地方官员在地区发展过程中的利益要求，不仅仅是要实现地方政府的利益要求（即实现所辖地方的经济发展和社会发展），而且通过所辖地区经济社会的发展来提升自己的收入、提高社会地位和积累政绩，并最终获得晋升。在我国现行体制中，由于地方官员不是由当地居民选举决定的，而是由上级政府任命的，因而难以用公共利益来分析地方政府的利益要求，促进经济发展和社会发展往往成为地方官员谋求其自身经济利益与政治利益的手段和工具[154]。地方政府运用国家所赋予的公共权力来实现经济社会的稳定发展，而地方官员则运用这种公共权力来进行权力寻租以实现其经济与政治需求。

地方政府参与区域物流合作，是希望通过物流合作优化物流资源配置，依靠物流业对经济发展的促进作用，加强地方物流业在区域市场中的竞争力，带动当地经济和社会发展，并进而实现物流主管领导或部门的经济收入提升及政治晋升的需求。具体表现为促进本地物流业的发展、增加物流相关的财政收入以及预算、增加物流基础设施供给、增加物流业就业岗位、提升并保护物流企业的发展能力、稳定并保护物流市场等，并通过上述的这些方面的发展实现物流主管领导或部门的利益要求。

（二）物流企业的利益要求

企业都有长期生存发展、获取高额利润、获得良好的企业形象以实现公司价值最大化的利益诉求。无论是物流企业的长期生存发展、高额利润以及企业价值最大化，都需要物流企业通过物流活动产生经济利益来实现。因此，物流企业经营的最根本的利益要求就是获得经济利润，经济利润是物流企业发展的基础。通常情况下，物流企业对物流市场垄断能力越强，市场对其产品的需求弹性就越小，那么企业对产品的定价能力就越强，企业盈利能力就越强。在微观经济学领域，垄断被认为是获取剩余价值最有效、最直接的手段。因此，寻求垄断是一个企业获取经济利润最根本的途径。企业可以通过对自然资源的垄断、对技术进步的垄断、对行政资源的垄断和对市场资源的垄断这四种途径获得垄断地位[155]。

物流企业作为独立的市场主体在区域物流发展中发挥主导作用，是市场经济发展的必然趋势。在区域物流合作中，作为市场活动主体的物流企业希望能够通过区域物流合作克服市场壁垒，获得公平的、有利于资金、物资等生产要素合理、快捷流动的市场环境；与其他物流企业进行合作，避免竞争性外耗，降低进入新市场的风险及成本，延伸现有业务的空间范围，扩大自己的服务能力及领域，实现物流经营的规模经济和范围经济，获取互补资源以及分担市场开发、基础设施投资成本，实现企业的利润多元化与提高抵御风险的能力，进而实

现企业的长远发展。

（三）地方政府与物流企业利益要求实现统一

地方政府作为地方利益的代表人，也是地方公共权力的代表，是能够对社会公共资源做出权威性分配、对社会公共事务做出权威性决定的特定组织。从本质上讲，地方政府是一个地方社会事务的管理组织。地方政府在物流业发展的利益要求主要体现在三个方面，即促进并保护地方物流市场经济的发展和提高物流财政收入，稳定地方物流市场秩序和改善物流劳动者的收入，实现地方物流主管领导或部门的政治晋升。然而，地方政府作为一种社会管理组织，难以直接参与到物流市场活动之中，所以其利益要求的实现从根本上讲需要通过物流企业的稳健快速发展来实现。因此，从这种角度上讲，我国地方政府与其辖区内的物流企业在利益要求实现的手段上是同一的（图5-1）。

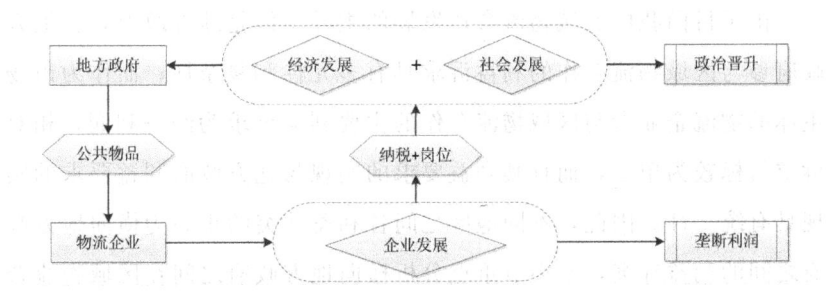

图 5-1 地方政府与物流企业利益要求实现统一示意图

实际上，地方政府与辖区内重点物流企业存在某种隐含的契约关系[156]，即地方政府为辖区物流企业的利益要求提供公共产品，而辖区物流企业通过提供税收和增加就业岗位以促进地方政府的利益要求的实现。具体来讲，地方政府利用其掌握的资金及行政资源为辖区内的重点物流企业提供行政资源垄断，利用其掌握的地方政策法规制定权为重点物流企业提供市场资源垄断，利用其对物流公共产品的提供权为辖区内重点物流企业提供物流生产的基础设施等准自然资源垄断；而辖区内的物流企业可以利用地方政府为其发展提供"便利条件"创造的垄断利润为地方政府提供更多的税收及更多的就业岗位，以实现地方政府的利益要求，并且利用其创造的垄断利润报答为其发展提供"便利条件"的物流主管领导和部门，以实现地方官员的利益要求。

二、区域物流合作主体的冲突分析

在区域物流合作发展过程中，涉及的参与主体多，而且各主体在合作过程中的利益诉求也不尽相同，因而各主体之间必然存在着利益冲突。这些冲突不仅包括单一行政区内各主体的冲突，例如地方政府不同物流主管部门之间的利益冲突、地方政府与其辖区内物流企业的冲突，而且包括横向不同行政区各主体之间的冲突。本书重点研究的是行政区之间物流合作过程中参与主体存在的冲突，主要包括不同地方政府之间、不同辖区的物流企业之间以及地方政府与其辖区外物流企业之间三种类型合作主体之间的冲突。

由于目前我国区域物流合作发展的主导主体是地方政府，且地方政府参与区域物流合作的利益诉求具有多元性和复杂性；而作为市场主体的物流企业参与区域物流合作的主要利益诉求为经济利润，相对诉求目标较为单一，而且其利益要求的实现与地方政府利益要求的实现具有统一性。因此，不同地区之间各利益冲突的重心为横向地方政府之间的利益冲突，本小节重点分析横向地方政府之间在区域物流合作中存在的冲突现象的冲突机理。

依据 Lazear 和 Rosen[157]锦标赛模型及周黎安[158]的政治晋升博弈模型，建立区域物流合作横向地方政府之间的合作利益冲突模型，从深层次上分析我国区域物流合作发展的横向地方政府之间的利益冲突，以有效解释我国区域物流合作发展仍面临严重的地方保护主义、物流基础设施重复建设、物流合作机制难以建立、物流合作领域有待拓展等阻碍区域物流合作有效顺利开展的各种冲突的原因。

地方政府 A 和 B 进行物流领域发展合作，假设地方政府对物流发展的决策和对区域物流发展具有重大影响，将地方政府的经济发展和社会发展利益要求这两个目标统一用经济绩效这一指标表示，地方政府的努力可以分为对于自身物流发展的努力和对于构建区域物流合作发展的努力两部分,则地方政府 A 和 B 的经济绩效可以分别表示为地方政府的努力以及 A 和 B 之间的合作程度的函数式,即:

$$y_a = m_a + r(m_{ab})m_b + e_a \tag{5-1}$$

$$y_b = m_b + r(m_{ab})m_a + e_b \tag{5-2}$$

式中,y_a,y_b 分别代表地方政府 A 和 B 的经济绩效;m_a,m_b 分别代表地方政府 A 和 B 对自身物流业发展的努力程度;m_{ab} 为 A 和 B 构建区域物流合作发展的努力;e_a,e_b 为随机扰动项,且相互独立,并假定 ($e_a - e_b$) 服从期望为零的正态分布 F;$r(m_{ab})$ 为"合作溢出",即 A 和 B 构建合作发展努力所产生的对另一个主体经济业绩直接产生的影响,假定 $|r| \leqslant 1$,即任何一个地方政府的合作行为对自己绩效的影响不低于对其他地方政府绩效的影响。

下面重点探讨在社会福利最大化和在政治晋升锦标赛两种条件下地方政府 A 和 B 的利益冲突。

在社会福利最大化的条件下,由 A 和 B 组成的区域物流发展社会最优即为选择合适的 m_a,m_b,使物流社会剩余的期望值最大化,即:

$$Y(m_a, m_b) = \max\{(y_a + y_b) - [c(m_a) + c(m_b) + C(m_{ab})]\} \tag{5-3}$$

式中,$c(m_a)$,$c(m_b)$ 为地方政府 A 和 B 的努力成本,在这里假定 A 和 B 具有相同的成本函数;$C(m_{ab})$ 为 A 和 B 构建区域物流合作发展的努力成本,并且 $r(m_{ab})(m_a + m_b) > C(m_{ab})$,即合作收益要大于合作成本。

将式 (5-1) 和 (5-2) 代入 (5-3),即可得到:

$$Y(m_a, m_b) = [1 + r(m_{ab})](m_a + m_b) - [c(m_a) + c(m_b) + C(m_{ab})] \tag{5-4}$$

其一阶条件为:$1 + r(m_{ab}) = c'(m_a) \tag{5-5}$

可见 $r(m_{ab})$ 越大,合作区域物流发展的社会福利就越大。从这个角度讲,只要地方政府 A 和 B 都积极参与区域物流合作,那么区域物流发展所带来的经济绩效就越高。

我国从 20 世纪 80 年代初以来，地方官员的考核和晋升的实际标准以地方经济绩效为主，在政治晋升锦标赛的条件下，如果地方 A 的经济业绩超过地方 B，即 $y_a > y_b$，那么当只有一个晋升机会时，地方 A 的官员将得到提拔，获得 V 的效用；地方 B 的官员将不被提拔，获得的效用为 v，且 $V > v$。那么地方 A 的官员获得提拔的概率为：

$$P(y_a > y_b) = P\{m_0 + r(m_{ab})m_b - e_a - [m_b + r(m_{ab})m_a + e_b] > 0\}$$
$$= P\{e_b - e_a < [1 - r(m_{ab})](m_a - m_b)\}$$
$$= F\{[1 - r(m_{ab})](m_a - m_b)\} \tag{5-6}$$

这样地方 A 的官员的效用函数为：

$$U_a(m_a, m_b) = F\{[1 - r(m_{ab})](m_a - m_b)\}V + (1 - F\{[1 - r(m_{ab})](m_a - m_b)\})v - c(m_a) - 0.5C(m_{ab}) \tag{5-7}$$

地方 A 效用函数最大化的条件为 $\frac{\delta U_a(m_a, m_b)}{\delta m_a} = 0$，$\frac{\delta U_a^2(m_a, m_b)}{\delta m_a^2} < 0$，即：

$$\frac{\delta U_a(m_a, m_b)}{\delta m_a} = [1 - r(m_{ab})]f\{[1 - r(m_{ab})](m_a - m_b)\}(V - v) - c'(m_a) = 0 \tag{5-8}$$

$$\frac{\delta U_a^2(m_a, m_b)}{\delta m_a^2} = [1 - r(m_{ab})^2]f'\{[1 - r(m_{ab})](m_a - m_b)\}(V - v) - c''(m_a) < 0 \tag{5-9}$$

由于 $(e_a - e_b)$ 服从期望为零的正态分布 F 为对称分布，因此在对称的纳什均衡下，$m_a^* = m_b^*$，$f'(0) = 0$，又 $c'' > 0$，所以式 (5-9) 明显小于零，因而式 (5-8) 可变为：

$$[1 - r(m_{ab})]f(0)(V - v) = c'(m_a) \tag{5-10}$$

通过对比 (5-5) 和 (5-10) 可以发现，在合作区域物流经济社会最优的情况下，r 越大意味着合作区域经济绩效越高，对地方政府的激励也就越大，存在的利益冲突就越小；然而在政治晋升锦标赛条件下，r 越大意味着地方官员的效用就越小，对地方官员的激励也就越小，存在的利益冲突就越大。

因此，即使是横向地方政府之间参与了区域物流合作发展，而且合作也能够促使合作区域物流整体收益的提高，然而由于地方政府同时处于为所辖地区物流产出和税收的竞争和为各自的政治晋升的竞争这种"混合竞争"的状态，并且政治晋升博弈在"混合竞争"中占主导地位，致使参与主体只关心自己与其他参与人的相对位次，并且在合作制度不完善的情况下，参与主体不仅有理由去做有利于本地区物流发展的事情，而且同样有理由去做不利于其他参与主体的事情。

由于这种地方官员在政治晋升中的"零和博弈"和"晋升竞赛"，致使地方政府参与区域物流合作过程中存在着严重的利益冲突。根据前面的分析，我们知道地方 A 的官员期望自身能够获得的地方 B 的"合作溢出"大，而希望自身在合作过程中对地方 B 的"合作溢出"小。同理，地方 B 的官员亦如此，从而导致地方 A 和 B 的合作空间越来越小，合作意愿也越来越弱。这样，就导致地方政府会从自身所处的狭隘的局部利益出发，通过政策制定、奖惩监督、政策优惠管理等权力，实现其自身利益最大化，从而引发地方保护主义广泛存在、物流基础设施重复建设现象严重、区域物流合作机制难以形成以及合作难以有效推进等现象。

由于区域物流合作主体之间存在着上述的利益冲突，就不难有效地解释我国区域物流发展的几种相互关联的现象的存在：第一种，随着国家提出并实施大力发展现代物流业的政策措施，各地方政府大力推进物流业的发展，引发"物流热"，致使部分地方政府出现"有条件要上，没有条件创造条件也要上"的局面，以求充分带动就业与经济增长，在短期内快速拉动地方政府的经济绩效；第二种，虽然早在 21 世纪初部分经济发达地区就出现了区域物流合作协调发展的动向，然而不少地方官员不积极开展区域物流合作与分工，对"合作双赢"的机会反应消极，致使不少区域物流合作有名无实；第三种，地方官员为了提高自己的政绩位次，阻止其他地区参与主体的进入，忽略所辖区域的实际情况，在长期投资利润前景并不乐观的情况下，大搞物流基础设施建设，出现"物流园区热"等现象，最终导致物流基础设施的重复建设。

从对区域物流合作主体的冲突分析可以看出，区域物流合作的发展需要有政治激励和约束。在纯经济合作中，合作的正收益可以促使地方政府参与区域物流合作；但对于地方政府及地方官员组成的"混合竞争"来讲，只有当合作的结果不会改变参与合作的地方政府的相对位次时，区域物流合作才能进行。

第三节　区域物流合作主体的作用与任务探讨

区域物流合作的顺利进行需要各合作参与主体明确各自在区域物流发展中的作用，通过政策、市场等手段，相互协作以扩大区域物流整体规模，提高区域物流的竞争能力。虽然目前我国区域物流合作实践是由地方政府主导的，并在一定程度上抑制了物流企业的竞争活力，但是在深化经济体制改革的大背景下，在市场经济的制度安排下，作为市场主体的物流企业并将积极参与到区域物流合作发展的过程之中。本小节主要运用演化博弈理论，建立没有地方政府参与下的物流企业合作的演化博弈模型，通过分析合作中各个参数对合作演化博弈的影响，确定合作演化的演化稳定策略，从而正确地判定地方政府、物流企业以及行业协会在区域物流合作中的作用和主要任务。

一、区域物流合作发展中的市场主体合作的演化博弈分析

（一）物流企业合作演化博弈模型的构建

区域物流合作需要大量独立的物流企业参与，各物流企业加入区域物流合作都有自身追求的目标。在其目标实现过程中，要与其他企

业形成相互竞争合作关系，因而存在博弈行为，演化博弈要求具备的假定条件如下：

第一，参与合作博弈的物流企业是具备有限信息和不完全理性的参与者，即有限理性，但是其会模仿和改进自己过去和别人的最有利策略，不断对其策略进行调整以追求自身利益的最大化，体现理性合作。

第二，地区 A 和 B 的物流企业在区域物流合作中的合作成本、期望收益、保留收益均不相等，在合作中的贡献不相等，因而其合作收益分配也不相等，即非对称博弈，在现实中，不同地区的物流业发展水平不同，其物流企业的发展水平也不相同。

第三，地区 A 物流企业与地区 B 物流企业合作投入成本分别为 C_1 与 C_2，合作为双方带来的总收益为 R，总收益 R 在地区 A 物流企业与地区 B 物流企业之间的分配系数为 θ，则地区 A 物流企业获得的合作收益为 θR，地区 B 物流企业获得的合作收益为 $(1-\theta) R$，显然，要使合作能够长期发展，$R \geqslant C_1 + C_2$，$\theta R > C_1$，$(1-\theta) R > C_2$。

第四，地区 A 物流企业与地区 B 物流企业均选择"中途背叛"策略的情况下，其各自的保留收益分别为 R_1 和 R_2。

第五，在一方坚持合作、一方中途背叛的情况下，中途背叛的一方可获得的额外收益为 V，其中当地区 A 物流企业坚持合作，地区 B 物流企业中途背叛，则 B 地区物流企业的收益为 V_2，若 B 坚持合作，A 中途背叛，则 A 地区物流企业的收益为 V_1。

第六，利用合作规则对中途背叛一方进行惩罚，同时补偿合作一方，惩罚记为 P，补偿记为 F，由于合作主体在合作中有平等的地位与权利，所以 $P=F$，即当 A（B）背叛时，A（B）受到的惩罚为 P，则 B（A）可获得补偿为 F；然而由于我国政策法规不完善以及维权成本太高，因此，在没有政府支持的情况下，中途背叛一方往往得不到有效的惩罚，因此通过政府的支持行为，可以有效地维护合作规则。

第七，政府作为区域物流合作的管理主体，可以通过财政补贴、税收减免、建立合作制度等积极的支持手段来支持和鼓励区域物流合作的发展，假设地区 AB 的物流企业均选择合作发展，地方政府会提供发展资金支持,记为 G,即当 AB 均选择合作时,获得的地方政府支持分别为 G_1,G_2。

第八,地区 A 的物流企业与地区 B 的物流企业选择"坚持合作"策略的概率分别为 x,y,则选择"中途背叛"策略的概率分别为 $1-x$,$1-y$,并且 x,$y \in [0, 1]$。

地区 A 和 B 的物流企业的支付矩阵如表 5-1 所示。

表 5-1 物流企业合作博弈的收益矩阵

		地区 B 物流企业	
		坚持合作	中途背叛
地区 A 物流企业	坚持合作	$[R_1+\theta R+G_1, R_2+(1-\theta)R+G_2-C_2]$	(R_1-C_1+F, R_2+V_2-P)
	中途背叛	(R_1+V_1-P, R_2-C_2+F)	(R_1, R_2)

博弈参与地区 A 的物流企业选择"坚持合作"策略的期望收益为:$E_A = y(R_1+\theta R+G_1-C_1) + (1-y)(R_1-C_1+F)$;选择"中途背叛"策略的期望收益为:$E_A = y(R_1+V_1-P) + (1-y)R_1$;则地区 A 的物流企业的平均期望收益为:$\overline{E}_A = xE_A + (1-x)E_{\overline{A}}$。

因此,博弈参与地区 A 的物流企业选择"坚持合作"策略的复制动态方程为:

$$F(x) = dx/dt = dt = x(E_A - \overline{E}_A) = x(1-x)[y(\theta R+G_1-V_1)+F-C_1] \tag{5-11}$$

同理,可求出对于博弈参与地区 B 的物流企业不同合作策略下的期望收益与平均收益。选择"坚持合作"的期望收益为:$E_B = x[R_2+(1-\theta)R+G_2-C_2] + (1-x)(R_2-C_2+F)$;选择"中途背叛"策略的期望收益为:$E_{\overline{B}} x(R_2+V_2-P) + (1-x)R_2$;平均收益为:$\overline{E}_B = yE_B + (1-y)E_{\overline{B}}$。

因此,博弈参与地区 B 的物流企业选择"坚持合作"策略的复制动态方程为:

$$F(y) = \mathrm{d}y/\mathrm{d}t = y(E_B - \overline{E}_B) = y(1-y)\{x[(1-\theta)R + (G_2 - V_2)] + F - C_2\} \tag{5-12}$$

在演化博弈中，要使合作策略具有稳定性，则复制动态方程的演化稳定策略（ESS）必须同时满足以下两个条件：(1) $F(x) = 0$；(2) $F'(x) < 0$。

令 $F(x) = 0$，$F(y) = 0$，得到地区 A、B 物流企业合作演化博弈动态系统的五个平衡点：$O(0,0)$、$A(0,1)$、$B(1,1)$、$C(1,0)$、$D((C_2-F)/[(1-\theta)R+G_2-V_2], (C_1-F)/(\theta R+G_1-V_1))$。其中当 $((C_2-F)/[(1-\theta)R+G_2-V_2], (C_1-F)/(\theta R+G_1-V_1)) \in (0,1)$ 时，D 点存在。

（二）自然状态下物流企业合作的演化稳定性分析

我国正处于市场经济转型深化期，由于政策法规不完善以及维权成本太高，因而物流企业采取"中途背叛"策略的违约成本 P 比较小。为了研究政府支持对物流企业合作演化的影响，首先假设地区 A、B 的物流企业合作没有政府的支持，分析在没有政府支持下（即 $P=F=G=0$），即自然状态下物流企业合作的演化稳定性策略。

1. 地区 A 物流企业合作策略的稳定性分析

①当 $V_1 + C_1 < \theta R$ 时，即 $0 < y = C_1/(\theta R - V_1) < 1$：

当 $y > C_1/(\theta R - V_1)$ 时，$F'(x=1) < 0$，$F'(x=0) > 0$，因此 $x=1$ 是 ESS；

当 $y < C_1/(\theta R - V_1)$ 时，$F'(x=0) < 0$，$F'(x=1) > 0$，因此 $x=0$ 是 ESS。

②当 $0 < \theta R < V_1 + C_1$ 时，即 $1 < y = C_1/(\theta R - V_1)$：

当 $y > C_1/(\theta R - V_1)$ 时，$F'(x=1) < 0$，$F'(x=0) > 0$，因此 $x=1$ 是 ESS；

当 $y < C_1/(\theta R - V_1)$ 时，$F'(x=0) < 0$，$F'(x=1) > 0$，因此 $x=0$ 是 ESS。

由于 $0 < y < 1$，所以当 $0 < \theta R < V_1 + C_1$ 时，$x=0$ 是 ESS。

③当 $\theta R-V_1<0$ 时，即 $y=C_1/(\theta R-V_1)<0$：

当 $y<C_1/(\theta R-V_1)$ 时，$F'(x=0)<0$，$F'(x=1)>0$，因此 $x=0$ 是 ESS；

当 $y>C_1/(\theta R-V_1)$ 时，$F'(x=1)<0$，$F'(x=0)>0$，因此 $x=1$ 是 ESS。

由于 $0<y<1$，所以当 $\theta R-V_1<0$ 时，$x=0$ 是 ESS。

2. 地区 B 物流企业合作策略的稳定性分析

①当 $V_2+C_2<(1-\theta)$ 时，即 $1>x=C_2/[(1-\theta)R-V_2]>0$：

当 $x>C_2/[(1-\theta)R-V_2]$ 时，$F'(y=1)<0$，$F'(y=0)>0$，因此 $y=1$ 是 ESS；

当 $x<C_2/[(1-\theta)R-V_2]$ 时，$F'(y=0)<0$，$F'(y=1)>0$，因此 $y=0$ 是 ESS。

②当 $0<(1-\theta)R<V_2+C_2$ 时，即 $x=C_2/[(1-\theta)R-V_2]>1$：

当 $x>C_2/[(1-\theta)R-V_2]$ 时，$F'(y=1)<0$，$F'(y=0)>0$，因此 $y=1$ 是 ESS；

当 $x<C_2/[(1-\theta)R-V_2]$ 时，$F'(y=0)<0$，$F'(y=1)>0$，因此 $y=0$ 是 ESS。

由于 $0<x<1$，所以当 $0<(1-\theta)R<V_2+C_2$ 时，$y=0$ 是 ESS。

③当 $(1-\theta)R-V_2<0$ 时，即 $x=C_2/[(1-\theta)R-V_2]<0$：

当 $x<C_2/[(1-\theta)R-V_2]$ 时，$F'(y=1)<0$，$F'(y=0)>0$，因此 $y=1$ 是 ESS；

当 $x>C_2/[(1-\theta)R-V_2]$ 时，$F'(y=0)<0$，$F'(y=1)>0$，因此 $y=0$ 是 ESS。

由于 $0<x<1$，所以当 $(1-\theta)R-V_2<0$ 时，$y=0$ 是 ESS。

3. 地区 A，B 物流企业合作策略的复制动态关系相位图分析

将上述的地区 A 和地区 B 的物流企业选择"坚持合作"策略的复制动态关系用坐标平面的相位图表示，可以得到以下两种情形：

情形1：当 $R>C_1+V_1+C_2+V_2$ 时，即地区 A 和 B 物流企业坚持合作获得的收益大于其合作成本与中途背叛所获得的收益，此时的相位图如图 5-2 所示。

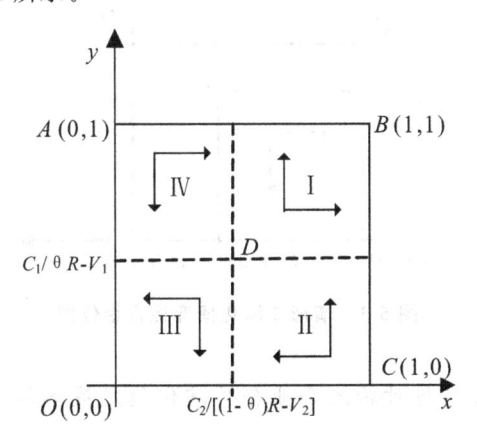

图 5-2 情形1演化博弈综合相位图

从该相位图中可以看出，$(x, y) = (0, 0)$ 和 $(x, y) = (1, 1)$，地区 A 和 B 的物流企业在自然状态下的合作演化博弈的稳定策略。其中，当 $(x, y) \in [(C_2/[(1-\theta)R-V_2], 1), (C_1/(\theta R-V_1), 1)]$ 区间时，即初始状态落在Ⅰ区域，博弈会演化到稳定策略 $(x, y) = (1, 1)$，则双方均采取"坚持合作"的策略。同理，当初始状态落在Ⅲ区域，博弈会演化到稳定策略 $(x, y) = (0, 0)$，则双方均采取"中途背叛"的策略；当初始状态落在Ⅱ或Ⅳ区域，博弈可能会演化到稳定策略 $(x, y) = (0, 0)$，也可能会演化到稳定策略 $(x, y) = (1, 1)$，而最终的结果取决于地区 A 和 B 的物流企业的发展能力。

情形2：当 $V_1+V_2>R>C_1+C_2$ 时，即地区 AB 的物流企业坚持合作获得的收益大于其合作成本之和，但是小于其中途背叛所获得的收益之和，此时的相位图为图 5-3 所示。从该相位图可以看出，当 $(x, y) \in [(0, 1), (0, 1)]$ 时，即物流地区 A 和 B 的物流企业在初始状态下的合作意愿如何，在自然状态下的合作演化博弈的演化稳定策略均是 $(x, y) = (0, 0)$，即"中途背叛"策略是合作博弈中的最优策略。

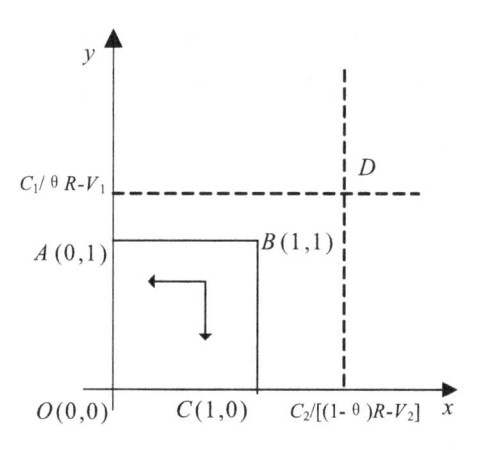

图 5-3　情形 2 演化博弈综合相位图

(三) 政府参与对物流企业合作演化稳定策略的影响分析

当政府作为区域物流合作的主体时，其依靠政府以及法律的强制性手段，可以给予中途背叛的企业以严厉的惩罚，同时，也可以依靠财政手段或政策手段对物流企业的合作进行扶持，此时，P，F，$G>0$，此为政府的支持。在 C，R，V，θ 不变的情况下，分析 F，G 对地区 A 和 B 的物流企业合作的演化博弈稳定策略的影响。

当 $P=F=G=0$ 时，D 点的坐标为 $(C_2/[(1-\theta)R-V_2]$，$C_1/(\theta R-V_1))$；当 P，F，$G>0$ 时，D 点的坐标变为 D'，此时 D' 的坐标为 $((C_2-F)/[(1-\theta)R+G_2-V_2]$，$(C_1-F)/(\theta R+G_1-V_1))$，此时

$(C_2-F)/[(1-\theta)R+G_2-V_2] < C_2/[(1-\theta)R-V_2]$，$(C_1-F)/(\theta R+G_1-V_1) < C_1/(\theta R-V_1)$。

1. 政府支持对情形 1 演化稳定策略的影响

此时图 5-2 相位图将变为图 5-4，从图 5-4 可以看出，代表着合作演化博弈稳定策略为 $(x, y)=(1, 1)$ 的 Ⅰ 区域面积增大，系统收敛于 B 点的可能性也就越大，也就是当原来为初始状态的 (x, y) 在自然状态下不能形成坚持合作的演化博弈稳定策略，但是在政府的支持下可以实现"坚持合作"策略最终成为演化稳定策略。

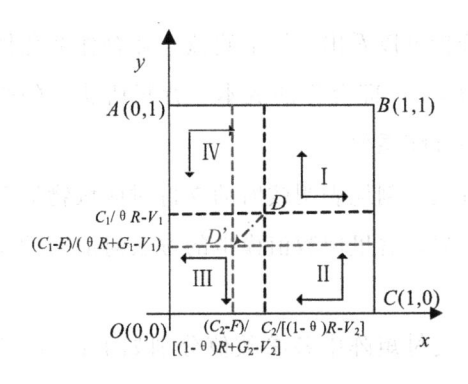

图 5-4 政府支持对情形 1 的影响

2. 政府支持对情形 2 演化稳定策略的影响

虽然地区 A 和 B 的物流企业采取"坚持合作"的策略可以实现的收益大于采取"坚持合作"策略所付出的成本,但是由于"中途背叛"策略可以给企业带来更高的收益,所以"中途背叛"策略是在自然状态下的稳定演化策略。由于企业往往只考虑眼前利益,"中途背叛"策略会使企业之间缺乏信任,导致恶性竞争,不利于区域物流以及物流企业的长远发展。从图 5-5 中可以看出,在政府的支持下,只要初始状态下 AB 两地物流企业合作意愿足够高,则可能存在代表实现"坚持合作"策略为演化博弈的稳定策略,即图中 V 区域的存在。

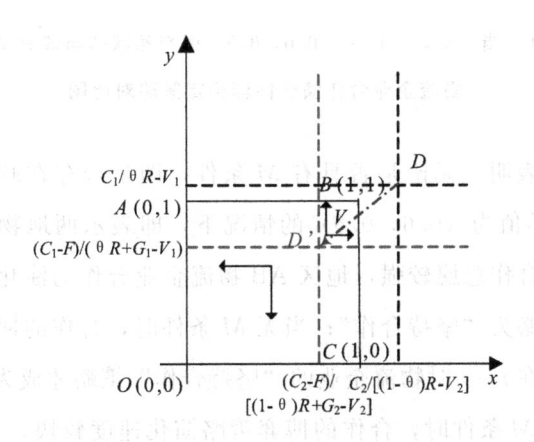

图 5-5 政府支持对情形 2 的影响

从上面的分析可以看出，影响物流企业合作演化博弈的主要影响因子有 C，V，R，θ，即合作的成本、背叛所获得的收益、合作获得的收益以及利益分配系数。

为了更加直观深刻地表明政府的支持对区域物流企业合作演化博弈稳定策略的影响，这里用数值模拟的方法对前面的逻辑分析做进一步的分析探讨。

设演化博弈支付矩阵中各参数值分别如下：$C_1=2$，$C_2=1$，$\theta=0.6$，$V_1=7$，$V_2=5$，$R=20$，此时满足情形 1 的条件。令政府参与变量 $F=1.5$，$G_1=2$，$G_2=1$，记此条件为 M。取 (x, y) 初始值为 $(0.6, 0.5)$ 和 $(0.45, 0.25)$，并对每一组初始值进行自然状态下与有 M 条件下的仿真，仿真结果分别如图 5-6 和图 5-7 所示。

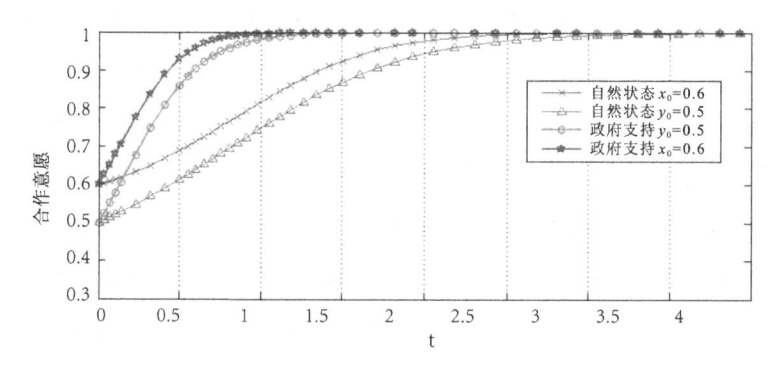

图 5-6 当 $(x_0, y_0) = (0.6, 0.5)$ 时自然状态与政府支持下
物流企业合作演化博弈稳定策略对比图

图 5-6 表明，无论是否具有 M 条件，即是否存在政府支持，在 (x, y) 初始值为 $(0.6, 0.5)$ 的情况下，即表示两地物流企业发展程度较高，合作意愿较强，地区 AB 物流企业合作的演化博弈最终的演化稳定策略为"坚持合作"；当无 M 条件时，合作的博弈策略演化速度较慢，在 $t=3$ 时物流企业的"坚持合作"策略才成为演化稳定策略；当存在 M 条件时，合作的博弈策略演化速度较快，在 $t=1$ 时物流企业的"坚持合作"策略就成为演化稳定策略。因此，政府的支持能够促进和加快区域物流合作中物流企业选择"坚持合作"策略的演

化进程，更快更好地实现物流企业之间的紧密合作，进而促进区域物流合作的快速发展。

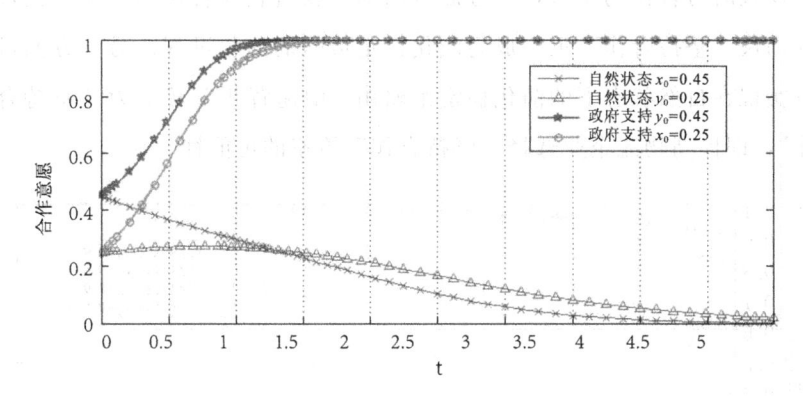

图 5-7 当 (x₀, y₀) = (0.45, 0.25) 时自然状态与政府干预下物流企业合作演化博弈稳定策略对比

图 5-7 表明，在 (x, y) 初始值为 (0.45, 0.25) 的情况下，即地区 AB 物流企业发展程度较低，初始合作意愿不高，即使合作收益大于合作成本与额外收益时，由于企业的有限理性，在缺乏政府支持的情况下，地区 AB 物流企业合作的演化博弈最终的演化稳定策略为"中途背叛"；但是当存在政府支持的情况下，地区 AB 物流企业合作的演化博弈最终的演化稳定策略为"坚持合作"。这表明政府支持会加强和提升物流企业对合作的信心，扩大物流企业选择合作策略的可能。

上述 C, θ, V 保持不变，令 $R = 10$，此时满足情形 2 的条件。取 (x, y) 初始值为 (0.9, 0.8) 进行自然状态与政府支持两种情况的仿真，结果如图 5-8 所示。图 5-8 表明在 (x, y) 初始值为 (0.9, 0.8) 的情况下，即地区 AB 物流企业初始发展程度较高，合作意愿也强烈，但是由于企业坚持合作获得的合作收益小于中途背叛获得的额外收益，因此地区 AB 物流企业合作的演化博弈最终的演化稳定策略为"中途背叛"；但是在存在政府支持的情况下，地区 AB 物流企业合作的演化博弈最终的演化稳定策略为"坚持合作"。

从上面的分析可以看出，在政府参与条件下，政府参与参数 F 和 G 对合作演化的演化稳定策略会产生影响，即政府对背叛合作的惩罚以及政府对合作的支持，一方面可以加强物流企业合作的意愿，促进并加快"坚持合作"策略成为演化稳定策略的演化进程；另一方面可以实现在自然状态下的演化稳定策略由"中途背叛"转变为"坚持合作"，即提高物流企业选择"坚持合作"策略的可能性。

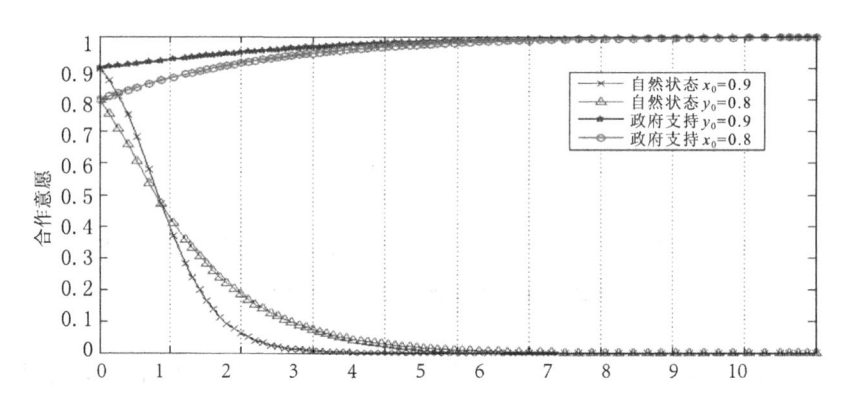

图 5-8 当 $(x_0, y_0) = (0.9, 0.8)$ 时自然状态与政府支持下物流企业合作演化博弈稳定策略对比图

基于上述分析，我们可以得知区域物流合作市场主体之间合作策略为演化稳定策略，主要影响因素为合作的成本、合作的收益、合作收益在合作企业间的分配系数、背叛合作所获得的额外收益、初始状态下物流企业合作的意愿、对合作背叛方的惩罚以及政府的支持等。因此，为了促进区域物流合作的顺利发展，合作主体可从对影响合作演化稳定策略的因素入手，在合作中合理地定位自己，并发挥积极的作用。其中，物流企业需要提高合作意愿、降低合作成本、协调合理的利益分配系数以及增加合作收益；政府及物流行业协会等制度供给方要大力支持物流企业的合作发展，并建立完整的合作机制，以确保对背叛者的惩罚。

二、区域物流合作的主体任务及合作机制的构建

前文的分析表明，影响和决定区域物流合作演化博弈模型的演化

稳定策略主要有合作的成本、合作的收益、合作收益在合作企业间的分配系数、背叛合作所获得的额外收益、初始状态下物流企业合作的意愿、对合作背叛方的惩罚以及政府的支持等。因此，本小节从改变上述影响因素的思路出发，探讨区域物流合作发展中各参与主体的任务，通过建立良好的合作组织机制，保障区域物流合作发展的顺利实现。

（一）地方政府在区域物流合作中的任务探讨

目前，我国物流企业存在经营规模小、运营成本高、专业化程度低、管理水平差、竞争力弱等问题。由于物流企业发展层次低，导致物流企业合作意识不强，缺乏合作积极性，致使初始状态下物流企业的合作意愿比较低。根据前文的分析，在初始状态合作意愿比较低的情况下，我国区域物流合作是难以形成合作策略的演化稳定策略。因此，需要参与合作的地方政府共同努力，制定和建立良好的区域物流合作机制，以保护物流企业在区域物流合作发展过程中的利益不受损害，从而提高物流企业参与合作的意识和积极性，促进区域物流合作演化博弈稳定策略的形成。

我国区域物流发展实践表明，各级地方政府是推动区域物流发展的重要力量，在区域物流合作发展中扮演倡导者、政策制定者和利益协调者的角色。为了实现地方政府在区域物流合作发展中的角色，应成立跨地区的行政联盟（可以称其为区域物流联合发展委员会），通过该机构提供有利于区域物流合作发展的制度安排和供给。下面重点阐述区域物流联合发展委员会的主要任务与功能。

区域物流联合发展委员会应由高层领导参与定期协商会议机制、各地区物流主管部门为日常管理主体和区域物流行业协会参与三个部分构成。其中高层定期协商会议机制是区域物流联合发展委员会的最高决策机制，主要解决区域物流合作发展中的重大问题，比如共同商讨确定区域物流发展方向、确定各个地区在区域物流发展中的定位、确定区域物流合作发展的重大方针与原则、协商和达成相关合作的政府间协议。区域物流联合发展委员会下设物流发展管理部、产业政策部、规划发展部、协调发展部，主要对区域物流发展的相关问题组织实施和管理，以协调区域物流规划、物流基础设施建设、物流企业管理、区域发展利益协调等方面的重大事项，总结区域物流合作的阶段性成果，制定下阶段物流合作计划和建立合作备忘录等。区域物流联合发展委员会应发挥以下主要作用：

1. 制定统一的区域物流市场政策和宏观物流产业政策

物流企业在区域物流发展过程中制定一体化物流战略，建立物流业务与基础设施网络，顺利进行物流经营活动，都离不开健康有序、统一规范的物流市场环境。因此，物流联合发展委员会的一项重要任务就是消除地方的各种环境制约因素，制定统一的物流市场政策和产业政策，这部分任务可以由产业政策部来负责实施。

在市场环境建设方面，主要是遏制并消除地方保护主义，站在整体利益的角度，依据非歧视性原则、市场准入原则、透明度原则、公平贸易原则，逐步取消妨碍区域物流一体化的政策规定与制度安排，促进地方政策从差别和封闭走向统一和开放，建立并实行区域内统一的物流市场政策，为物流企业在跨地区经营方面创造良好的市场经营环境。在宏观环境改善方面，加强和完善统一的物流法律、法规建设，采取积极统一的财政政策、税收政策、金融政策，为区域物流合作发展提供稳定统一的宏观产业环境。

2. 建立区域物流合作发展的利益协调机制

区域物流合作发展的总体目标，是实现区域物流一体化发展及整体利益最大化。根据本章第二节的分析，在合作过程中地方政府更多关注的是自身的现实和未来利益，因而存在严重的主体利益冲突。利益冲突是阻碍区域物流合作顺利发展的关键因素，因此，为确保区域物流合作发展的顺利进行，需要区域物流联合委员会建立完善的利益协调机制，此部分的任务可由协调发展部主导实施。

利益协调机制是区域物流合作发展中的核心基础和推动力源泉。利益协调机制应主要包括激励机制、约束机制和利益平衡机制。激励机制可以提升地方政府参与区域物流合作的意愿；约束机制可以有效地约束和规范地方政府在区域物流合作中的行为，抑制地方政府的市场保护行为；利益平衡机制可以协调解决区域物流合作发展过程中主体获取利益不平衡的问题，对利益受损方进行补偿，这样合作才能持续发展。其中，利益平衡机制是确保合作参与主体参与合作的关键机制。

可以设立区域物流合作"公共基金"，用以辅助利益协调机制的构建。公共基金的来源为参与合作的各地区年度物流收入的提留，公共基金的使用必须经过区域物流联合发展委员会批准，公共基金的作用是发挥区域物流合作的激励和利益平衡作用。

3. 引导和促进区域内物流资源整合

区域物流合作发展的重要目的就是通过引导区域物流资源的优化配置，避免物流资源的重复建设和浪费。区域物流联合发展委员会不直接参与区域物流资源的配置，但是可以通过制定区域统一的物流发展规划，通过规划引导和促进区域物流资源的优化整合，此部分的任务可由规划发展部主导实施。

物流资源主要包括物流设施设备资源和物流组织资源，其配置整合需要打破行政区划的限制进行宏观研究。在物流设施设备整合方面，根据各地区在区域物流发展中的功能定位，明确物流节点设施、物流通道设施的空间布局和建设方案，通过工具性政策的倾斜引导企业参与其开发建设，有利于促进区域内物流设施设备资源的优化整合，避免重复建设。在物流组织资源整合方面，通过工具性政策，鼓励和引导物流企业通过兼并、收购、战略联盟等手段进行横向一体化和纵向一体化形成物流集团，有利于实现物流活动的规模经济和范围经济，提高区域物流的竞争力。

物流设施设备的整合，一方面可促进区域内物流设施设备资源的优化配置，另一方面也有利于物流组织的整合发展。同样，物流组织整合形成的物流集团的发展，反过来也会促进物流设施设备资源的整

合。两者相互促进，共同促使合理的区域物流网络的形成。

4. 区域物流项目与物流发展监管

为了保障制定的区域物流发展规划、物流市场政策与物流产业政策的实施，避免因地方保护主义而造成物流市场壁垒、物流基础设施重复建设等现象的存在，区域物流联合发展委员会需要对区域物流合作发展过程进行监督管理，主要针对合作各方是否按照合作条款以及制度安排推进物流业发展，此部分的任务可由物流发展管理部主导实施。

对区域物流合作发展的监督，应该主要包括区域物流项目和区域物流市场发展监管两个方面。在物流项目建设监管方面，主要是根据区域物流发展规划，核查各地区在实际发展过程中，是否按照指定的物流基础设施规划进行物流基础设施的建设发展，这是区域物流发展规划顺利实施的重要表现，也是预防区域物流基础设施重复建设的重要手段。在物流市场发展监管方面，主要是根据区域物流合作发展的要求，核查各地区在实际发展过程中，是否实施已经制定的区域物流市场政策和宏观产业政策，督促各地摒弃地方保护主义，主动消除物流市场壁垒，实现物流企业在公平平等的环境下进行跨地区合作发展。

（二）物流行业协会在区域物流合作发展中的任务探讨

在区域物流合作发展中，物流行业协会不仅是协助区域物流联合发展委员会管理区域物流合作发展的参与部门，而且作为"企业利益的忠实代表，企业与政府沟通的桥梁，企业的服务机构与协调人"，可以有效地发挥其利益代言、关系协调、行业管理、企业服务的职能，促进政府转变职能，更有效地整合资源，协调各方利益，为物流企业创造更好的发展环境。

我国区域物流发展的实践表明，物流行业协会主要扮演着政企沟通者、行业管理者、合作推进器的角色。为了更好地扮演在区域物流合作发展中的角色，可以通过合作协议成立区域物流协会。区域物流行业协会可由区域物流发展研究室、物流行业管理以及物流企业服务三个部门组成。通过区域物流协会，发挥物流行业协会在区域物流合作发展中的优势，在区域物流发展中承担物流行业的管理、突破行政区划障碍、代表物流企业的功能和发挥沟通各地政府与物流企业的桥梁和纽带作用。具体地，区域物流协会的任务主要包括服务区域内的物流企业、服务区域物流联合委员会和进行物流行业管理及自律。

1. 服务区域内的物流企业

区域物流协会的参与是提升合作区域物流竞争力的需要，其在制定行业规则保护区域物流市场、协助物流企业拓展外部市场、维护企业权益、协调和处理摩擦等物流企业服务方面都具有独特的作用。

第一，协助物流企业解决跨地区发展过程中的行政障碍问题。区域物流协会代表物流企业要求区域物流联合发展委员会创造公平的市场环境，使区域内的所有企业能够享受平等的政策待遇和发展机会。

第二，构建物流企业合作平台，促进区域内物流企业的合作发展。区域物流协会协助优势企业跨地区发展，通过并购、联盟等手段实现区域内物流企业资源的有效配置，通过自治和自律的方式规范企业行为，倡导企业间良性竞争合作。

第三，协调解决物流企业之间的纠纷。区域物流协会调解具有成本低、机制灵活的优点，而且调解人是物流业专业人士，熟悉物流业情况，调解结果容易被接受，可以作为物流企业合作过程中发生纠纷的主要解决途径。

第四，为物流企业发展提供良好的环境。进行物流行业自律，规范市场秩序，加强行业管理和服务，对区域物流市场进行监督、调控，维护整体市场的稳定，组织信息交流，引进和培训人才，提高行业的整体效率。

2. 服务区域物流联合委员会

物流行业协会作为区域物流合作发展的管理参与主体，其一项重要的作用就是协助地方政府对物流行业进行管理。在区域物流发展中，区域物流联合发展委员会在实现其推进区域物流合作发展过程中，也需要区域物流协会的积极参与。

第一，影响物流市场政策和推动区域物流合作制度建设。通过建立与区域物流联合发展委员会的对话机制和交流渠道，积极反映物流企业的呼声和利益要求，并利用其丰富的专业知识，积极参与物流政策、制度、法律的研究和制定，为区域物流联合发展委员会制定物流发展政策提供具体建议，并向委员会反馈政策实施后对物流企业的影响。

第二，协调各地区物流发展过程中的利益。区域物流协会利用其在政府利益协调中的优势协调区域物流合作发展过程中地方政府之间的利益冲突。通过区域物流协会沟通协调与研究，促进各利益方之间进行交流与合作并判断各地方在合作过程中的得失，为利益协调机制发挥作用提供基础。

第三，参与和引导物流资源的优化配置。区域物流协会通过举办研讨会、组织专项研究活动，为政府提供物流规划咨询服务，协助区域物流联合发展委员会制定统一的物流业发展规划，引导物流资源的配置。同时，还可以有效利用市场机制和政府制度，引导物流企业参与物流信息平台等物流公共产品的提供，提高物流公共物品供给效率。

3. 物流行业管理及行业自律

区域物流联合发展委员会在管理区域物流发展过程中，需要物流协会对区域物流进行管理以作为行政管理的补充。随着政府职能转变和企业市场主体角色的明确，区域物流协会可以承接区域物流合作中部分社会管理的职能。

第一，进行物流行业管理。区域物流协会负责制定和组织实施物流行业规范，加强物流企业信用建设，监督企业自律，加强物流服务市场价格协调，维护公平竞争和市场秩序，保证物流行业规章制度的有效实施，引导企业社会责任与道德文化建设等物流行业管理工作。

第二，制定物流行业服务标准。包括制定物流作业和服务的用语标准、物流企业资质认证、从业人员资格认证、交易规则和会计处理规则、物流基础设施及装备等的基础性和通用性标准（如托盘、物品条形码标准等），并推进行业标准的实施。

第三，开展日常性的物流业务交流与统计。主要包括进行物流市场发展调查、开展物流信息统计、发行物流行业发展月报、发布有关政策规定等信息，使政府和物流企业及时了解物流行业的发展情况。

（三）物流企业在区域物流合作发展中的任务探讨

在目前我国"政府主导、企业唱戏"的区域物流发展模式中，物流企业扮演着重要的行动执行角色。作为区域物流合作的市场主体，物流企业能否通过相互合作形成一个纵横交错的分工、交换与运营网络，是区域物流合作发展的关键，也是决定区域物流合作及一体化发展成败的关键。根据前文的分析，可以知道要使区域物流合作演化博弈形成演化稳定策略，需要物流企业在区域物流合作发展过程中提高合作的积极性，降低合作成本，提高合作收益，选择合理的利益分配系数等。具体地，物流企业的主要任务如下。

首先，苦练内功，提高物流企业的市场竞争力。物流企业应根据市场的需要，准确定位，建立核心竞争优势；通过企业内部流程和外部流程再造，降低物流运作成本，增强市场竞争力；充分利用信息技术和物流技术，使企业有限的物流资源发挥最大的功效，为客户提供一体化的物流创新和增值服务。

其次，组建区域性物流集团或物流联盟。物流企业应转变理念，提升合作意愿，积极参与区域物流合作。大型物流企业应遵循市场规律，采用物流企业横向一体化发展战略，通过兼并、合资、收购、重组等方式组建物流集团，以降低交易成本，实现区域扩张，扩大资源利用范围，拓展企业发展空间，获得规模经济和范围经济，改善和提升物流综合服务功能。中小物流企业之间加强合作，通过契约或合同建立稳定、明确的合作关系，以实现规模经济，提高物流效率，增强综合服务能力，降低物流成本。

最后，树立长期合作发展的理念。在物流企业合作过程中，由于信息以及物流企业实力不对称，往往会出现合作收益的大部分被优势物流企业获得，导致劣势企业享受不到合作发展成果。这就要求物流企业树立长期合作发展的理念，优势企业应主动将合作收益与劣势企业进行分享，以实现合作双方的共同长期发展。

（四）区域物流合作组织体系的构建

根据上面对区域物流合作各主体的作用及具体任务的探讨，本书建立如图 5-9 所示的区域物流合作组织体系构架。

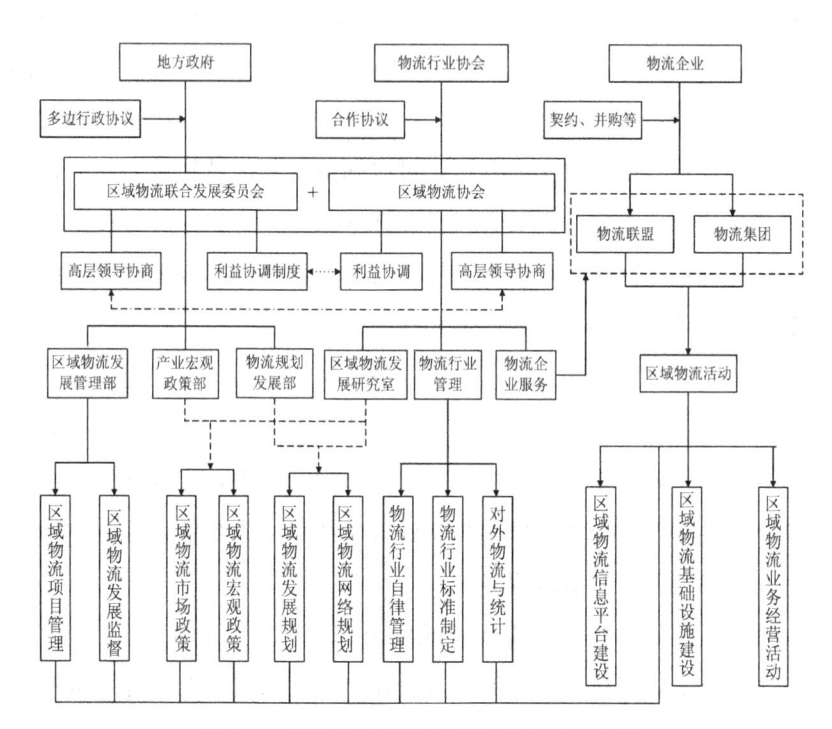

图 5-9 区域物流合作组织框架体系示意图

第六章 区域物流合作与区域物流资源空间配置研究

通常情况下，物流资源包括物流物质资源和物流劳动资源。本章重点研究的区域物流资源是指代表生产要素的物流物质资源的价值表现形式——物流资本和代表物流劳动资源的物流劳动力。物流资本是物流业运作的基础，它决定着物流活动的生产能力以及物流服务的质量。一般情况下，一个地区的物流资本存量越丰富，其物流生产能力及服务质量就越高。然而，由于一个地区在一定时期内的总财富是有限的，我们需要将有限的资本合理地配置到不同的产业及领域中去，实现社会发展的整体最优。因此，不能盲目进行物流资本投入，而是应该合理地整合和优化配置，用最少的物流资本创造最大最优的物流服务和物流产品。

第一节 区域物流合作对区域物流资源配置的影响

本书在第四章依据 Ramsey-Cass-Koopmans 经济增长模型，成功地将合作要素引入区域物流增长模型，为定性和定量探讨区域物流合作对区域物流资源配置的影响奠定了理论基础，并在理论上探讨了区域物流合作对提高物流生产要素生产率、优化物流生产要素结构及组合方式的作用机制。本节主要从定量的角度来探讨区域物流合作对物流生产要素的影响。在本节的研究中，所用的区域物流系统的总量生产函数为第四章第三节所设定的扩展的柯布-道格拉斯生产函数。

一、区域物流合作对区域物流资源边际产出的作用

根据本章第三节对区域物流资本空间配置原则的理论探讨，可以得到有效的资源配置的充要条件为物流资源的边际产出相等的结论，因而考察物流资源的边际产出对分析区域物流资源配置具有决定性的意义。通常情况下，某一生产要素的边际收益被定义为增加一单位的该要素的投入所带来产出的增加收益。区域物流生产过程中包含了许多可变的投入要素，包括物流资本、物流劳动、物流合作程度、物流制度以及物流技术等；在这里重点探讨区域物流合作程度对物流资本、物流劳动等物流资源边际产出的影响。

通过对区域物流生产函数的设定，根据导数的经济意义，可以知道某一要素的边际产出用数学表示即为生产函数对该要素求偏导数。由区域物流总量生产函数可知，物流资本和物流劳动的边际产出分别为：

$$f(K_t) = \frac{\delta Y_t}{\delta K_t} = \alpha A_0 e^{nt} K_t^{\alpha-1} H_t^{\beta} L_t^{\lambda} \tag{6-1}$$

$$f(L_t) = \frac{\delta Y_t}{\delta K_t} = \lambda A_0 e^{nt} K_t^{\alpha} H_t^{\beta} L_t^{\lambda-1} \tag{6-2}$$

式中，$f(K_t)$，$f(L_t)$ 分别表示区域物流资本和物流劳动的边际产出。由此可知，$f(K_t)$，$f(L_t)$ 是关于合作程度 H_t 的增函数，即在其他要素不变的情况下，区域物流合作水平 H_t 提高会促进物流资本的边际产出 $f(K_t)$ 和物流劳动的边际产出 $f(L_t)$ 的增加。

二、区域物流合作对区域物流资源的替代作用

当合作被作为一种要素纳入区域物流总量生产函数，那么其本身就具备了对其他生产要素的替代作用。例如，在不增加物流节点设施的情况下，通过物流节点设施间的合作运作，降低新物流节点建设的必要性，并可提高物流节点设施的利用率和提高物流节点设施的边际

产出，进而实现物流总产出的增加。根据区域物流总量生产函数，物流资本可以表示为：

$$K_t = (\frac{Y_t}{A_t H_t^\beta L_t^\lambda})^{\frac{1}{\alpha}} \tag{6-3}$$

由此可见，当物流劳动投入和总产出不变时，K_t 随着 H_t 的增大而减小，因此，区域物流合作对区域物流资本具有一定的替代作用。根据区域物流总量生产函数，当 K_t 同时增加1%时，那么总产出 Y_t 增长 $(\alpha+\beta)$%，假设 K_t 和 L_t 保持不变，要想使总产出 Y_t 增加 $(\alpha+\beta)$%，那么合作程度 H_t 则只需要增加 $(\frac{1.01^\beta + \alpha\% \cdot 1.01^\beta}{1+\beta\%})$% 即可实现。

同理，也可得到区域物流合作对区域物流劳动具有一定的替代作用。

此外，根据区域物流总量生产函数可知，当总产出增加一个单位时，由于各种投入要素的产出弹性不同，各要素的投入增加量也不同，而且哪一种要素的产出弹性越大，其投入增加量就越小，因此其在生产函数中越难以被替代。因此，生产要素的产出弹性可以在一定程度上反映各种生产要素对物流生产过程的影响程度，可以体现该生产要素在区域物流发展中的地位和作用。可以定义生产要素的产出弹性之比为生产要素的替代系数，以此来反映各要素在生产函数中的影响力大小，替代系数越小表示其影响力越小，越容易被其他生产要素替代[159]，用公式表示如下：

$$\sigma_\alpha = \frac{\alpha}{\beta+\lambda}, \sigma_\beta = \frac{\beta}{\alpha+\lambda}, \sigma_\lambda = \frac{\lambda}{\alpha\beta} \tag{6-4}$$

式中，σ_α，σ_β，σ_λ 分别表示物流资本、物流合作程度以及物流劳动的替代系数。从替代系数可以看出，当合作程度的产出弹性 β 越大，则代表相对其他投入要素，通过提高合作水平可以有效地促进总产出的增长，而其自身也难以被替代。而当合作程度的产出弹性 β 增大时，物流资本替代系数 σ_α 将变小，就越容易被合作所替代。通常情况下，可以认为生产要素替代系数小于1的容易被替代。

三、区域物流合作对区域物流资源空间配置的优化作用

上述两小节内容探讨了区域物流合作与其他物流资源之间的相互关系，本小节主要探讨区域物流合作对某种物流资源在空间配置上的影响。由于本书定义的区域内涵是指包含多个行政区的区域，因此，这里以区域物流合作对区域物流资本在不同行政区之间的优化配置进行简要分析。

首先，区域物流合作影响区域物流资本的需求总量。由于物流需求为派生性需求，在一定时期内其产出是受其影响因素决定的，而不是受其物流供给决定的。根据公式（6-3），在一定时期内 Y_t 是不变的，合作程度越高，则区域内需要的物流资本投入越少，反之，其需要投入的物流资本则越多。

其次，区域物流合作的程度影响着区域物流资本空间配置的效率。根据下文对物流资本空间配置原则的探讨可知，物流资本配置最有效率的状态，就是各行政区物流资本边际产出相等的状态。由于物流业具有良好的社会经济效益，对其投资可以促进一个地区经济的发展，因此，各行政区决策者在对物流资本运用的时候往往考虑的是能否促进本地经济的发展，而较少考虑这些物流资本的运用是否会促进区域物流发展最优状态的实现。不同行政区对合作的态度是区域物流合作的程度的重要表现，也是决定物流资本空间配置是否会朝着边际产出相等的方向发展。

第二节 区域物流资源配置的前提——区域物流需求的确定

区域物流需求是指在特定的区域范围内，生产、流通、消费领域对原材料、半成品、成品等物品流动在空间、时间、作业量和费用方

面的要求，涉及运输、仓储、包装、装卸搬运、流通加工、配送以及与之相关的信息处理等环节。由此可见，物流需求是由生产企业、商贸流通企业和各类消费者在生产、流通和消费过程中的需求决定的，是经济发展而产生的引致性需求。从宏观物流产业经济发展的角度讲，区域物流需求预测是物流主管部门制定物流发展规划、制定宏观区域物流政策和配置区域物流资源的重要依据；从中观物流发展讲，区域物流需求预测有利于加强对整个行业的控制，是提高物流业的范围经济和规模效益的有效依据；从微观角度看，物流企业可以根据物流需求预测对物流业发展前景做出判断，并据此合理地配置有限的物流资源，以期最大限度降低投资风险和获得最大收益。因此，合理配置区域物流资源的前提是对区域物流需求进行科学的预测。由于物流需求属于引致性需求，因此本节首先建立和选取影响区域物流需求的指标，其次选择建立科学的预测方法。

一、区域物流总需求的影响因素指标选取

（一）区域物流需求的影响因素分析

全面认识和掌握区域物流需求的影响因素，是分析和预测区域物流需求的前提条件。目前，国内外许多研究人员对物流需求预测的影响因素指标进行了研究，并取得显著的成果。许多国家设有专门的统计部门对物流费用的相关指标进行统计，例如美国将物流费用分为运输成本、存货储存成本和管理成本三大部分。成本指标是衡量一个地区或国家物流需求的一项综合指标，因此，国外所采用的主要指标是物流成本，通过分析物流成本占 GDP 的比例来表示物流总体水平和物流市场规模，并根据相关的预测方法对未来物流需求规模进行预测。

我国的物流业起步较晚，没有专门的物流费用等物流相关统计指标数据，因此我国研究人员预测物流需求多是通过分析可能对物流需求产生影响的因素，从而建立相关的预测指标体系，通过预测方法对物流需求进行预测。物流需求是经济发展的衍生物，是一种引致需求，它与经济发展、区域分工、产业结构、国际贸易、技术进步等因素之间存在着密切的关系，许多研究人员也是从这个角度进行研究的。黄虎[160]的研究比较全面，他将影响区域物流需求的因素分为经济因素、行业因素、环境因素和其他因素，经济因素主要包括经济整体水平、产业结构和产品结构、经济空间布局；行业因素主要包括物流设施设备数量、物流服务质量和物流费用；环境因素主要包括技术进步、经济政策和体制变化；其他因素主要包括区域地理位置、突发事件、人口和自然资源。他最终选取了14个经济因素指标、4个行业因素指标、3个环境因素指标、7个其他因素指标，并对这些指标进行了灰色关联分析，最终得到了以货运量和货运周转量为代表的区域物流需求量与GDP、第一产业产值、第二产业产值、第三产业产值、全社会固定资产投资总额、区域零售总额、区域外贸进出口商品总额、居民消费水平、科技三项费用支出、交通运输、仓储和邮政业从业人员等十多个因素存在很强的关联性。

区域物流活动是社会经济活动的有机组成部分，贯穿于整个社会经济的生产、流通、消费过程中，并且其规模与发展是由社会再生产活动决定的。因此，从根本上讲，区域社会经济发展的整体水平和规模是区域物流需求水平和规模的决定性因素，同时也是区域物流需求产生的原动力。虽然物流设施设备的数量、物流服务质量和物流费用等行业因素是影响物流需求的可能性因素，环境因素和其他因素也是影响物流需求的重要因素，但是本书认为黄虎[160]所提到的环境因素和其他因素是通过影响经济因素进而影响到区域物流总需求，而行业因素主要是使物流需求变成实际可能的因素，并不代表真实的物流需求，真实的物流需求是由社会再生产活动决定的，并且本书研究的重点是根据区域物流的总需求来确定物流设施设备等物流物质资源的合理配置。因此，行业因素、环境因素和其他因素在进行区域需求预测时不予考虑，重点的影响因素为经济因素。这样，就可建立如下基于经济因素的区域物流需求函数：

$$D = f(x_1, x_2, \cdots, x_n)$$

其中，D 代表区域物流需求量，x_i 表征经济因素的指标。

因此，要想得到区域物流需求量的预测值，首先需要确定能够表征经济因素的具体指标，其次是寻找这些具体指标与区域物流需求之间的数量关系，最后通过它们之间的数量关系测算未来区域物流的需求量。

(二) 区域物流需求预测的指标选取

本书认为影响区域物流需求的经济指标主要有三类，一是经济总量类指标，二是产业结构类指标，三是国内外贸易类指标，并初步选择了以下 6 项指标。

1. 经济总量类指标

经济总量是区域经济发展水平最直接的表现。一般情况下，区域经济总量越大，全社会生产的产品就越多，那么相应地对原料以及半成品的需求量就越大，则这些产品的流通会产生大量的物流需求；区域经济增长速度越快，生产消费活动越活跃，相应区域物流需求增长也越快。目前，常被用来表征区域经济总量的指标为国内生产总值 (GDP)，是指我国或一个区域内常住单位在一定时期内生产活动的最终成果，其值是按市场价格计算的。

2. 产业结构类指标

区域产业结构的差异对区域物流功能、层次及发展程度产生较大影响，并决定着区域物流产业结构的特点。通常情况下，第一产业物流需求相对来说是粗放型需求，具有大量的物流需求量；第二产业的物流需求则根据工业生产方式以及生产理念的改变朝着精细化、无缝化发展，决定着该区域物流产业的发展程度和水平，也具有大量的物流需求量；随着科技进步和人们生活消费方式的改变，加上电子商务的兴起，消费领域的物流需求成为物流需求的生力军，产生了大量的高附加值的物流需求量。产业结构类指标主要包括第一产业产值、第二产业产值、第三产业中的批发与零售业总额。

3. 国内外贸易类指标

国内外贸易促进商品的流通，会产生物流服务的需求。通常情况下，国内贸易越发达的国家，国内物流需求的规模就越大；国际贸易越发达的国家和地区，国际物流需求的规模就越大。因此，国内外贸易的发展情况可以有效地反映区域物流需求量的大小。国内外贸易类指标主要包括社会消费品零售总额和进出口贸易总额。其中，社会消费品零售总额是指批发和零售业、住宿和餐饮业以及其他行业直接售给城乡居民和社会集团的社会消费品零售总额，它可以作为表征国内贸易物流需求的指标；进出口贸易总额是指在一定时期内实际进出我国国境办理了海关手续的货物总金额，它可以作为表征国际贸易物流需求的指标。

可以初步确定影响区域物流需求的经济指标因素为3大类6小类指标，见表6-1。

表6-1 影响区域物流需求的经济因素指标

目标层	一级指标层	二级指标层
区域物流总需求量（Y）	经济总量类指标	国内生产总值（GDP）
	产业结构类指标	第一产业产值（DYC）
		第二产业产值（DEC）
		批发零售业产值（PFL）
	国内外贸易类指标	社会消费品零售总额（SXZ）
		进出口贸易总额（JCK）

将这6项指标分别与区域物流货运量或货运周转量等表征物流需求的指标做相关性检验，判断他们与表征需求量的指标Y是否存在显著的相关性。如果存在着显著的相关性，则说明该指标是Y的重要影响因素；否则，则该指标不能作为区域物流需求预测的影响因素指标。

相关性检验就是检验备选指标与区域物流需求 Y 之间的线性相关性。检验相关性采用的尺度为相关系数，首先选择一个重要的、能够敏感反映区域物流需求的指标作为基准指标，然后计算备选指标的相关系数。

设 $Y=(y_1, y_2, \cdots, y_N)^T$ 为基准指标，$X=(x_1, x_2, \cdots, x_N)^T$ 为备选指标，r 为样本相关系数，则：

$$r = \sum_{i=t}^{n}(x_t - \bar{x})(y_t - \bar{y}) / \sqrt{\sum_{t=1}^{n}(x_t - \bar{x})^2 \sum_{t=1}^{n}(y_t - \bar{y})^2} \quad (6-5)$$

样本相关系数 r 的取值介于 -1 与 1 之间，它反映了备选指标与基准指标间的相关程度，其值越接近 1，说明两指标间的正相关性越强。一般情况下，可以认为当 r 大于 0.9 时，表明两指标之间具有显著的相关性，则备选指标可以作为区域物流需求的解释变量（影响因素）。

这样，就可以最终确定影响区域物流需求的经济影响指标。

二、区域物流总需求预测方法的选取与预测

（一）区域物流需求预测方法评述

国外区域物流需求预测的研究始于 20 世纪 90 年代，我国学者在 21 世纪初开始研究区域物流需求预测方法，经过近 20 年的发展，区域物流需求预测研究取得了很大进步和许多有益的成果。目前，国内外学者定量预测物流需求采用的主要预测方法有基于因果关系分析的预测法、基于时间序列分析的预测法和基于人工智能的预测法三大类。其中基于因果关系分析的预测方法主要有回归分析预测法、弹性系数预测法、计量经济模型预测法、投入产出预测法等；基于时间序列分析的预测方法主要有移动平均预测法、指数平滑法、趋势外推预测法、灰色预测法和马尔可夫链预测法等；基于人工智能的预测法主要有 BP 神经网络预测法及其改进方法、支持向量机（SVM）预测等方法。许多学者采用上述的单一方法或单一方法的改进方法用于区域物流需求预测，也有很多学者将上述方法进行组合，即组合预测方法。

基于因果关系分析预测法的基本思路是从事物之间的因果关系出发，通过对预测对象有联系的事物变动趋势的分析，依据回归分析理论和方法，找出因变量与自变量之间的依存关系，建立回归方程，以推算预测对象未来的数量和状态，用数学表达式表示即为：

$$Y_T = f(x_{1T}, x_{2T}, \cdots, x_{xT})$$

式中，Y_T 测对象；x_{iT} 为自变量，是影响预测对象的因素。

基于因果关系分析预测法的优点是既可以作为预测模型，又能从模型中了解到影响区域物流需求的主要因素，以便为科学决策提供依据；缺点是对历史数据要求比较高，需要知道影响因素未来的情况才能对区域物流需求进行预测，预测精度相对比较低，并且时间性较差。

基于时间序列分析预测法的基本思想是通过预测对象的时间序列的历史数据揭示预测对象随时间变化的规律，并进行引申外推，从而对该对象的未来做出预测，用数学表达式表达即为：

$$Y_T = f(Y_{T-1}, Y_{T-2}, \cdots, Y_{T-N})$$

式中，Y_T 为预测对象 T 时期的取值；Y_{T-i} 为已知的预测对象的时间序列。

基于时间序列分析预测法的优点在于不需要了解区域物流需求的影响因素，只需要利用其过去的记录，数据易搜集、花费不大、计算较简便且容易执行，可用于短期、中期和长期预测，并且短期预测精度相对比较高；缺点是仅将时间作为区域物流需求的影响因素，无法揭示区域物流系统内各因素之间的关系，并且当 f 为非线性函数或影响区域物流需求的因素发生较大的变化时，预测精度相对较低。

上述两种方法的主要特点是可以对定序和线性的数据进行处理，并且构造的模型有较强的解释性。然而随着区域物流需求预测研究的不断深入，大多数研究方法的不足就逐渐暴露出来，主要体现在以下三个方面：第一，真实的区域物流需求数据样本少且难以收集，影响了预测方法的验证效果；第二，在处理高维度、非正态分布、含有非线性关系的区域物流需求数据时，预测效果不理想；第三，不能保证学习和泛化能力，缺乏灵活性。

由于人工神经网络具有并行处理、容错性和分布式存储等功能特点以及自学习、自组织、自适应和联想记忆等功能，在进行预测时能从已有数据自动地学习以前的经验，可以避免数据的不稳定性、不确定性和揭示已有数据中所蕴含的非线性关系，能够以任意精度求解复杂的多元非线性回归预测问题，并具有很高的精确度，因此基于人工神经网络的人工智能预测法得到了众多研究人员的青睐。

需要指出的是，基于人工神经网络的人工智能预测法只是依据预测精度在预测方法上的改进，并没有改变区域物流需求预测的基本思路，其预测思路仍然主要是基于因果关系分析和基于时间序列分析的预测。目前，研究人员在应用人工神经网络进行预测时，大多采用因果关系分析的思路，即首先通过分析区域物流需求的影响因素，并获得这些因素的历史数据；其次根据已有的因果数据进行拟合，以获得一个训练好的神经网络；最后将未来年的影响因素的数据输入这个训练好的网络里，以获得对未来区域物流需求的预测值。然而，在运用因果关系思路进行预测时，存在的一个主要问题是没有考虑时间性，动态性较差。

（二）BP 神经网络介绍

人工神经网络（artificial neural network，ANN）是一种由大量具有自适应性的处理单元（神经元）广泛并行互联而成的网络，是对人脑的抽象、简化和模拟，也是理论化的人脑神经网络的数学模型。它不但具有处理数值数据的一般计算能力，而且具有处理知识的思维、学习和记忆能力，具有高度的非线性，能够进行复杂的逻辑和非线性关系操作的现实系统。目前，人工神经网络以其收敛性、容错性、鲁棒性和推广性等特性已被广泛应用于模式识别与图像处理、控制与优化、优化计算和联想记忆、信号处理、预测与管理等领域。[161]

根据人工神经网络的结构划分，可以分为前馈神经网络、反馈神经网络和自组织神经网络，最常用的为前馈神经网络。在前馈神经网络里，信息从输入层进入网络后逐层向前传输至输出层，根据网络中不同的神经元传输函数、隐层数及权值调整规则，可以形成各种功能的神经网络，比如单层神经网络、多层感知器、误差反传（BP）神经网络等。BP网络的权值调整规则采用的是后向传播学习算法，目前80%~90%的神经网络模型都是采用BP网络或其变化形式。在预测中，基于BP算法的多层前馈神经网络（简称BP神经网络）最常用，最成熟。因此，本书采用BP神经网络对区域物流需求规模进行预测。

BP神经网络是一种单向传播的多层前馈网络，通常由输入层、中间层（隐层）和输出层构成，每层由若干个结点（神经元）组成，上层结点与下层结点之间通过权连接，层与层之间实现全连接，而每层内结点之间无连接。其结构如图6-1所示。

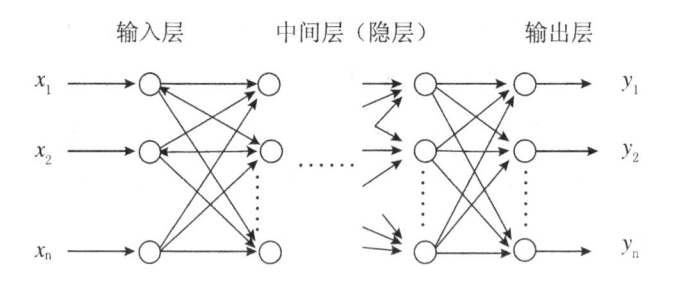

图6-1 BP神经网络的结构

BP神经网络采用"误差逆传播算法"，即BP算法，其基本思想为：将学习过程分为信号的正向传播与误差的反向传播过程，在正向传播时，学习样本从输入层经各中间层向输出层传播，若输出层的实际输出与目标输出（教师信号）不符，则转入误差的反向传播阶段，按照减少目标误差的方向，从输出层经过各中间层逐层修正各连接权值，最后回到输入层，这种正向传播与误差反传的过程不断迭代，也是权值不断调整的过程，直到输出误差减小到可接受的程度。权值不断调整的过程，也就是神经网络学习训练的过程。

（三）基于 BP 人工神经网络的区域物流需求预测

1. 区域物流需求预测分析思路

本小节基于影响区域物流需求的相关因素分析，利用 BP 神经网络在预测方面的优势，充分吸取基于因果关系分析和基于时间序列分析的优点，形成基于 BP 神经网络的区域物流需求综合预测法。其具体思路如图 6-2 所示。

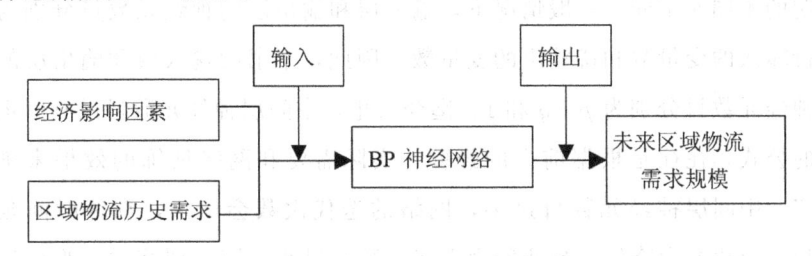

图 6-2 区域物流需求预测过程示意图

将上述思路过程用逻辑方程表达即为：

$$D_T = f(X_{T-1}, \cdots, X_{T-i}, \cdots, X_{T-p}, D_{T-1}, D_{T-m}, \cdots, D_{T-q})$$

$$X_{T-i} = (x_{1,T-i}, \cdots, x_{l,T-i}, \cdots, x_{n,T-i})$$

其中，D_t 表示未来时刻 T 的区域物流需求预测规模；X_{T-i} 为 $T-i$ 年的经济影响因素的集合，$x_{l,T-i}$ 为第 $T-i$ 年第 l 个影响因素的自变量取值；$l \in (1, n)$，表示影响区域物流需求规模的经济指标有 n 个；$i \in (1, p)$，由于物流需求为派生需求，因此，可以假设前 p 年的经济发展情况会对第 T 年的物流需求产生影响；$m \in (1, q)$，为了探讨区域物流需求的时间序列规律，假设前 q 年的物流需求规模规律可以在一定程度上反映第 T 年的物流需求规模。

2. BP 神经网络的构建

从图 6-1 可以看出，BP 神经网络的构建是预测未来区域物流需求规模的关键，因此需要构建一个区域物流需求规模的 BP 神经网络，即确定 BP 神经网络的层数、各层神经元数量、层与层之间的传递函数以及网络训练算法。

BP 神经网络只有一个输入层和一个输出层，但可以有多个中间层，并且由中间层的层数形成不同层级的神经网络。实践证明，三层BP神经网络，只要隐含层节点数足够多，就具有模拟输入与输出之间任意复杂的非线性映射的能力，即一个三层BP网络就可以完成任意的n维到m维的映射。因此，本书采用三层结构的BP神经网络来预测区域物流需求规模。

通常情况下，BP神经网络的各层的神经元数目因解决的实际问题的不同而不同。一般情况下，输入层和输出层的神经元数目分别为待输入的变量数和待输出的变量数。因此，本书的输入层和输出层的神经元数目分别为$p+q$和1。迄今为止，中间层神经元数目没有固定的公式，往往是根据前人的经验、实际需要和网络训练的效果来确定。中间层神经元数目过多，网络的迭代次数会增加，训练时间延长，泛化能力降低，预测能力下降；数目过小，网络训练样本难以识别，网络的容错性和精度也会降低。所以，必须综合各方面的因素来确定中间层神经元的数目。一般认为，中间层的神经元数目与输入层和输出层神经元的数目都有直接关系。因此，本书首先根据经验公式初步确定中间神经元个数，然后通过网络训练效果最终确定神经元数目。本书选择确定中间层神经元数目b的经验公式为：

$$b = \sqrt{m+n} + a$$

式中，m为输入神经元数目；n为输出神经元数目；a为1~10的数。

BP神经网络中神经元的传递函数常用的主要为log-sigmoid型函数logsig、tan-sigmoid型函数tansig，以及线性函数purelin函数。其中sigmoid型传递函数的曲线形状是S型的，purelin函数为直线型的。为了充分反映区域物流需求规模与影响因素间的非线性关系，本书将隐层中的传递函数采用sigmoid型传递函数进行中间结果的传递，将输出层的结果采用purelin函数传递函数进行传递。

神经网络的批处理训练算法主要包括两大类，一类是启发性学习算法，主要包括可变学习速率的梯度下降法、有动量和自适应学习速率的梯度下降法、弹性BP训练等；第二类是基于最优化理论的训练算法，主要包括共轭梯度算法、拟牛顿法、Levenberg-Marquardt 算法等。对于大型网络，最好选择 Scaled 共轭梯度算法或者弹性算法；而对于中小规模的网络，最好采用 Levenberg-Marquardt 算法；由于本书所构建的区域物流需求预测 BP 神经网络属于小规模的网络，因此采用 Levenberg-Marquardt 算法。

3. 区域物流需求分析的 BP 神经网络的计算

区域物流需求预测的 BP 神经网络的计算过程分为两个阶段，一是学习训练网络，二是利用训练好的网络进行区域物流需求预测。根据 BP 算法的思想，BP 神经网络的学习训练过程由正向和反向传播两部分组成，通过训练不同的输入和输出样本，确定神经网络的结构和指标权重。下面主要介绍 BP 神经网络学习过程及物流需求预测步骤。

假设网络的输入向量 $X_k=(x_1, x_2, \cdots, x_n)$，输出向量为 $D_k=(d_1, d_2, \cdots, d_q)$；中间层的输入向量为 $S_k=(s_1, s_2, \cdots, s_p)$，输出向量为 $O_k=(o_1, o_2, \cdots, o_p)$；则输出层的输入向量为 $L_k=(l_1, l_2, \cdots, l_q)$，输出向量为 $C_k=(c_1, c_2, \cdots, c_q)$；输入层至中间层的连接权值为 w_{ij}，$i \in (1, n)$，$j \in (1, p)$；中间层至输出层的连接权为 v_{jt}，$t \in (1, p)$；中间层各单元的输出阀值为 θ_j；输出层各单元的输出阀值 γ_j；$k \in (1, m)$。

步骤 1：初始化。给每个连接权值 w_{ij}、v_{jt}、阀值 θ_j 和 γ_j 赋予区间 $(-1, 1)$ 的随机值；

步骤 2：随机选取一组输入和目标样本 $X_k=(x_1^k, x_2^k, \cdots, x_n^k)$、$D_k=(d_1^k, d_2^k, \cdots, d_q^k)$ 提供给网络；

步骤 3：用输入样本 $X_k=(x_1^k, x_2^k, \cdots, x_n^k)$、连接权 w_{ij} 和阀值 θ_j 计算中间层各单元的输入 s_j，然后用 s_j 通过传递函数计算中间层各单元的输出 o_j，计算公式为 $s_j=\sum_{i=1}^{n}w_{ij}x_i-\theta_j$ 和 $f(s_j)$；

步骤 4：利用中间层的输出 o_j、连接权 v_{jt} 和阀值 γ_j 计算输出层各单元的输出 L_t，然后通过传递函数计算输出层各单元的相应 C_t，其计算公式为 $L_j=\sum_{i=1}^{n}w_{jt}o_i-\gamma_j$ 和 $C_t=f(L_t)$；

步骤 5：利用目标向量 $D_k = (d_1^k, d_2^k, \cdots, d_q^k)$、网络的实际输出 C_t，计算输出层各单元一般化误差 u_t^k，其计算公式为 $u_t^k = (d_t^k - C_t) * C_t(1 - C_t)$；

步骤 6：利用连接权 v_{jt}、输出层的一般误差 u_t 和中间层的输出 o_j 计算中间层各单元的一般化误差 e_j^k，其计算公式为 $e_j^k = [\sum_{t=1}^{q} u_t * v_{jt}] o_j (1 - o_j)$；

步骤 7：利用输出层各单元的一般化误差 u_t^k 以中间层各单元的输出 o_t 来修正连接权 v_{jt} 和阀值 γ_t，其计算公式分别为 $v_{jt}(N+1) = v_{jt}(N) + \alpha \cdot u_t^k \cdot o_j$，$\gamma_t(N+1) = \gamma_t(N) + \alpha \cdot u_t^k$，其中 $\alpha \in (0, 1)$；

步骤 8：利用中间层各单元的一般化误差 e_j^k、输入层各单元的输入 $X_k = (x_1, x_2, \cdots, x_n)$ 修正连接权值 w_{ij} 和阀值 θ；其计算公式分别为 $w_{ij}(N+1) = w_{ij}(N) + \beta \cdot e_t^k \cdot x_i^k$，$\theta_j(N+1) = \theta_j(N) + \beta \cdot e_t^k$，其中 $\beta \in (0, 1)$；

步骤 9：随机选取下一个学习样本向量提供给网络，返回到步骤 3，直到 m 个训练样本训练完毕；

步骤 10：重新从 m 个学习样本中随机选取一组输入和目标样本，返回步骤 3，直到网络全局误差小于设定的最小值，即网络收敛，学习过程结束。

步骤 11：重新提供几组新的输入向量和目标向量，对网络性能进行检验，通过计算输入向量经过网络计算得到的输出项目与目标向量之间的差值，来判断此差值是否可以接受，如果可以接受，则用该训练好的网络进行预测。

在以上的学习计算步骤中，步骤 7 和 8 为网络误差的反向传播过程，步骤 1 至 6 为网络的正向传递过程，步骤 9 和 10 适用于完成训练和收敛过程，步骤 11 用来检测训练好的网络的预测性能。

第三节　基于区域物流合作的区域物流资本的空间优化配置研究

一、区域物流资本空间配置的内涵

由于我国行政区际间物流基础设施重复建设、物流资源浪费现象普遍存在，因而物流物质资源（尤其是物流基础设施）具有的"准公共物品"性质使其合理利用成为区域物流合作及一体化发展的重要任务，而物流物质资源的货币化表现即为物流资本。在现实中，我国处于快速工业化和城镇化发展阶段的基本国情，致使物流业的增长大多是依靠对物流资本的投入来实现的。因而，在区域物流发展中频频呈现行政区之间物流物质资源投资与招商的激烈竞争，因而区域物流资本的合理高效利用对区域物流可持续发展显得更加重要。通常情况下，物流资本配置包含了部门间配置、空间配置和时间配置等，本节重点探讨物流资本的空间配置。

效率是指社会从有限资源（如原材料、人力、资本和自然资源等）中取得最大的满足。通常情况下，有限资源的配置使用结果达到了某些特定的标准时，就可以说实现了效率。简单来讲，配置效率就是在给定的投入和技术条件下，资源没有浪费，或对资源进行了能带来最大可能性的满足程度的利用。配置效率也称为帕累托效率，是指当社会无法进一步组织生产或消费，以增进社会群体的满足程度，而同时却不会减少其他人的福利，在经济学中，"边际产出相等"可以使资源达到最优配置[162]。资源配置效率可以反映长期均衡中的实际配置状态与有效配置状态之间的产出水平的差异，进而表明生产资源得以有效利用的改进空间，同时也能够体现各种生产要素之间的相互影响。具体到区域物流生产领域，物流资本有效配置是指在一定的物流资本投入下,实际物流产出的最大化,或者是在物流总产出不变的条件下所能实现物流资本的最小投入,这样就可以称物流资本达到了最优配置,取得了较高的资本配置效率。

本节研究的物流资本的空间配置,实际上是物流资本在不同地区之间的投入再分配。从区域物流合作发展的层面看,物流资本在行政区之间的配置对区域物流增长的影响很大,物流资本的空间有效配置能够实现区域物流生产总产出的最大化。物流资本中所涉及的物流通道资源、物流节点资源以及物流信息平台设施资源具有不可移动和公用物品的特点,因此,在我国集约型社会建设和经济增长方式转变的背景下,物流资本的投入应受到更为严格的控制,最大限度地节约物流资本,避免不同行政区在物流资本投入方面的恶性竞争,从而使区域物流总产出实现最优。

二、区域物流资本空间有效配置的原则

通常情况下,由于参与物流合作的各行政区因其物流资源禀赋、物流投资强度、经济基础、全要素生产力等多方面因素的差异,其各自的物流总量生产函数也不尽相同。因而物流资本在物流总产出中的产出弹性具有空间差异性,物流资本对各地物流增长的贡献也是不同的,所以单位新增物流资本给各地带来的物流产出效果往往是不一样的。

假定在一定时期内,参与区域物流合作的各行政区的物流总量生产函数为拓展的柯布-道格拉斯形式:

$$Y_{it} = A_{it}F(K_{it}, L_{it}) = A_{i0}e^{n_i t}K_{it}^{\alpha_i}L_{it}^{\lambda_i} \qquad (6\text{-}6)$$

式中,Y_{it},K_{it},L_{it} 分别为 t 时期行政区 i 的物流生产总产出、物流资本以及物流劳动力;$A_{i0}e^{n_i t}$ 为行政区 i 在 t 时期的物流技术水平;$i \in S$,S 为参与区域物流合作的行政区的集合;α_i,λ_i 分别为行政区 i 物流资本和物流劳动力的产出弹性;n_i 为行政区 i 的物流技术增长率。

则行政区 i 物流资本的边际产出函数为:

$$f_t(K) = \frac{\delta Y_i}{\delta K_t} = \alpha_i A_{i0} e^{n_i} K_{it}^{\alpha_i-1} L_{it}^{\lambda_i} \qquad (6-7)$$

由 $f'_t(K) = \frac{\delta Y_i}{\delta K_i} = \alpha_i(\alpha_i-1) A_{i0} e^{n_i} K_{it}^{\alpha_i-2} L_{it}^{\lambda_i}$ 小于 0 可知，物流资本的边际生产函数为减函数。

为了有效地分析物流资本的空间配置，可以将其配置的过程抽象为物流资本空间配置的简单分析模型。假设配置过程发生在只有两个行政区参与区域物流合作的区域内，在物流技术和物流劳动力不变的情况下，区域内可用的物流资本总量为 Q，这两个行政区经济单元分别记为Ⅰ和Ⅱ，则 $q_Ⅰ + q_Ⅱ = Q$，并且合作区域内的决策行为符合理性经济人的假设，根据物流生产函数可以获得行政区Ⅰ和Ⅱ的物流资本的边际产出函数分别为 $f_Ⅰ$ 和 $f_Ⅱ$，且两个函数为减函数，假设 $f_Ⅰ > f_Ⅱ$。

在物流劳动力和物流技术等其他要素不变的情况下，各行政区单元物流总产出可由物流资本的边际收益函数求得，表示如下：

$$Y_Ⅰ = \int f_Ⅰ(q_Ⅰ)\mathrm{d}q, Y_Ⅱ = \int f_Ⅱ(q_Ⅱ)\mathrm{d}q$$

则区域物流总产出为两个行政区物流产出之和，即：

$$Y = Y_Ⅰ + Y_Ⅱ = \int f_Ⅰ(q_Ⅰ)\mathrm{d}q + \int f_Ⅱ(q_Ⅱ)\mathrm{d}q \qquad (6-8)$$

为了直观地表示公式（6-8）所述的区域物流资本的空间有效配置，可将行政区Ⅰ和Ⅱ的物流资本的边际产出函数绘制在如图 6-3 所示的坐标系中。左纵轴表示Ⅰ的物流资本的边际效益，右纵轴表示Ⅱ的物流资本边际效益，横轴的长度是固定的，表示在一定时期内区域物流可用总资本为 Q，其中 Oq_1 表示行政区Ⅰ的物流资本配置数量，$q_1Q = q_Ⅱ$ 表示行政区Ⅱ的物流资本配置数量。其中行政区Ⅰ和Ⅱ的物流资本边际产出曲线相交于点 q^*，即在此处行政区Ⅰ和Ⅱ物流资本的边际产出相等，即 $f_Ⅰ(Oq^*) = f_Ⅱ(q^*Q)$。

如图 6-3 所示，由微积分的知识（积分面积）可知，行政区Ⅰ的物流资本的经济产出就是物流资本边际效益曲线 $f_Ⅰ(Oq_1)$ 以下与横轴所围的面积，行政区Ⅱ物流资本的经济产出就是物流资本边际效益曲线 $f_{Ⅱ}$ (q_1Q) 以下与横轴所围的面积。两条物流资本边际效益曲线 $f_Ⅰ$ (Oq_1) 和 $f_Ⅱ$ (q_1Q) 和两条竖直虚线（分别标识物流资本的空间配置 q_1 和 q^*），它们将两条边际效益曲线与横轴组成面积分割为 A，B，C，D，E，F 六个部分。

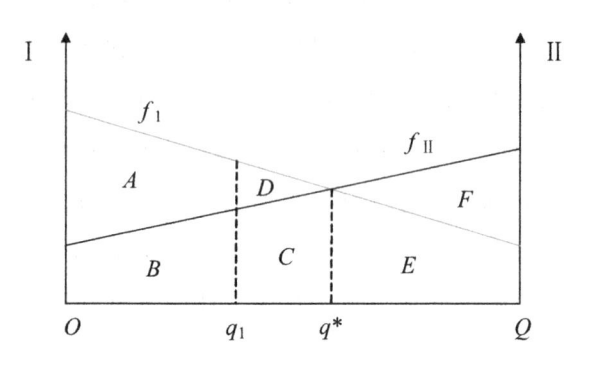

图 6-3 物流资本的空间配置分析

当行政区Ⅰ的物流资本为 Oq_1 时，区域物流的总产出可以表示为：

$$Y_{q_Ⅰ} = Y_Ⅰ + Y_Ⅱ = (A+B) + (C+E+F)$$

显而易见，在物流资本总量为 Q 的情况下，区域物流的最大总产出为：

$$Y_{max} = A+B+C+D+E+F$$

而此刻行政区Ⅰ的物流资本为 Oq^*，即行政区Ⅰ和Ⅱ的物流资本边际产出相等。当行政区Ⅰ和Ⅱ的物流资本边际产出不相等时，区域物流总产出受到损失，损失的量为 $Y_{max} - Y_{q_Ⅰ} = D$。在这种状态下，物流资本空间配置的任何变动都会使物流总产出水平受到损失，因此即使存在促使资源配置空间改变的刺激，作为理性经济人的最优选择是调整物流资本的空间配置至边际产出相等的状态。如果Ⅰ和Ⅱ的物流资本的边际效益水平不一致，作为理性的区域物流合作组织将会使更多的物流资本配置到边际效益较高的行政区中去。由于物流资本的边际报酬递减，随着物流资本配置数量的增加，其边际效益将降低，而物流资本配置数量减少的行政区的边际产出将提高，直至两者的边际产出相等，调整才会终止。这时，区域内的物流总产出将达到最大，区域物流资本的空间配置达到均衡状态。

因此，区域物流资本的空间最优配置，就是当不同行政区物流资本的边际产出收益相等，就可以保证区域物流资本利用效益的最大化。因此，本书将不同行政区物流资本边际产出相等作为物流资本空间最优配置的原则。

三、基于合作的区域物流资本空间优化配置

根据本章第二节，可以获得参与物流合作的整个区域在未来某一特定时间（可记此时间为 T）的区域物流需求总量，记此总需求量为 D_T，由区域物流供需平衡理论可知，在这一特定时间的物流供给 Y_T 应该与总需求量为 D_T 相等。

此时，可以根据区域物流总量生产函数 $Y_t = A_t F(K_t, H_t, L_t) = A_0 e^{nt} K_t^\alpha H_t^\beta L_t^\lambda$ 得到未来 T 时刻的物流资本投入总量为：

$$K_T = (\frac{Y_T}{A_0 e^{nT} H_T^\beta L_T^\lambda})^{\frac{1}{\alpha}} \tag{6-9}$$

式中，$A_0 e^{nT}$ 为 T 时刻区域物流的技术水平，L_T 为 T 时刻的区域物流劳动力投入，由于本书假设物流劳动力和物流技术的增长率是外生的，并且 $\frac{L_t}{L_t} = w$ 和 $\frac{A_t}{A_t} = n$，因此其值可由区域物流总量生产函数获得；H_T 为 T 时刻区域物流合作水平，该值可由区域物流合作主体根据合作的实际情况进行预估，也可由第四章第三节获得的历年的合作程度时间序列进行预测。这样，就可以获得在未来 T 时刻区域物流系统所需的最优的物流资本存量。

根据区域物流资本空间最优配置的原则，即不同行政区物流资本边际产出相等，可以实现区域物流最优资本存量 K_T 在不同行政区之间的配置，根据公式（6-5），可以得到如下的多元非线性方程组：

$$\begin{cases} K_{1T} + K_{2T} + \cdots + K_{iT} + \cdots + K_{sT} = K_T \\ f_1(K_{1T}) = f_2(K_{2T}) = \cdots = f_i(K_{iT}) = \cdots = f_s(K_{sT}) \end{cases} \tag{6-10}$$

式中，$f_i(K) = \dfrac{\delta Y_{iT}}{\delta K_{iT}} = \alpha_i A_0 e^{nT} K_{iT}^{\alpha_i-1} L_{iT}^{\lambda}$，表示地区 i 在第 T 年的物流资本的边际产出；K_{it} 表示地区 i 在第 T 年的最优资本存量。

解此多元非线性方程组，即可得到地区 i 在未来第 T 年最优的物流资本存量 K_{iT}。由于 K_{it} 和 K_{it} 均为已知的确定值，根据第四章第一节所述的永续盘存法，即 $K_t = (1-\delta)K_{t-1} + I_t$，即可获得地区 i 在第 t 年到第 T 年的最优资本存量。

当 $T = t+1$ 时，$K_{iT} = (1-\delta)K_{it} + I_T$。更一般地，即：

$$K_{iT} = (1-\delta)^{T-t}K_{it} + (1-\delta)^{T-t-1}I_{t+1} + \cdots + (1-\delta)^{T-t-i}I_{t+i} + \cdots + I_T$$

(6-11)

式中，I_{t+i} 为第 $t+i$ 年的物流业固定资产投资，δ 为物流业固定资产折旧率，I_T 为第 T 年物流业最优固定资产投资。

这里需要注意的是，通常情况下，由于地区差异、资源禀赋以及经济社会发展程度等客观现实的存在，往往参与区域物流合作的地区在合作之初其物流资本的边际产出并不相同，有时甚至可能出现地区之间物流资本的边际产出存在较大的差异。因此，在实际的应用中，要根据地区之间的实际情况，不能通过人为地（即对物流资本边际收益高的地区进行大量固定资产投资，而对物流边际收益低的地区不投资的方法）强制使每个地区物流资本的边际产出在一个硬性规定的时期内达到相等，更科学的方法是在保障其他地区物流业正常运行的情况下，物流固定资产投资更多地向边际收益较大的地区流动，这样才能保证区域物流的科学发展。

第七章　深莞惠区域物流合作应用研究

本章将珠江东岸深莞惠三市的区域物流合作发展作为应用研究的对象，运用本书构建的区域物流合作理论，对深莞惠区域物流合作发展进行实证分析。第一节主要介绍深莞惠区域物流合作发展的背景及基本情况，并对本章分析所需要的数据进行处理；第二节测算深莞惠区域物流合作程度，并确定包含合作要素的深莞惠区域物流总量生产函数，测算该区域物流合作发展对其区域物流增长的贡献；第三节预测深莞惠区域在未来5年的物流总需求，并运用物流资本空间有效配置原则对其未来5年物流资本进行空间优化配置；第四节构建深莞惠区域物流合作的主体组织管理体系。将区域物流合作理论应用于我国区域物流合作发展，是本书研究的出发点和落脚点。本书提出的区域物流合作的理论和方法，只有符合我国区域物流发展的实际，更好地促进我国区域合作物流的发展，本书研究成果才具有现实意义。

第一节　深莞惠区域物流合作的基本情况介绍

一、深莞惠区域物流合作发展的背景

深圳、东莞、惠州三市地处珠江口东岸，在1979年之前同属于广东省惠阳地区。1979年深圳成为中国首批特区城市与惠州分开，1988年东莞独立设市也与惠州分开。深莞惠三市具有很深的历史渊源

和相邻的地缘位置，1994年同时被划归珠江三角洲经济区，深莞惠三市无论在经济上还是在社会发展上存在十分紧密的联系。随着国际经济一体化及我国区域经济一体化的不断深化发展，深莞惠三市经济和社会的一体化发展逐渐被提上日程。

2004年之前，深莞惠一体化合作发展尚未被明确提上区域合作的层面，更多的是当三市的经济社会发展出现需要共同协商时被动地进行一定的协商，主要表现在企业的跨地区发展及民间人员交流活动等方面的自发合作。为了促进珠三角城镇群的协调发展，2004年广东省政府提出《珠三角城镇群协调发展规划（2004~2020年）》，在政府层面上第一次把深莞惠三市作为一个经济圈提出，要求深莞惠经济圈要大力培育临港基础产业，积极发展以电子信息为主的高新技术产业，重点发展以金融、商贸、会展和旅游为主的第三产业，全面提高生态环境质量和资源利用效率，成为具有国际影响力的现代制造业基地和生产服务中心，初步明确了深莞惠三市一体化融合发展的思路。

目前，珠江三角洲地区正处在经济结构转型和发展方式转变的关键时期，根据国务院2008年制定的《珠江三角洲地区改革发展规划纲要》提出的关于"优化珠江口东岸地区功能布局"的要求和广东省政府提出的《关于加快推进珠江三角洲区域经济一体化的指导意见》，深莞惠三市政府于2009年2月27日至2012年5月16日先后六次召开了三市党政主要领导联席会议，签订了《贯彻落实〈珠江三角洲地区改革发展规划纲要〉推进珠江口东岸地区紧密合作框架协议》《深圳、东莞、惠州规划一体化合作协议》等一系列合作协议。根据协议，深莞惠三市将从发展战略、城市规划、基础设施、区域创新、市场体系、产业结构、社会管理、环境保护、资源保障、城市文化等十个方面进行对接，并建立了党政主要领导联席会议、党政主要领导联席会议办公室、重点领域专责小组三层合作机制，标志着深莞惠一体化战略实施的开始。

深莞惠三市已经启动《深莞惠区域协调发展总体规划》以及相关专项规划的编制工作。例如，在交通运输与物流方面启动了《深莞惠

交通运输一体化规划》，分别从综合运输通道布局、道路网、轨道网、港航、航空、综合客运枢纽、物流园区、城际公交、一体化运输管理、信息化等十大方面制定详细的规划方案，目前已经形成中间成果；在区域公共交通管理协调方面，三市联合编制《深莞惠城际公交一体化规划》，在经营模式、线路及站点方案、车型与技术标准、车辆标识等方面达成共识，目前三市间已开设 9 条跨界公交化运营班线，至 2020 年，将开通 25 条城际公交线路；在民生医疗方面，签订了《深莞惠三市医药品安全监管紧密合作框架协议》和《深莞惠三市医疗卫生紧密合作框架协议》，确定建立医疗保障卡的异地使用、跨区域的"120"急救体系、重大疾病联防联控机制和食品安全等综合协调合作机制；在产业发展布局与空间拓展方面，形成了"推进深莞惠一体化拓展发展空间调研总报告"，确定实施"边界开发启动战略"，提出重点发展的地区为坪地—新圩—清溪地区、坪山—大亚湾地区、松岗—长安地区、观澜—塘厦地区和平湖—凤岗地区；在文化发展方面，三市签署了《深圳市东莞市惠州市三地文化联动合作协议》《2013 年深莞惠文化合作框架协议》，打造"文化创意产业圈"，在文化活动、文艺创作、艺术展览、非遗保护、文化执法、志愿服务、图书文献等七个方面建立深入广泛的合作关系；在环境治理方面，自 2008 年起三市已经对流经三市的淡水河、石马河两条河流联合治理；在公安执法方面，三市公安部门联合建立了处置重大警情、突发公共事件和抢险救灾工作机制；在旅游产业发展方面，三市签订了《深莞惠三地旅游紧密合作框架协议》，涵盖构建无障碍旅游区、联合促销与宣传、联手市场整治、联合开发环大亚湾区域等。

随着深莞惠区域一体化战略的推进，三市在产业集聚发展、基础设施建设、生态环境保护、城市发展空间布局、资源开发与配置、民生建设等方面的合作内容将不断扩展，合作深度将不断加深。深莞惠三市在经济、社会等领域的合作发展为深莞惠三市物流业的合作发展奠定了良好的基础。

二、深莞惠区域物流合作的基本情况

深莞惠区域是珠江三角洲地区最具经济发展活力和现代物流高水平集聚发展的区域，在珠三角地区和全国现代物流体系中占有十分重要的地位。深圳、东莞、惠州三市政府高度重视现代物流业发展，将其定位为城市经济发展的支柱产业或新兴产业，制定和实施现代物流业发展规划和一系列促进现代物流业发展的政策措施，规划建设一批以物流园区为主的物流节点设施，积极推进物流公共信息平台开发建设，大力培育第三方物流市场，现代物流业对当地经济增长的贡献逐年提高，为三市加快产业结构调整和经济发展方式转变，促进经济社会的可持续发展，提供了重要的支持和保障。

在深莞惠区域一体化战略的推动下，深莞惠区域物流合作主要体现在以下几个方面。

第一，区域物流规划对接。深莞惠三市于2010年开始共同编制与区域物流通道和物流节点设施发展密切相关的《深莞惠交通运输一体化规划》。其中，三项子规划与物流通道发展有关，即《深莞惠区域道路网络衔接优化规划》《深莞惠港航一体化发展研究》《深莞惠航空交通一体化发展研究》；一项子规划与物流节点设施发展密切相关，即《深莞惠区域物流园区布局规划》。

第二，区域物流通道设施建设。截至2011年3月20日，深莞惠三市共签署三份路网连接协议，确定31项道路连接计划。例如，广深沿江高速、东部过境高速、梅观高速公路扩建等高快速路衔接项目加快推进；如意路—龙凤大道、锦绣东路—石化大道等边界道路衔接工作进展顺利。根据《深莞惠交通运输一体化规划》，深莞惠将构建由公路、铁路、城际轨道共同组"三纵四横"的综合交通通道网络，"三纵"为广深通道、莞深东通道、惠深通道，"四横"为广惠通道、莞惠北通道、莞惠南通道、深惠沿海通道，将连通三市产业集聚区、产业合作区、临港产业基地等经济节点，承担三市之间的大运量客货运输。

第七章 深莞惠区域物流合作应用研究

第三，区域物流节点设施统一布局建设。根据《深莞惠区域物流园区布局规划》，深莞惠经济圈将布局19个物流园区，形成以盐田港、平湖、深圳机场物流园区为枢纽性物流园区；固戍、常平、石龙、东莞保税、松山湖、金泽、中投、惠州港、平潭机场物流园区为区域性物流园区；龙华、立沙岛、松岗—长安、农产品、大亚湾、坪地—新圩—清溪、坪山—大亚湾物流园区为一般性物流园区的物流园区体系。

第四，道路运输管理相协调。至2011年3月底，深圳与东莞、惠州接壤的8个边界公路收费站正式取消收费，三地车辆相互往来从此畅行无阻，对于促进三地物资往来、人员流动，实现区域物流一体化具有重要的作用。在大运会的促动下，三市签署了《深莞惠迎大运道路运输市场联合整治行动方案》，建立信息报送、通报协查、指挥协调等机制，并努力使三市道路运输市场联合治理形成常态。

三、深莞惠有关基础数据来源说明及预处理

（一）基础数据来源

我国物流业发展起步较晚，尚未建立起以完整的物流业基础统计体系而缺少物流业的统计数据，因而难以直接获取表征社会物流产出、物流固定资产投入、社会物流总量、社会物流量等数据。因此本书进行实证分析时，选取与物流相关的一系列统计数据作为基础数据。

本书选取的统计基础数据项主要有1991～2011年深莞惠三市的国内生产总值（GDP）、第一产业增加值（DYC）、第二产业增加值（DEC）、批发零售业增加值（PFL）、社会消费品零售总额（SXZ）、进出口贸易总额（JCK）、交通运输、仓储和邮政业增加值（LZJZ）、交通运输、仓储和邮政业年末从业人数（LCYRS）、交通运输、仓储和邮政业固定资本投资（LGZCTZ）、全社会固定资产投资（GZCXCE）、居民消费价格指数（CPI）、全社会货运量（THL）、全社会货

物周转量（THYZZL）、分方式货运量（FFSHYL）、公路网密度（RMD）等。其中，GDP、DYC、DEC、PFL、SXZ、LZJZ、LGZCTZ、GZCXCE 的单位为万元；JCK 的单位为万美元；LCYRS 单位为人；THL、FFSHYL 的单位为万吨；THYZZL 的单位为万吨公里；RMD 的单位为每百平方公里的公路总里程数。

数据来源主要为历年《深圳统计年鉴》（1992～2012）、《东莞统计年鉴》（1997～2012）、《惠州统计年鉴》（1992～2012）、《广东省统计年鉴》（1995～2012）。汇总后的基础数据序列见附表 1～附表 4。

（二）相关说明

第一，1991～2012 年，国家标准《国民经济行业分类》有过一次修改，涉及交通运输、仓储和邮政业。附表中东莞、惠州 2004 年以前的交通运输、仓储和邮政业的增加值、年末从业人数、固定资产投资为交通运输、仓储和邮电通讯业的相关统计数据；附表中深圳 2002 年以前的交通运输、仓储和邮政业的增加值、年末从业人数、固定资产投资为交通运输、仓储和邮电通讯业的相关统计数据。

第二，惠州货运量和货运周转量数据自 2006 年起未包含管道货运量与管道货运周转量；东莞货运量和货运周转量数据只包括公路和海运两种运输方式的货运量与货运周转量。

第三，原始数据表中以价值量作为统计指标的数据均为当年价格。

第四，原始数据中，数据为价值量的，除了进出口总额的单位为万美元，其余价值量统计指标数据单位均为万元；货运量的单位为万吨；货运周转量的单位为万吨公里；交通运输、仓储和邮政业从业人员单位为人；公路网密度为每百平方公里的公路总里程数。

第五，对于缺失值主要采用插值法或预测法两种方法进行推算。

东莞采用插值法进行推算的数据为：1991～1994 年、2004 年、2008 年的交通运输、仓储和邮政业增加值和批发零售业增加值（已知 1990 年两者的值分别为 23 181 和 48 953）；1991～1994 年方式货运量和货运周转量（已知 1990 年公路、水路完成的货运量分别为 1 571 和 1 130，货运周转量分别为 72 162 和 112 538）。采用预测法进行测算的数据为：1991～1994 年交通运输、仓储和邮电业固定资产投资（方法是用1995～2003 年其占全社会固定资产总投资的比重的平均数推算）。

惠州采用插值法进行推算的数据为：2004 年、2005 年批发零售业增加值和交通运输、仓储和邮政业增加值；1995 年、1997～2001年公路网密度。采用预测法进行测算的数据为：1997 年之前的海上运输和管道运输分方式货运量和 1994 年以前铁路运输分方式货运量，具体方法是利用其在广东省的占比预测出其缺失值年份的占比，然后再利用广东省分方式货运量获得惠州分方式货运量；1991 年、1992年公路网密度。

（三）数据预处理

以 1991 年为基年，即可获得深莞惠三市的居民消费价格指数（表 7-1）。为了消除价格因素变动的影响，采用第四章第一节所述的指数缩减法剔除价格因素，因此本书中所使用的价值量数据均以 1991年价格为不变价格。

表 7-1　深莞惠居民消费价格指数（CPI）（1991＝100）

年份	1991	1992	1993	1994	1995	1996	1997	1998	1999	2000	2001
深圳	100.0	107.3	128.9	152.3	171.2	184.4	190.5	189.1	187.8	193.1	188.8
东莞	100.0	109.2	133.0	164.3	187.1	199.8	202.8	202.6	198.4	198.6	194.2
惠州	100.0	109.5	134.5	157.7	173.3	179.6	181.0	176.3	175.3	179.6	180.2

年份	2002	2003	2004	2005	2006	2007	2008	2009	2010	2011
深圳	191.1	192.4	194.9	198.1	202.4	210.7	223.1	220.2	228.0	240.5
东莞	190.5	191.8	197.6	202.3	204.8	211.1	222.7	215.8	222.7	233.6

续 表

年份	2002	2003	2004	2005	2006	2007	2008	2009	2010	2011
惠州	176.9	177.8	181.6	185.2	188.1	195.5	203.9	200.8	207.3	217.4

注：经过指数缩减法剔除价格因素处理后的数据详见附表5至附表7。

第二节 深莞惠区域物流合作对区域物流增长的贡献研究

本节依据第四章第三节的研究成果，首先测算深莞惠区域物流合作以及一体化程度；其次基于拓展的柯布-道格拉斯生产函数和深莞惠区域的历史数据，确定包含合作因素的深莞惠区域物流总量生产函数；最后测算合作因素对深莞惠区域物增长的贡献。

一、深莞惠区域物流合作程度的测算

（一）深莞惠区域物流合作程度表征指标

根据第四章第三节对合作程度表征指标的测算方法，利用附表1～附表7中的基础数据，可以得到深莞惠区域物流合作程度的测算指标值，见表7-2。

表 7-2 深莞惠区域物流合作程度测算指标取值表

年份	A_1	A_2	A_3	B_1	B_2	B_3	B_7	C_1	C_2	C_3	C_4
1991	0.072	0.000	0.065	0.000	0.000	0.000	0.097	0.580	0.698	0.823	0.723
1992	0.066	0.103	0.059	0.000	0.000	0.000	0.093	0.598	0.680	0.617	0.688
1993	0.065	0.099	0.052	0.000	0.000	0.000	0.086	0.668	0.661	0.782	0.500
1994	0.078	0.143	0.046	0.500	0.100	0.000	0.093	0.632	0.672	0.774	0.658
1995	0.094	0.111	0.051	0.500	0.100	0.000	0.078	0.568	0.709	0.633	0.602
1996	0.108	0.011	0.054	0.500	0.100	0.000	0.061	0.599	0.739	0.491	0.635
1997	0.111	0.079	0.049	0.500	0.100	0.000	0.060	0.690	0.751	0.685	0.608
1998	0.108	0.009	0.048	1.000	0.200	0.000	0.081	0.721	0.752	0.734	0.545
1999	0.123	0.192	0.049	1.000	0.200	0.000	0.074	0.759	0.764	0.737	0.559
2000	0.121	0.101	0.050	1.000	0.300	0.000	0.061	0.767	0.761	0.632	0.606
2001	0.115	0.049	0.050	1.000	0.300	0.000	0.058	0.806	0.756	0.778	0.595
2002	0.120	0.081	0.050	1.000	0.400	0.000	0.039	0.784	0.772	0.786	0.626
2003	0.117	0.026	0.035	1.000	0.500	0.000	0.040	0.528	0.769	0.489	0.471
2004	0.122	0.127	0.041	1.500	0.600	0.500	0.033	0.511	0.765	0.505	0.774
2005	0.163	0.154	0.043	1.500	0.600	0.600	0.028	0.524	0.759	0.631	0.782
2006	0.159	0.058	0.040	1.500	0.600	0.700	0.055	0.504	0.740	0.502	0.804
2007	0.167	0.154	0.039	1.500	0.800	0.800	0.085	0.500	0.737	0.413	0.688
2008	0.245	0.401	0.038	2.000	1.000	0.900	0.068	0.546	0.697	0.453	0.628

续 表

年份	A_1	A_2	A_3	B_1	B_2	B_3	B_7	C_1	C_2	C_3	C_4
2009	0.239	0.145	0.040	2.500	1.100	1.000	0.175	0.589	0.645	0.690	0.406
2010	0.234	0.118	0.040	3.000	1.100	1.200	0.187	0.550	0.641	0.721	0.595
2011	0.239	0.169	0.039	3.500	1.200	1.500	0.291	0.551	0.634	0.783	0.396
最优值	1.000	1.000	1.000	8.000	4.000	5.000	1.000	1.000	1.000	1.000	1.000

注：其中带括号的数值为负值；由于 B_4，B_5，B_6 的数据难以获取，所以在此不进行测算。

对指标 B_1，B_2，B_3 的得分做以下几点说明。

1. 深莞惠区域性政策指标 B_1

到目前为止，深莞惠三市尚未形成统一的物流主管协调单位，三市尚未共同出台专门针对物流业发展的区域性政策法规。然而，深莞惠三市在物流发展过程中签订的协议与时间客观地促进了区域物流合作及区域物流一体化的发展。因此，在对深莞惠区域性政策法规进行评分时，将三市签订的与物流有关的协议或与物流发展有关的事件，均作为深莞惠区域物流政策法规计入。在 1994 年之前，此项得分为 0；1994 年提出了珠三角的概念，在一定程度上将珠三角的几个城市作为一个整体，可以认为为各种区域间政策制定奠定了初步的基础；2004 年颁布实施的《珠三角城镇群协调发展规划（2004～2020 年）》，将深莞惠作为一个经济圈首次提出，为深莞惠的进一步发展奠定基础；2008 年颁布的《珠江三角洲地区改革发展规划纲要》以及深莞惠三市签订的《贯彻落实〈珠江三角洲地区改革发展规划纲要〉推进珠江口东岸地区紧密合作框架协议》《深圳、东莞、惠州规划一体化合作协议》，标志着深莞惠区域合作全面展开，为各方面区域政策的制定奠定了基础；2010 年共同启动的《深莞惠交通运输一体化规划》，

标志着深莞惠三市在物流基础设施方面政策法规的一致性；2011年，三市依据《深莞惠迎大运道路运输市场联合整治行动方案》，将道路运输市场管理联合治理常态化，以及取消边界收费公路。这些都代表深莞惠三市区域物流合作的政策措施在不断深化和具体化。

2. 深莞惠区域物流合作组织程度指标 B_2

到目前为止，深莞惠三市尚未在物流业发展方面成立专门的组织协调机构。然而随着深莞惠区域一体化合作发展的不断深化，在区域合作协调组织方面，已经建立了党政主要领导联席会议、党政主要领导联席会议办公室、重点领域专责小组合作组织机制，并且物流行业协会在区域物流合作协调发展中已经开始起到解决企业跨地区发展的作用。因此，深莞惠区域物流合作组织程度在不断提高，根据对几位专家的咨询，获得了关于深莞惠区域合作组织程度的指标数据。

3. 深莞惠区域物流合作领域深度指标 B_3

自2004年起，深莞惠三市就在区域产业发展体系中明确了各自的定位，协调发展；2009年深莞惠三市签订了《深圳、东莞、惠州规划一体化合作协议》，并于2010年启动与物流基础设施密切相关的《深莞惠交通运输一体化规划》，并于2012年形成中期成果，将对深莞惠区域物流通道与物流节点设施的优化布局建设起到重要的指导作用；自2009年至2011年三市签署的31条路网衔接协议正在顺利推进，轨道交通、跨市公交方案也正在顺利推进。

(二) 深莞惠区域物流合作程度测算

根据第五章第三节阐述的测算方法，对测算方法进行 Matlab 编程，并将表7-2的基础数据输入 Matlab 中进行计算，得到历年来深莞惠区域物流合作的欧式贴近度，即为历年来深莞惠区域物流合作程度值，见表7-3。

表 7-3 深莞惠区域物流发展的合作程度

年份	1991	1992	1993	1994	1995	1996	1997	1998	1999	2000	2001
合作程度	0.205	0.207	0.204	0.226	0.215	0.198	0.220	0.221	0.246	0.236	0.235

年份	2002	2003	2004	2005	2006	2007	2008	2009	2010	2011
合作程度	0.241	0.205	0.249	0.266	0.252	0.264	0.307	0.305	0.323	0.342

从表 7-3 可以看出，从 1991 年至 2011 年深莞惠区域物流合作发展程度的年均增长率仅为 2.295%，远远低于深莞惠区域物流总产出（货运量）年均增长率 11.567%，表明深莞惠区域物流合作与物流一体化发展的程度增速远远落后于深莞惠区域物流总产出的发展，深莞惠区域物流发展还有巨大的合作发展空间。此外，虽然我国早在 1994 年就提出珠江三角洲的概念，但是未明显地促进深莞惠三市的区域物流合作发展，直到 2009 年深莞惠区域一体化发展正式提出，深莞惠区域物流合作程度才有了明显的提高。

二、深莞惠区域物流合作对区域物流增长的贡献

（一）包含合作要素的区域物流总量生产函数的确定

依据第四章第三节确定区域物流总量生产函数的理论阐述，深莞惠区域物流总量生产函数的确定主要包括确定总量生产函数中各要素历年来的基础数据、运用最小二乘法进行生产函数中未知参数的估计和对参数估计结果进行检验三个步骤。

1. 确定深莞惠区域物流总量生产函数的基础数据

如前节所述，由于难以直接获得表征社会物流总产出（物流业增加值或物流量）、物流资本以及物流业从业人员数等具体统计数据，因此在确定深莞惠区域物流总量生产函数时，采用深莞惠区域历年完成的货运量、交通运输、仓储和邮政业的资本以及年末社会从业人员

等统计数据分别作为深莞惠区域物流业的总产出、物流资本以及物流从业人员的替代指标。

将深莞惠三市的货运量之和作为深莞惠区域物流总产出，深莞惠三市交通运输、仓储和邮政业年末从业人员之和作为区域物流从业人员，根据附表1~附表3可获得下面相应的数据。将深莞惠三市的交通运输、仓储和邮政业的资本之和作为区域物流资本，可由第四章第一节所述的永续盘存法获得，具体做法为以1991年为基年，将1991年的交通运输、仓储和邮政业的固定资产投资除以10%作为基年的物流资本存量，然后运用公式 $K_t=(1-\delta)K_{t-1}+I_t$ 计算以后历年的物流资本存量，其中折旧率取值为9.6%。深莞惠区域物流合作程度由表7-3获得。因此，可以得到确定深莞惠区域物流总量生产函数各要素的基础数据，如表7-4所示。

表7-4　确定深莞惠区域物流总量生产函数基础数据表

年份	货运量 Y /万吨	就业人数 L	资本 K /万元	合作程度 H	T−1990
1991	6 769.8	84 830	1 404 876.61	0.205	1
1992	7 465.6	90 098	1 520 360.45	0.207	2
1993	8 203.4	112 338	1 592 723.43	0.204	3
1994	9 379.2	119 520	1 805 369.99	0.226	4
1995	10 418	123 705	1 899 984.03	0.215	5
1996	10 302	125 064	2 044 407.92	0.198	6
1997	11 113	125 607	2 155 119.48	0.220	7
1998	11 016	123 317	2 271 162.84	0.221	8

续　表

年份	货运量 Y /万吨	就业人数 L	资本 K /万元	合作程度 H	T-1990
1999	13 127	129 751	2 328 160.26	0.246	9
2000	14 457	123 006	2 450 817.68	0.236	10
2001	15 172	129 565	2 475 585.36	0.235	11
2002	16 401	136 832	2 493 536.71	0.241	12
2003	16 834	139 322	2 735 654.99	0.205	13
2004	18 979	130 023	2 908 752.05	0.249	14
2005	21 901	157 004	3 505 075.43	0.266	15
2006	23 176.9	177 452	4 152 492.09	0.252	16
2007	26 756.8	189 427	5 059 953.33	0.264	17
2008	37 495.4	183 354	6 100 795.81	0.307	18
2009	42 944.8	234 323	8 383 732.10	0.305	19
2010	48 014.9	282 100	10 195 452.64	0.323	20
2011	56 145.0	322 749	11 642 530.13	0.342	21

2. 深莞惠区域物流总量生产函数的确定

采用最小二乘法对区域物流总量生产函数进行参数估计，为了防止因投入要素之间存在多重共线性而造成参数估计无效，首先对上述数据的相关度进行求算，得到如表 7-5 的计算结果：

表 7-5　原始数据相关系数表

协方差分析：普通

样本：1 21

所包含的观测值：21

相关系数	LOG（Y）	LOG（L）	LOG（K）	LOG（H）	$T-1990$
LOG（Y）	1.000 000				
LOG（L）	0.957 828	1.000 000			
LOG（K）	0.984 951	0.977 589	1.000 000		
LOG（H）	0.941 716	0.904 745	0.942 438	1.000 000	
T	0.978 626	0.912 513	0.940 890	0.885 536	1.000 000

从表 7-5 中可以看出，原始数据中 LOG（Y）与 LOG（L）、LOG（H）、LOG（L）、T 的相关系数均大于 0.94，因此，可以认为原始数据存在严重的多重共线性。为了消除多重共线性对参数估计的不良影响，采取第四章第三节所述通过变换生产函数模型形式的方法加以克服，具体的变换公式为 $Y_t = A_0 e^{nt} \left(\dfrac{K_t}{L_t} \right)^{\alpha} H_t^{\beta} L_t^{\lambda+\alpha}$。

将通过变化模型形式的方法所得的数据进行最小二乘法计算，得到表 7-6 所示的如下结果：

由于用于参数估计的原始数据相对较少，因此本书将参数估计检验的显著性水平设为 $\alpha = 0.05$。根据第四章第三节所述的方法，需要对深莞惠区域物流总量生产函数模型的回归结果（即参数估计）进行统计学检验、计量经济学检验和经济意义检验。

从变量的回归系数来看，各回归系数 T 检验的 P 值均明显小于 0.05 的显著性水平，表明资本、合作以及劳动力对总产出的影响显著。从方程的显著性检验 F 检验来看，F 检验的 P 值远远小于设定的显著性水平 0.05，表明总量生产函数中总产出与解释变量之间的线性关系总体上是显著的。从方程的拟合优度 R^{-2} 检验来看，无论是 R^{-2} 还是调整的 R^{-2}，其值均大于 0.99，表明所建立的区域物流总量生产函数与区域样本数据拟合的程度较高，如图 7-1 所示。因此，从统计学的意义上讲，可以接受设定的包含合作因素的生产函数模型以及模型各参数的估计结果。

表 7-6 深莞惠区域物流总量生产函数回归模型结果

因变量：LOG（Y）

方法：最小二乘法

样本：1 21

所包含的观测值：21

变量	系数	标准误差	t 统计量	概率
C	3.297 763	1.259 268	2.618 794	0.018 6
LOG（H）	0.488 146	0.202 453	2.411 158	0.028 3
LOG（L）	0.445 994	0.089 505	4.982 898	0.000 1
LOG（K/L）	0.431 105	0.121 085	3.560 340	0.002 6
T-1990	0.045 524	0.005 070	8.979 874	0.000 0
可决系数	0.995 359	因变量均值	9.721 022	
调整的可决系数	0.994 199	因变量标准差	0.621 942	
回归的标准误差	0.047 368	赤池信息准则	−3.057 470	
残差平方和	0.035 900	施瓦茨准则	−2.808 774	
对数似然估计值	37.103 44	H-Q 准则	−3.003 497	
F 统计量	857.974 9	DW 统计量	1.434 979	
F 统计量对应的概率	0.000 000			

本书采用 WHITE 检验来判断随机误差项是否具有异方差性，检验结果见表 7-7，根据检验结果可知，样本可决系数的 P 值为 0.726 9，远大于设定的显著性水平 0.05，因此可以认为区域物流总量生产函数的 OLS 估计所得到的残差序列不存在异方差性。

采用 D-W 检验检验随机误差项是否具有序列相关性，D-W 值为 1.434 979。根据 D-W 检验表可知，当显著性水平为 0.05、变量为 4、样本数据为 21 时，dL 为 0.927，dU 为 1.812，因此根据 D-W 检验无法判断随机误差项是否存在序列相关性。通过 LM 检验获得 LM 检验的 P 值为 0.089 7，大于设定的 0.05 的显著性水平，可以认为区域物流总量生产函数的残差序列不存在序列相关性（表 7-8）。

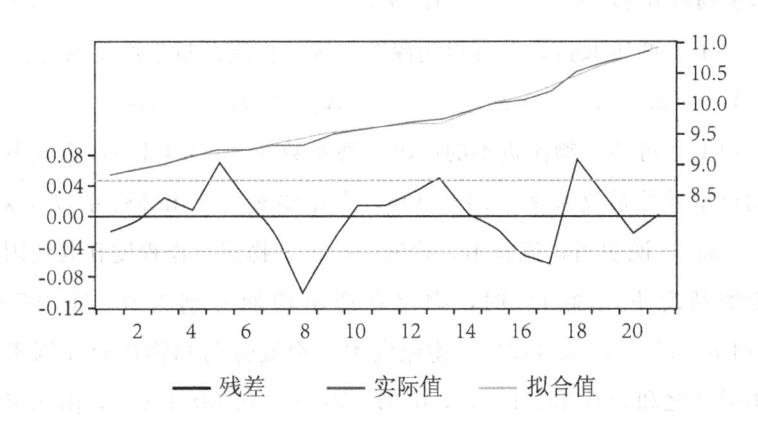

图 7-1 区域物流总量生产函数回归模型拟合示意图

表 7-7 WHITE 检验异方差结果

异方差检验：怀特检验			
F 统计量	0.426 283	F (14, 6) 的概率	0.911 5
样本可决系数	10.471 89	卡方 (14) 的概率	0.726 9
辅助解释平方和	6.607 012	卡方 (14) 的概率	0.948 8

表 7-8　LM 检验序列相关性结果

布罗施-戈费雷序列相关 LM 检验			
F 统计量	2.087 020	F（2，14）的概率	0.161 0
样本可决系数	4.823 080	卡方（2）的概率	0.089 7

参数估计结果顺利通过了 WHITE 检验和 LM 检验，可以认为区域物流总量生产函数回归模型通过了计量经济学检验。

因此，深莞惠区域物流总量生产函数可以表示为：

$$\text{Ln}(Y) = 3.297\,763 + 0.045\,524 * (T-1990) + 0.431\,105\text{Ln}(\frac{K}{\tau}) + 0.488\,146\text{Ln}(H) + 0.445\,994\text{Ln}(L) \tag{7-1}$$

对上式两边取指数，可得到深莞惠区域物流总量生产函数为：

$$Y_T = 27.052\,065 * e^{0.945\,524*(T-1990)} K_T^{0.431\,105} H_T^{0.488\,146} L_T^{0.014\,889} \tag{7-2}$$

由上式可知，物流资本的产出弹性系数 $\alpha = 0.431\,105$，物流劳动力的产出弹性系数为 $\beta = 0.488\,146$，合作要素的产出弹性系数为 $\lambda = 0.014\,889$，说明当物流资本、物流劳动力、物流合作程度在其他因素不变的情况下增加 1% 时，物流总产出增加分别为 0.431 105%，0.014 899%，0.488 146%。物流资本、物流劳动和物流合作因素的产出弹性之和为 0.431 105%，0.014 899%，0.488 146%，由此可见深莞惠区域物流总量生产函数对于资本、劳动和合作三种要素是规模报酬递减的，物流资本及合作要素的规模经济主要体现在全要素生产力中。同时也可以发现，物流资本和物流劳动力的产出弹性之和为 $\alpha + \lambda = 0.445\,994$ 小于 1，说明深莞惠区域物流的增长已经不能单纯依靠物流投资和物流劳动力的投入，还需要不断提高区域物流合作程度和物流一体化程度以及物流业全要素生产力等方法来提高物流产出，这样才能更好地促进深莞惠区域物流业的发展。

在这里，由于物流资本采用的是交通运输、仓储和邮政业的资本存量来替代，而交通运输不仅包括货运功能，还包括客运等其他功能，因此通过运用区域货运量为总产出时其弹性系数相对会变小，由于本书的重点是探讨合作要素对区域物流增长的影响，所以并不影响分析结论。因此，通过最小二乘法获得的区域物流总量生产函数可以满足经济意义检验，因而该生产函数是有效和可信的。

（二）深莞惠区域物流合作对区域物流增长的贡献测算

根据本章第一节对深莞惠区域物流发展基本情况的介绍，在深莞惠区域经济一体化的大背景下，可以将深莞惠区域物流合作发展分为三个阶段。

第一个阶段为1991～2004年，其主要特点是在国家层面提出了珠江三角洲经济圈，将珠三角的若干个城市（包括深莞惠）作为一个经济圈的概念提出来。虽然在此阶段深莞惠三市尚未明确提出区域一体化以及区域物流一体化发展的概念及思路，但由于国家在政策导向上的支持客观上促进了企业和社会在深莞惠区域层面上的物流合作发展。因此，可以说该阶段为区域物流合作发展的准备期。

第二个阶段为2004～2009年，其主要特点是在广东省政府层面提出将珠江东岸深莞惠三市作为珠三角经济圈里的一个次级经济圈，提出了深莞惠三市产业一体化融合的发展思路。因此，该阶段可以说是深莞惠区域物流合作发展的起步期。

第三个阶段为2009年至今，其主要特点是在深莞惠三市政府层面提出了深莞惠区域全方位一体化融合发展，并制定了一系列的深莞惠区域发展规划，将区域物流合作的思路及内容纳入了发展规划，并在一定程度上得到贯彻实施。因此，可以说该阶段是深莞惠区域物流合作的发展期，也是关键期。深莞惠区域物流合作是否能够在长时间内不断发展，取决于该阶段的合作决心与合作成果。

因此，本书分别计算这三个阶段以及1991～2011年整个时期区域物流合作及一体化程度对区域物流增长的贡献。根据前文节计算获得的 β 值、表7-4的基础数据以及第四章第三节给出的合作程度对区域物流增长贡献的计算公式：

$$H_{贡献} = \beta \frac{dH}{H \cdot dt} / \frac{dY}{Y \cdot dt} = \beta \frac{\Delta H}{H} / \frac{\Delta Y}{Y} = \beta h/y$$

即可获得深莞惠区域物流发展不同阶段合作程度对区域物流增长的贡献，见表7-9。

表7-9 深莞惠区域物流合作程度对物流增长贡献一览表

时 间	Y年均增长率	H年均增长率	对Y的影响	合作因素的贡献率
1991~2004	0.082 525 831	0.015 209 832	0.007 424 612	8.996 712 917
2004~2009	0.177 409 273	0.040 910 591	0.019 970 324	11.25 664 031
2009~2011	0.143 405 17	0.059 549 195	0.029 068 676	20.270 312 31
1991~2011	0.111 569 834	0.025 951 307	0.012 668 016	11.354 337 68

从表中可以看出，深莞惠区域物流合作发展的三个阶段合作因素对区域物流增长的贡献率，分别为8.997%，11.257%和20.270%，体现了深莞惠区域物流合作对区域物流增长的贡献率随着深莞惠区域物流合作发展的层次及深度的提升而不断提高。1991~2011年整个阶段合作因素对深莞惠区域物流增长的贡献率为11.354%。虽然2008年全球金融危机对世界经济以及我国经济造成了严重的影响，但是深莞惠区域物流产出增长率仍然实现了14.34%的高位增长，在物流资本和物流劳动力对物流增长贡献降低的情况下，可以认为深莞惠区域物流合作及一体化发展成为促进深莞惠区域物流增长的重要原因。

第三节 基于合作的深莞惠区域物流资本的空间优化配置研究

本节主要依据第六章的研究成果，首先选择影响物流总需求的指标，运用基于BP神经网络的综合预测法预测深莞惠区域未来5年的总需求；其次根据物流供需平衡理论，由公式（7-2）计算深莞惠区域未来5年的最优物流资本存量；最后运用第六章第三节阐述的物流资本空间配置的原则，对深莞惠区域所需的最优物流资本在深莞惠三市之间进行配置。

一、深莞惠区域物流总需求的预测研究

对深莞惠区域物流需求进行预测，首先要确定影响区域物流总需求的影响因素，然后运用BP神经网络综合预测法进行预测。

（一）深莞惠区域物流需求预测的指标选取

将影响深莞惠区域物流总需求的3大类6小项经济因素指标数据列于表7-10；计算货运量与6项影响指标的相关系数，见表7-11。

表 7-10　深莞惠区域物流总需求预测基础数据表

年份	货运量/万吨	GDP	DYC	DEC	PFL	SXZ	JCK
1991	6 770	3 939 956	404 428	1 849 562	345 352	1 445 491	2 309 885
1992	7 466	4 741 161	436 447	2 254 362	432 292	1 790 602	2 717 118
1993	8 203	5 682 386	384 516	2 977 716	475 563	2 980 398	2 829 906
1994	9 379	6 625 256	408 811	3 466 897	497 298	3 380 999	2 943 690
1995	10 418	7 828 775	416 062	4 023 981	574 545	3 597 534	3 221 637
1996	10 302	9 007 477	458 065	4 558 890	755 541	3 790 129	3 203 881
1997	11 113	10 784 990	503 172	5 419 934	862 987	4 096 055	3 730 946
1998	11 016	12 895 288	520 198	6 597 607	998 831	4 519 409	3 870 733
1999	13 127	15 218 168	548 237	7 935 422	1 176 819	5 110 053	4 516 435
2000	14 457	17 905 339	557 545	9 315 999	1 402 965	5 695 315	5 382 625

续 表

年份	货运量/万吨	GDP	DYC	DEC	PFL	SXZ	JCK
2001	15 172	20 912 782	582 528	10 831 914	1 641 598	6 610 858	5 897 771
2002	16 401	24 746 172	598 650	12 803 395	1 945 768	7 530 238	7 521 941
2003	16 834	29 503 461	576 665	15 538 222	2 412 213	8 640 257	9 555 481
2004	18 979	34 888 378	605 178	18 645 495	3 200 603	9 748 123	11 737 046
2005	21 901	40 129 270	556 311	21 872 048	3 902 028	11 139 326	13 933 584
2006	23 177	46 493 335	458 626	25 340 858	4 257 555	12 815 239	16 969 507
2007	26 757	52 967 027	489 380	27 798 327	4 717 266	14 406 961	19 941 958
2008	37 495	57 921 223	548 128	29 474 547	5 325 903	16 251 834	19 988 358
2009	42 945	61 722 847	548 487	29 752 787	6 107 576	18 549 031	18 085 443
2010	48 015	69 446 542	602 553	34 474 231	7 044 204	20 949 945	22 311 480
2011	56 145	77 757 915	645 139	38 074 963	7 927 831	23 210 020	76 883 666

从表 7-11 可以看出，货运量 Y 与 GDP，DEC，PFL 和 SXZ 的相关系数均高于 0.94，而货运量 Y 与 DYC 和 JCK 的相关系数较小，均小于 0.9。因此选取区域 GDP、第二产业增加值、批发零售总额、社会消费品零售总额 4 项经济影响因素作为预测总需求的因果解释变量。

表 7-11　货运量与 6 项影响因素的相关系数

协方差分析：普通

所包含的观测值：21

相关系数	Y	GDP	DYC	DEC	PFL	SXZ	JCK
Y	1.000 000						
GDP	0.964 769	1.000 000					
DYC	0.617 702	0.634 764	1.000 000				
DEC	0.947 046	0.997 898	0.632 089	1.000 000			
PFL	0.976 847	0.996 204	0.614 490	0.990 877	1.000 000		
SXZ	0.982 005	0.995 588	0.631 561	0.988 696	0.996 749	1.000 000	
JCK	0.840 952	0.793 738	0.529 987	0.778 614	0.812 895	0.809 433	1.000 000

深莞惠区域物流总需求不仅受到经济因素等因果关系的影响，还要充分考虑到深莞惠区域总货运量的历史数据所揭示的货运量随时间变化的规律。本书选取深莞惠区域货运量的滞后期为三期，则深莞惠区域物流总需求预测的表达式为：

$$Y_T = f(\text{GDP}_{T-1}, \text{DEC}_{T-1}, \text{PFL}_{T-1}, \text{SXZ}_{T-1}, Y_{T-1}, Y_{T-2}, Y_{T-3}) \quad (7-3)$$

（二）深莞惠区域物流总需求的预测

根据式（7-3），用于区域物流总需求预测的 BP 神经预测网络训练测试基础数据见表 7-12。

表 7-12 深莞惠物流需求预测基础数据表

年份	GDP 总/万元	二产总/万元	批零总/万元	社会消费品总/万元	Y_{T-3}	Y_{T-2}	Y_{T-1}	货运量 Y/万吨
1991	3 939 956	1 849 562	345 352	1 445 491				
1992	4 741 161	2 254 362	432 292	1 790 602				
1993	5 682 386	2 977 716	475 563	2 980 398	6 770	7 466	8 203	
1994	6 625 256	3 466 897	497 298	3 380 999	7 466	8 203	9 379	9 379
1995	7 828 775	4 023 981	574 545	3 597 534	8 203	9 379	10 418	10 418
1996	9 007 477	4 558 890	755 541	3 790 129	9 379	10 418	10 302	10 302
1997	10 784 990	5 419 934	862 987	4 096 055	10 418	10 302	11 113	11 113
1998	12 895 288	6 597 607	998 831	4 519 409	10 302	11 113	11 016	11 016
1999	15 218 168	7 935 422	1 176 819	5 110 053	11 113	11 016	13 127	13 127
2000	17 905 339	9 315 999	1 402 965	5 695 315	11 016	13 127	14 457	14 457
2001	20 912 782	10 831 914	1 641 598	6 610 858	13 127	14 457	15 172	15 172
2002	24 746 172	12 803 395	1 945 768	7 530 238	14 457	15 172	16 401	16 401
2003	29 503 461	15 538 222	2 412 213	8 640 257	15 172	16 401	16 834	16 834
2004	34 888 378	18 645 495	3 200 603	9 748 123	16 401	16 834	18 979	18 979
2005	40 129 270	21 872 048	3 902 028	11 139 326	16 834	18 979	21 901	21 901
2006	46 493 335	25 340 858	4 257 555	12 815 239	18 979	21 901	23 177	23 177
2007	52 967 027	27 798 327	4 717 266	14 406 961	21 901	23 177	26 757	26 757
2008	57 921 223	29 474 547	5 325 903	16 251 834	23 177	26 757	37 495	37 495
2009	61 722 847	29 752 787	6 107 576	18 549 031	26 757	37 495	42 945	42 945

续　表

年份	GDP总/万元	二产总/万元	批零总/万元	社会消费品总/万元	Y_{T-3}	Y_{T-2}	Y_{T-1}	货运量Y/万吨
2010	6 944 6542	3 447 4231	7 044 204	20 949 945	37 495	42 945	48 015	48 015
2011	77 757 915	38 074 963	7 927 831	23 210 020	42 945	48 015	56 145	56 145

本书以 1994～2009 年的货运量和 1993～2008 年的 GDP，DEC，PFL，SXZ 的数据作为训练样品训练网络，训练结果如图 7-2 所示。

从图 7-2 中可以看出，所建立的 BP 神经网络经过 46 次训练就可达到训练误差要求（1e-10）；然后输入 2009、2010 的 GDP，DEC，PFL，SXZ 的数据可分别得到 2010 年、2011 年的货运量作为测试样本，测试结果如图 7-3 所示。

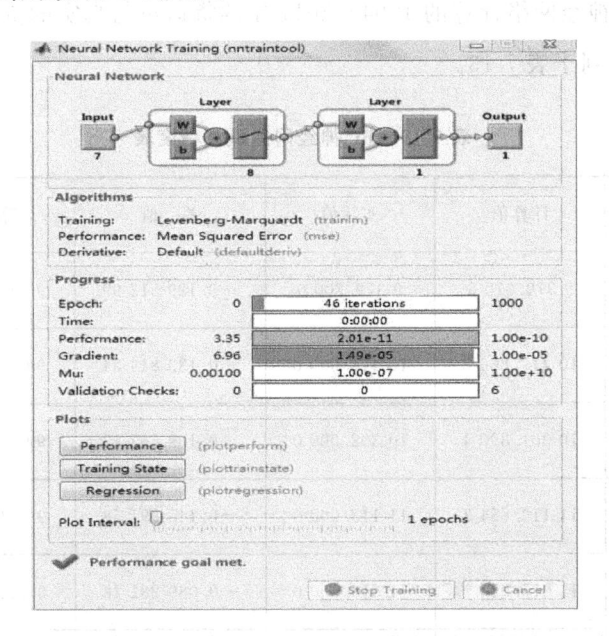

图 7-2　深莞惠区域物流货运量预测 BP 神经网络训练结果示意图

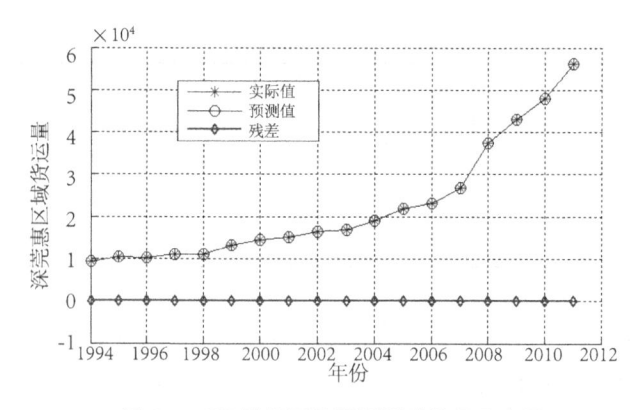

图 7-3 BP 神经网络预测测试结果示意图

为了更清晰地展示所建立的 BP 神经网络预测的有效性，本书将运用 BP 神经网络计算的 1994～2011 年的货运量与真实的货运量数值以及误差列于表 7-13。

表 7-13 BP 神经网络预测精度表

年 份	计算值	实际值	差 值	计算精度/%
1994	9 379.070 5	9 379.200 0	−0.129 512 99	99.998 619 15
1995	10 417.866 2	10 418.000 0	−0.133 814 54	99.998 715 54
1996	10 301.890 4	10 302.000 0	−0.109 562 12	99.998 936 50
1997	11 112.854 7	11 113.000 0	−0.145 291 58	99.998 692 60
1998	11 015.910 7	11 016.000 0	−0.089 281 28	99.999 189 53
1999	13 126.913 6	13 127.000 0	−0.086 381 38	99.999 341 96
2000	14 456.962 7	14 457.000 0	−0.037 292 08	99.99 974 205
2001	15 171.962 1	15 172.000 0	−0.037 878 56	99.999 750 34

续 表

年　份	计算值	实际值	差　值	计算精度（%）
2002	16 400.988 7	16 401.000 0	−0.011 342 42	99.999 930 84
2003	16 833.997 6	16 834.000 0	−0.002 370 04	99.999 985 92
2004	18 978.964 5	18 979.000 0	−0.035 544 07	99.999 812 72
2005	21 900.950 0	21 901.000 0	−0.050 003 34	99.999 771 68
2006	23 176.884 0	23 176.900 0	−0.015 997 90	99.999 930 97
2007	26 756.809 5	26 756.800 0	0.009 534 83	99.999 964 36
2008	37 495.403 3	37 495.400 0	0.003 320 17	99.999 991 15
2009	42 944.791 4	42 944.800 0	−0.008 570 15	99.999 980 04
2010	48 014.868 6	48 014.900 0	−0.031 369 92	99.999 934 67
2011	56 144.972 3	56 144.974 3	−0.002 075 81	99.999 996 30

通过训练好的 BP 神经预测网络，对 2010 年和 2011 年的货运量预测达到了 99.999 9% 以上的精度。因此，可以认为所建立的深莞惠区域物流总需求预测的 BP 神经网络具有良好的预测性能，可以用来预测深莞惠区域未来的物流总需求规模。

根据《深圳市国民经济和社会发展第十二个五年规划纲要》《东莞市国民经济和社会发展第十二个五年规划纲要》以及《惠州市国民经济和社会发展第十二个五年规划纲要》，深莞惠三市到 2015 年的 GDP 分别为 1.5 万亿元、6 250 亿元和 2 786 亿元；东莞和惠州的社会消费品零售总额到 2015 年将分别为 1 950 亿元和 1 171.6 亿元（其中上述价值量均为 2010 年不变价格）。因此，本书首先对深莞惠区域 GDP 采用插值法，以获得 2012～2015 年各年的 GDP 总量值；对东莞和惠州的社会消费品零售总额采用插值法，即可得到 2012～2015 年东莞和惠州的社会消费品零售总额。通过第二产业增加值、批发零售业增加值和社会消费品零售总额与 GDP 的相关回归关系，即可获得 2012~2015 年深莞惠区域这三项数据的相应值，详见表 7-14。

表 7-14 深莞惠区域 2012~2015 年货运量预测基础数据表　　万元

年份	GDP 总	二产总	批零总	社会消费品总
2012	81 534 493	41 250 427	8 004 599	25 054 771
2013	85 494 493	43 240 132	8 407 725	27 046 145
2014	89 646 825	45 326 474	8 830 429	29 195 796
2015	94 000 828	47 514 146	9 273 663	31 516 302

利用表 7-14 的基础数据，运用本节已经训练好的 BP 神经网络预测网络，可获得深莞惠区域 2012~2016 年的总货运量，见表 7-15。

表 7-15　2012~2016 年深莞惠区域物流总需求规模　　万吨

年份	2012	2013	2014	2015	2016
货运量	60 856	65 953	71 735	75 834	82 426

根据物流供需平衡理论，深莞惠区域未来的物流供给要与物流总需求规模相适应。因此，可以认为深莞惠区域在未来的物流投入要素所产生的总产出要与物流总需求相一致。

二、深莞惠区域物流的资本的空间优化配置

依据第六章第三节的研究成果，要实现深莞惠三市物流资本的空间优化配置，首先计算深莞惠三市各自的物流资本边际产出，然后根据前文计算得到的物流总产出计算深莞惠区域物流资本的最优存量，按照物流资本边际产出相等的原则将其在深莞惠三市之间进行配置。

(一) 深莞惠三市物流资本边际产出的测算

第六章第三节对行政区物流总量生产函数的设定,即:

$$Y_{it} = A_{it}F(K_{it}, L_{it}) = A_{i0}e^{n_i t}K_{it}^{\alpha_i}L_{it}^{\lambda_i} \quad (6\text{-}6)$$

可以根据深圳市、东莞市和惠州市 1991～2011 年的历史数据,运用最小二乘法估计生产函数中解释变量的回归系数 A_{i0},n_i,α_i,λ_i 并通过相应的统计学、计量经济学和经济意义检验,即可获得深莞惠三市各市的物流业生产函数。

测算深圳市、东莞市以及惠州市三市的物流生产函数基础数据见表 7-16～表 7-18。单位:货运量 Y (万吨)、物流资本 K (万元)、物流劳动力 L (人)。

表 7-16 深圳市物流产出、物流资本及物流劳动基础数据表

时间	货运量 Y /万吨	物流资本 K/万元	物流劳动力 L	时间	货运量 Y /万吨	物流资本 K/万元	物流劳动力 L
1991	1486	939 460	37 361	2002	5 878	1 492 806	80 427
1992	1 801	993 139	37 982	2003	6 761	1 777 184	95 678
1993	2 050	1 043 275	45 580	2004	7 955	1 983 249	105 476
1994	2 604	1 139 844	53 948	2005	9 807	2 431 654	127 159
1995	3 542	1 176 098	59 152	2006	11 320	3 025 533	141 792
1996	3 647	1 222 963	58 919	2007	13 678	3 910 910	162 889
1997	3 853	1 315 011	62 299	2008	19 568	4 799 032	155 070
1998	4 048	1 409 252	66 088	2009	22 367	6 125 793	203 542
1999	4 274	1 424 159	66 933	2010	26 175	7 139 267	249 861
2000	4 697	1 478 021	70 096	2011	28 901	7 852 006	294 429
2001	5 147	1 499 735	76 669				

表 7-17 东莞市物流产出、物流资本及物流劳动基础数据表

时间	货运量 Y /万吨	物流资本 K /万元	物流 劳动力 L	时间	货运量 Y /万吨	物流资本 K /万元	物流 劳动力 L
1991	3 015	146 787	38 190	2002	5 857	457 137	43 078
1992	3 328	151 159	43 053	2003	5 877	421 695	33 137
1993	3 640	162 951	58 280	2004	6 054	389 581	13 594
1994	3 953	238 813	48 655	2005	6 400	507 012	19 270
1995	4 266	255 709	49 914	2006	5 481	548 359	25 466
1996	4 451	262 498	51 431	2007	5 676	551 573	16 776
1997	4 644	271 344	48 081	2008	9 273	699 257	17 486
1998	4 776	289 697	45 348	2009	8 733	1 217 248	18 835
1999	5 016	332 556	50 039	2010	9 312	1 635 467	19 939
2000	5 431	404 472	40 253	2011	10 165	1 946 432	15 397
2001	5 527	425 378	40 407				

表 7-18 惠州市物流产出、物流资本及物流劳动基础数据表

时间	货运量 Y /万吨	物流资本 K /万元	物流 劳动力 L	时间	货运量 Y /万吨	物流资本 K /万元	物流 劳动力 L
1991	2 269	318 630	9 279	2002	4 666	543 594	13 327
1992	2 337	376 063	9 063	2003	4 196	536 776	10 507
1993	2 513	386 497	8 478	2004	4 970	535 922	10 953
1994	2 822	426 713	16 917	2005	5 694	566 409	10 575
1995	2 610	468 177	14 639	2006	6 376	578 600	10 194

续 表

时间	货运量 Y /万吨	物流资本 K/万元	物流劳动力 L	时间	货运量 Y /万吨	物流资本 K/万元	物流劳动力 L
1996	2 204	558 946	14 714	2007	7 403	597 471	9 762
1997	2 616	568 764	15 227	2008	8 654	602 507	10 798
1998	2 192	572 214	11 881	2009	11 845	1 040 691	11 946
1999	3 837	571 446	12 779	2010	12 528	1 420 719	12 300
2000	4 329	568 324	12 657	2011	17 079	1 844 092	12 923
2001	4 498	550 472	12 489				

根据上述数据，运用最小二乘法分别对三市的物流生产函数进行参数估计，可以得到表 7-19 所示的结果。

对深圳市物流生产函数参数估计结果的简要说明：从变量的 T 检验来看，常数项 C 未通过显著性水平检验，根据计量经济学的相关知识，常数项未通过显著性水平检验对多元线性回归模型参数估计影响可以忽略不计。因此，深圳市物流生产函数可以通过统计学检验、计量经济学检验以及经济意义检验。

对东莞市物流生产函数参数估计结果的简要说明：在显著性水平为 0.05 的情况下，参数估计结果通不过 LM 序列相关性检验，然而 LM 检验的值 0.048 8 大于所有的回归系数 T 检验的概率 P 值，即可假设显著性水平为 0.048 7，则参数估计的 T 检验可以通过检验，同时 LM 检验和 WHITE 检验均能通过。因此，东莞市物流生产函数可以通过统计学检验、计量经济学检验以及经济意义检验。

对惠州市物流生产函数参数估计结果的简要说明：在显著性水平为 0.1 的情况下，参数估计均通过相应的统计检验。但是惠州市物流劳动力的产出弹性为 $-0.379\ 2$，表明惠州市的物流劳动力每增加 1%，物流总产出将减少 0.379 2%，表明惠州市物流劳动力投入过大，导致物流劳动力的产出弹性以及边际产出为负数。劳动力投入过大会导致物流收益中劳动力成本提高，从而会降低物流产出。因此，惠州市物流生产函数可以通过统计学检验、计量经济学检验以及经济意义检验。

表 7-19　深莞惠三市物流生产函数 OLS 估计结果

深圳市物流生产函数

因变量：LOG（Y）				检验统计量	值
变量	系数	t 统计量	概率	可决系数	0.991 0
C	−1.236 861	−0.698 932	0.494 0	F 统计量对应的概率	0.000 0
LOG（K/L）	0.329 321	2.171 674	0.044 3	怀特检验	0.110 0
LOG（L）	0.717 688	3.842 507	0.001 3	DW 统计量	1.084 8
T	0.069 517	4.005 579	0.000 9	LM 检验	0.182 7

东莞市物流生产函数

因变量：LOG（Y）				检验统计量	值
变量	系数	t 统计量	概念	可决系数	0.939 2
C	4.630 630	4.383 279	0.000 4	F 统计量对应的概率	0.000 0
LOG（K/L）	0.257 866	3.028 311	0.007 6	怀特检验	0.055 4
LOG（L）	0.292 208	3.180 144	0.005 5	DW 系统量	2.032 3
T	0.025 721	2.124 423	0.048 6	LM 检验	0.048 8

续 表

惠州市物流生产函数

因变量：LOG（Y/L）				检验统计量	值
变量	系数	t 统计量	概率	可决系数	0.929 2
C	4.863 653	1.876 939	0.077 8	F 统计量对应的概率	0.000 0
LOG（K）	0.477 610	2.407 402	0.027 7	怀特检验	0.517 0
LOG（L）	−1.379 200	−5.256 041	0.000 1	DW 统计量	1.295 3
T	0.068 897	5.428 649	0	LM 检验	0.355 5

因此，从上表可以确定深圳、东莞、惠州三市的物流业生产函数分别为：

$$Y_{sT} = 0.290\,294 * e^{0.069\,517(T-1990)} K_{sT}^{0.329\,321} L_{sT}^{0.388\,367} \qquad (7\text{-}4)$$

$$Y_{dT} = 102.578\,620 * e^{0.025\,721(T-1990)} K_{dT}^{0.257\,866} L_{dT}^{0.034\,342} \qquad (7\text{-}5)$$

$$Y_{hT} = 129.496\,407 * e^{0.068\,897(T-1990)} K_{hT}^{0.477\,610} L_{hT}^{-0.379\,200} \qquad (7\text{-}6)$$

从而可以得到深莞惠三市物流资本的边际产出函数分别为：

$$f_s(K_{sT}) = \frac{\delta Y_{sT}}{\delta K_{sT}} = 0.095\,599\,91 * e^{0.069\,517(T-1990)} K_{sT}^{-0.670\,679} L_{sT}^{0.388\,367}$$

$$(7\text{-}7)$$

$$f_d(K_{dT}) = \frac{\delta Y_{dT}}{\delta K_{dT}} = 26.451\,538\,42 * e^{0.025\,721(T-1990)} K_{dT}^{-0.742\,134} L_{dT}^{0.034\,342}$$

$$(7\text{-}8)$$

$$f_h(K_{hT}) = \frac{\delta Y_{hT}}{\delta K_{hT}} = 61.848\,778\,95 * e^{0.068\,897(T-1990)} K_{hT}^{-0.522\,390} L_{hT}^{-0.379\,200}$$

$$(7\text{-}9)$$

根据公式（7-7）、（7-8）和（7-9）可以得到深圳、东莞、惠州三市 1991 年至 2011 年物流资本的边际产出，见表 7-20。

表 7-20　1991～2011 年深莞惠三市物流资本边际产出　　万吨/万元

时间	深圳	东莞	惠州
1991	0.000 603 31	0.005 709 54	0.002 766 40
1992	0.000 627 09	0.005 755 70	0.002 742 31
1993	0.000 698 12	0.005 643 84	0.002 970 42
1994	0.000 752 95	0.004 333 69	0.002 325 47
1995	0.000 819 16	0.004 230 36	0.002 507 33
1996	0.000 854 11	0.004 261 37	0.002 443 93
1997	0.000 891 20	0.004 256 30	0.002 561 04
1998	0.000 933 18	0.004 151 80	0.003 004 89
1999	0.000 998 23	0.003 858 39	0.003 133 69
2000	0.001 062 67	0.003 398 06	0.003 379 09
2001	0.001 168 04	0.003 359 04	0.003 699 67
2002	0.001 279 59	0.003 274 42	0.003 892 62
2003	0.001 305 44	0.003 535 10	0.004 593 89
2004	0.001 350 32	0.003 730 89	0.004 848 61
2005	0.001 357 66	0.003 186 19	0.005 114 11
2006	0.001 311 31	0.003 114 10	0.005 494 19
2007	0.001 248 90	0.003 136 14	0.005 884 03
2008	0.001 145 02	0.002 702 21	0.006 040 62
2009	0.001 158 20	0.001 842 19	0.004 681 33
2010	0.001 213 28	0.001 521 13	0.004 215 63
2011	0.001 300 52	0.001 359 50	0.003 867 88

从表7-20可以看出,深莞惠三市物流资本的边际产出均比较低。以2011年三市的物流资本的边际产出为例,深莞惠三市投入1 000万元新增物流资本,则三市的物流总产出分别为1.300 52万吨、1.359 50万吨、3.867 88万吨。导致物流资本边际产出比较低的主要原因,是本书在测算物流资本时采用的是交通运输、仓储和邮政业的资本存量,而交通运输、仓储和邮政业本身的总产出不仅仅包含货运量,而且还包括客运量等其他产出。因此,在这里比较恰当的表述应为深莞惠三市交通运输、仓储和邮政业资本存量每增加1 000万元,则带来的货运量产出增加分别为1.300 52万吨、1.359 50万吨、3.867 88万吨。

为了更加清晰地展示深莞惠三市物流资本边际产出的关系以及变化趋势,根据表7-20数据绘制折线图,如图7-4所示。深圳市物流资本的边际产出从1991~2011年变化平稳,经历了先上升后下降然后再上升的过程,然而其边际产出的绝对量在三市之中是最低的;东莞市物流资本的边际产出从1991~2011年呈现逐渐下降的趋势,近年来其边际产出略高于深圳;惠州市物流资本的边际产出从1991~2011年经历了先上升后下降的过程,近年来其资本的边际产出是三市之中最高的。

根据对深莞惠三市物流资本边际产出的分析,结合物流资本空间最优配置的原则,从直观上可以得到需要增加对惠州市物流固定资产投资力度的结论。

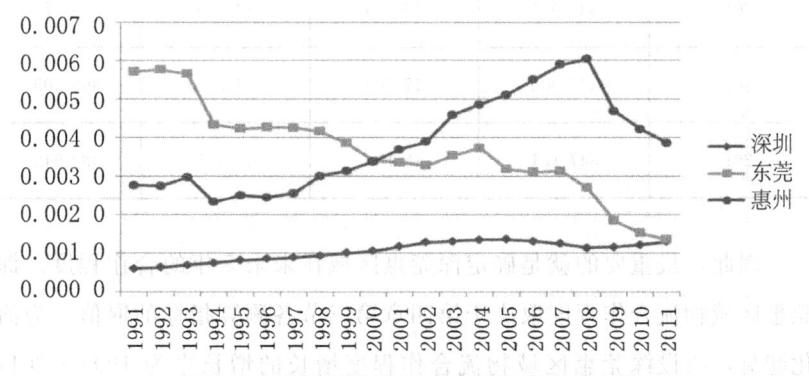

图7-4 深莞惠三市物流资本边际产出折线图

（二）深莞惠区域物流资本的空间优化配置

1. 深莞惠区域物流资本需求总量

根据深莞惠区域物流总量生产函数计算公式（7-2），要求算深莞惠区域物流资本在未来时期的需求总量，需要确定在未来时期的物流劳动力数量、区域物流货运量以及物流技术发展水平。

根据前文节对区域物流总需求的预测，得到了 2012～2016 年深莞惠区域物流活动所实现的货运量，详见表 7-15。物流技术的增长设定为固定值，根据式（7-2）即可得到。物流劳动力的增长也设定为固定值，为了保证充分就业，本书将深莞惠三市物流业从业人员的年均增长率设为常住人口的年均增长率。根据深圳、东莞和惠州三市 2010 年第六次全国人口普查主要数据公报，可知深莞惠区域常住人口的年均增长率 3.349 3%，据此可获得深圳、东莞、惠州三市以及深莞惠区域 2012～2016 年物流业年末从业人员数，如表 7-21 所示。

表 7-21　深莞惠三市及区域 2012～2016 年物流业从业人数　　人

年份	深圳	东莞	惠州	总和
2012	304 290	15 912	13 355	333 557
2013	314 482	16 446	13 803	344 731
2014	325 015	16 996	14 265	356 276
2015	335 900	17 566	14 743	368 209
2016	347 151	18 154	15 237	380 542

因此，最重要的就是确定深莞惠区域在未来 5 年的合作程度。深莞惠区域物流合作程度取决于第四章第三节各测算指标的取值。为简化起见，假设深莞惠区域物流合作程度增长的增长率为 1991～2011 年的年均增长率，即为 2.595%。为了更加充分地了解合作因素在区

域物流活动中的重要作用以及其对物流资本的替代作用，本书按合作程度不变和合作程度按 2.595% 的增速增长两种情况来计算未来深莞惠区域物流发展所需的总资本，计算结果见表 7-22 和表 7-23。

表 7-22 当合作程度增长时区域物流发展所需的最优资本

年份	货运量/万吨	合作程度	劳动力数量	技术水平	所需的资本/万元
2012	60 856	0.350 875	333 557	73.647 5	12 329 598.2
2013	65 953	0.359 980	344 731	77.077 7	12 972 450.0
2014	71 735	0.369 322	356 276	80.667 7	13 763 419.7
2015	75 834	0.378 907	368 209	84.424 9	13 669 466.4
2016	82 426	0.388 740	380 542	88.357 1	14 480 000.2

表 7-23 当合作程度不变时区域物流发展所需的最优资本

年份	货运量/万吨	合作程度	劳动力数量	技术水平	所需的资本/万元
2012	60 856	0.341 999	333 557	73.647 5	12 692 521.0
2013	65 953	0.341 999	344 731	77.077 7	13 747 380.2
2014	71 735	0.341 999	356 276	80.667 7	15 014 928.2
2015	75 834	0.341 999	368 209	84.424 9	15 351 380.5
2016	82 426	0.341 999	380 542	88.357 1	16 740 306.8

从表 7-23 和 7-24 可以发现，在深莞惠区域物流总产出不变的情况下，深莞惠区域物流合作更加密切时所需要的物流资本明显小于合作程度不变时所需要的物流资本，即深莞惠区域物流合作程度可以在一定程度上替代物流资本的投入。

2. 深莞惠区域物流资本的空间优化配置

根据表 7-22 可知，到 2016 年末，深莞惠区域物流业发展所需的最优物流资本存量 K_t 为 14 480 000.2 万元。根据公式（6-6）求解当 $i=3$ 时的三元非线性方程组。运用 Matlab 多元非线性数值方程组求解算法，采用默认算法，精确度设置为 $1e-4$。由于多元非线性方程组存在多组最优解，本书通过对这些最优解进行筛选，得到最有可能的两组最优解，即：

$$\begin{cases} K_{s2016}=5\,905\,800.2 \\ K_{d2016}=804\,600 \\ K_{h2016}=7\,769\,600 \end{cases} \text{（解 1）和} \begin{cases} K_{s2016}=6\,167\,463.2 \\ K_{d2016}=1\,109\,942 \\ K_{h2016}=7\,202\,595 \end{cases} \text{（解 2）}$$

当深莞惠三市 2016 年物流资本的空间配置为解 1 时，深莞惠三市物流资本的边际产出约为 0.002 4，其中东莞的物流资本边际产出水平稍高；当物流资本的空间配置为解 2 时，深莞惠三市物流资本的边际产出约为 0.002 3，其中惠州的物流资本的边际产出水平稍高。

为了判断上述两组解的可行性，表 7-24 展示了假设自 2011 年末至 2016 年在不对深莞惠三市物流固定资产进行投资的情况下三市物流资本各年的存量状况。

表 7-24　深莞惠三市物流资本各年存量表　　　　　　　万元

时间	深圳	东莞	惠州
2011	7 852 006	1 946 432	1 844 092
2012	7 098 213	1 759 575	1 667 059
2013	6 416 785	1 590 656	1 507 021

续 表　　　　　　　　　　　　万元

时间	深圳	东莞	惠州
2014	5 800 774	1 437 953	1 362 347
2015	5 243 899	1 299 909	1 231 562
2016	4 740 485	1 175 118	1 113 332

可以看出，东莞市即使在 2012～2016 年不对物流固定资产进行投资的情况下，其 2016 年物流资本的存量为 1 175 118，远大于解 1 和解 2 中东莞的最优物流资本存量。可见，在本书计算的物流资本空间优化配置期末，即 2016 年末，深莞惠三市不能实现物流资本的最优空间配置，想要实现深莞惠三市物流资本的空间优化配置，还需要更长的时间。然而，无论是那个地区，为了保障充分就业以及社会稳定，在一定的时期内不可能不对物流固定资产进行投资，否则维持不了这个地区物流业的健康发展。

因此，在保证深莞惠三市物流业健康发展的基础上，在物流资本空间边际产出相等原则的指导下，本书给出了一个可行的深莞惠三市物流资本空间配置方案，即确保深圳市和东莞市物流资本存量不变的情况下，适当地增加惠州市物流固定资产的投资额，具体方案见表 7-25 至表 7-28。

表 7-25　深莞惠区域物流资本空间优化配置表　　　　万元

时间	深圳总资本	东莞总资本	惠州总资本	区域最优总资本	区域新增总资本
2011	7 852 005.952	1 946 432.234	1 844 091.944	11 642 530.13	
2012	7 852 005.952	1 946 432.234	2 531 159.989	12 329 598.17	1 804 750.937
2013	7 852 005.952	1 946 432.234	3 174 011.789	12 972 449.98	1 826 493.225

续 表　　　　　　　　　　　　　　　　万元

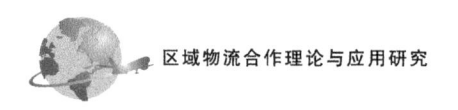

时间	深圳总资本	东莞总资本	惠州总资本	区域最优总资本	区域新增总资本
2014	7 852 005.952	1 946 432.234	3 964 981.526	13 763 419.71	2 036 324.934
2015	7 852 005.952	1 946 432.234	3 871 028.17	13 669 466.36	1 227 334.936
2016	7 852 005.952	1 946 432.234	4 681 561.998	14 480 000.18	2 122 802.598

表 7-26　区域物流资本优化配置方案表——深圳　　　　万元

时间	年末物流资本	新增物流资本	物流总资本	资本边际产出
2011	7 852 005.95		7 852 005.952	0.001 300 523
2012	7 098 213.38	753 792.5713	7 852 005.952	0.001 412 100
2013	7 098 213.38	753 792.5713	7 852 005.952	0.001 533 250
2014	7 098 213.38	753 792.5713	7 852 005.952	0.001 664 794
2015	7 098 213.38	753 792.5713	7 852 005.952	0.001 807 622
2016	7 098 213.38	753 792.5713	7 852 005.952	0.001 962 707

表 7-27　区域物流资本优化配置方案表——东莞　　　　万元

时间	年末物流资本	新增物流资本	物流总资本	资本边际产出
2011	1 946 432.23		1 946 432.234	0.001 359 496
2012	1 759 574.74	186 857.494 5	1 946 432.234	0.001 396 494

续表 万元

时间	年末物流资本	新增物流资本	物流总资本	资本边际产出
2013	1 759 574.74	186 857.494 5	1 946 432.234	0.001 434 504
2014	1 759 574.74	186 857.494 5	1 946 432.234	0.001 473 543
2015	1 759 574.74	186 857.494 5	1 946 432.234	0.001 513 650
2016	1 759 574.74	186 857.494 5	1 946 432.234	0.001 554 844

表 7-28 区域物流资本优化配置方案表——惠州 万元

时间	年末物流资本	新增物流资本	物流总资本	资本边际产出
2011	1 844 091.944		1 844 091.944	0.003 867 891
2012	1 667 059.117	864 100.871 5	2 531 159.989	0.003 468 428
2013	2 288 168.63	885 843.159 4	3 174 011.789	0.003 260 434
2014	2 869 306.66	1 095 674.869 0	3 964 981.526	0.003 071 109
2015	3 584 343.30	286 684.870 0	3 871 028.170	0.003 290 255
2016	3 499 409.47	1 182 152.532 0	4 681 561.998	0.003 152 046

从表中可以看出，2012 年到 2016 年深圳市物流资本配置优化方案为每年的物流固定资产投资为 753 792.571 3 万元，其物流资本的边际产出将从 2011 年的 0.001 300 523 提升到 2016 年的 0.001 962 707；东莞市物流资本优化配置的优化方案为每年的物流固定资产投资为 186 857.494 5 万元，其物流资本的边际产出从 2011 年的 0.001 359 496 提升到 2016 年的 0.001 554 844；惠州市物流资本配置的优化方案如表 7-28 所示，其物流资本的边际产出从 2011 年的 0.003 867 891 下降到 2016 年的 0.003 152 046。这说明深莞惠三市物流资本的边际产出呈

现出趋同化的趋势。同时，东莞市物流资本的边际产出增长速度相对较慢，需适当降低其物流固定资本的投资额。

第四节 深莞惠区域物流合作的主体组织管理体系构建

深莞惠区域物流合作的发展，需要强有力的主体组织管理作为保障；同时，为加快促进深莞惠三市在物流领域形成优势互补、分工合作以及区域物流资源的优化配置，更需要三市形成完善的区域物流组织管理体系，为建立区域物流合作机制奠定组织保障。

鉴于深莞惠三市物流行业协会组织发展比较滞后，以及物流企业在区域物流合作中存在缺位的实际情况，本书建议深莞惠三市政府与物流企业共同支持，组建并大力发展区域物流行业协会，充分发挥第五章第三节所述的区域物流行业协会的作用，这里不做赘述。本节重点阐述以地方政府为主导的区域物流组织管理体系的构建。

首先，需要深莞惠三市在各自的物流管理机构方面进行调整，形成统一的物流管理机构。目前深莞惠三市的物流行业管理机构各不相同，借鉴深圳市在物流行业管理方面的成功经验，建议东莞、惠州两市参考深圳市模式，在交通委（局）下设物流处或物流办作为两市物流业管理的专门机构，从而形成市政府—交通委（局）—物流处（办）三级垂直管理体系。其中，物流处（办）主要职能为负责与物流发展有关的一切事务，如编制物流业发展规划、起草行业政策并组织实施相关规划和政策等；交通委（局）主要职能为组织安排规划、政策、规范和标准等的编制和实施工作，协调重大项目实施，负责物流业相关的其他行业管理；市政府主要职能为审批相关规划，颁布行业政策，协调物流业发展相关政府部门间关系等。

其次，建立并完善区域物流组织管理体系。考虑到联席会议制度

已成为深莞惠三市跨区域合作发展的有效机制，因此，在区域物流合作中采取同样制度作为组织管理机制具有较强的可操作性。根据第五章第三节的相关论述，并结合深莞惠区域物流合作发展的实际情况，建议成立市政府、交通委（局）两级联席会议制度，并组建以物流办（处）为主体的深莞惠区域物流发展联合委员会。联合委员会下设物流发展管理部、产业政策部、规划发展部、协调发展部等组成部门，主要对区域物流发展的相关工作进行实施和管理，以协调区域物流规划、物流基础设施建设、物流企业管理、区域发展利益协调等方面的重大事项，总结区域物流合作的阶段性成果，制定下阶段物流合作计划和建立合作备忘录等。因此，可以构成如图7-5所示的深莞惠区域物流合作政府间组织管理体系。

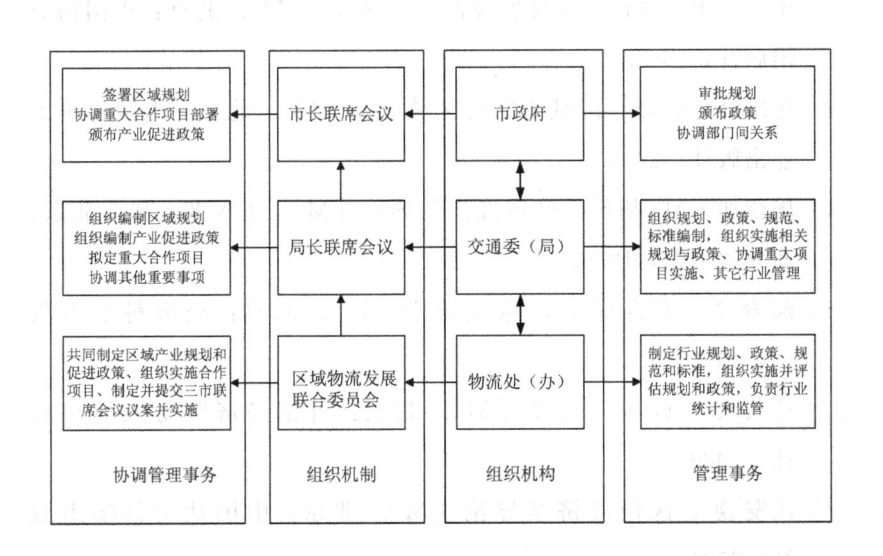

图7-5　深莞惠三市物流业组织与协调机制框架示意图

参考文献

[1] 国家发展和改革委员会经济运行调节局,南开大学现代物流研究中心.中国现代物流发展报告(2010年)[M].北京:中国物资出版社,2010.

[2] 国家发展和改革委员会经济运行调节局,南开大学现代物流研究中心.中国现代物流发展报告(2009年)[M].北京:中国物资出版社,2009.

[3] 杨培峰,甄峰.区域研究与区域规划[M].北京:中国建筑工业出版社,2011.

[4] 埃德加·M.胡佛.区域经济学导论[M].王翼龙,译.北京:商务印书馆,1990.

[5] 郝寿义,安森虎.区域经济学[M].北京:经济科学出版社,1999.

[6] 孙久文.区域经济学[M].北京:首都经济贸易大学出版社,2006.

[7] 武友德.区域经济学导论[M].北京:中国社会科学出版社,2004.

[8] 刘吉昌.中国行政区际经济合作研究[D].哈尔滨:东北林业大学,2007.

[9] 黄少安,韦倩.合作与经济增长[J].经济研究,2011(8):55-56.

[10] 汪宇明.旅游合作与区域创新[M].北京:科学出版社,2009.

[11] 姜大立,王丰,王洪.西部物流资源的优化配置研究[J].物流技术,2003(7):13-15.

[12] 舒辉.论现代物流的资源整合[J].郑州航空工业管理学报,2004(1):86-88.

[13] 马士华,申文.企业物流能力的影响因素及其交叉作用研究[J].物流技术,2005(1):15-21.

[14] 丁辉.基于第四方物流视角的物流园区资源配置研究[D].杭州:浙江理工大学,2012.

[15] Melendez O, Maria Fernanda. The logistics and transportation problems of Latin American integration efforts: The Andean Pact, a case of study[D]. The University of Tennessee, 2002.

[16] Tage Skjott-Larsen, Ulf Paulsson, Sten Wandel, Logistics in the Oresund Region after the Bridge[J]. European Journal of operational Research, 2003(1):247-256.

[17] Ross B D. Industrial Structure and Economic Performance[M]. New York: Houghton Mifflin ComPany. 1993.

[18] Asher J J. Regional freight model is applied to the planning of regional networks[J]. Journal of Molecular Liquids, 1993:123-127.

[19] Escobedo F J. Value Chain on the Regional Logistics Planning System[M]. London: Pitman Publishing, 2001.

[20] Olive Fisher. The Planning of Regional Logistics[J]. Journal of Melbourne University, 2002:102-122.

[21] Jorg, Ackermann, Egon Muller. Modeling, Planning and designing of logistics structures of regional competence-cell-based networks with structure types[J]. Robotics and Computer-Integrated Manufacturing, 2005:6-14.

[22] 徐勇谋,郭湖宾.国际物流研究的新动向[J].上海物资经济,2001(6):3-6.

[23] Editorial. Collaboration in logistics [J]. European Journal of Operational Research，2003 (144)：235-236.

[24] Pontrandolfo P, kogbaa O G O. Global manufacturing：a review and a framework for planning in a global corporation [J]. Int. J. Res，1999，37 (1)：1-19.

[25] 徐青青. 现代区域协同物流系统研究 [D]. 天津：天津大学，2003.

[26] 曾文琦. 区域物流发展与区域经济发展的关系 [J]. 福建经济管理干部学院学报，2004 (4)：40-43.

[27] 朱坤萍. 区域物流与区域经济发展的互动机理 [J]. 河北学刊，2007 (2)：168-171.

[28] 周君. 区域物流业对地区经济增长的影响分析 [J]. 统计与决策，2006 (2)：109-112.

[29] 刘明菲，李兰. 区域物流与区域经济互动作用机理分析 [J]. 工业技术经济，2007 (3)：40-42.

[30] 张静. 区域物流与区域经济增长互动关系的实证研究 [D]. 大连：大连交通大学，2010.

[31] 崔国辉，李显生. 区域物流与经济发展协整与因果互动机制 [J]. 交通运输工程学报，2011 (10)：90-96.

[32] 朱嘉鹏. 基于DEA的区域物流与区域经济协调度评价——以内蒙古地区为例 [D]. 北京：北京交通大学，2011.

[33] 林荣清. 基于非均衡发展理论的区域物流系统规划模型研究 [J]. 中国西部科技，2004 (12)：5-10.

[34] 冯中耕. 现代物流规划理论与实践 [M]. 北京：清华大学出版社，2005.

[35] 韩美贵，周应堂. 区域物流规划的研究 [J]. 铁道运输与经济，2006 (4)：9-15.

[36] 钱敏. 长三角经济区发展物流产业的战略研究 [J]. 美中经济评论，2006 (4)：53-57.

[37] 董千里,路春涛,张凯.陕西省区域物流信息化战略及其实施[J].长安大学学报(社会科学版),2006(3):8-11,16.

[38] 战欧.吉林省区域物流规划研究[D].长春:东北师范大学,2007.

[39] 秦璐,刘凯.基于产业机构的区域物流需求分析[J].物流技术,2006(7):4-6.

[40] 张可明,乔丽.城市产业结构对物流需求的影响[J].铁道运输与经济,2006(7):30-32.

[41] 佘廉,邱金满.区域物流发展规划模式[J].交通企业管理,2005(10):34-35.

[42] 邹跃飞,王国华.论物流区域化发展与区域经济一体化[J].北方经济,2006(9):40-42.

[43] 邹跃飞.武汉城市圈区域物流协调发展的政策支持研究[D].武汉:华中科技大学,2007.

[44] 卢仁山,赵海峰.现代物流产业与区域经济核心竞争力[J].北方经贸,2006(3):113-114.

[45] 金萍.区域物流发展评价研究[D].杭州:浙江工业大学,2007.

[46] 姚舜.区域物流竞争力模型评析及新模型构建[D].长春:东北师范大学,2007.

[47] 吴晓燕.泛珠三角区域物流发展水平综合评价研究[D].上海:上海海事大学,2007.

[48] 吴维昕.区域物流竞争力水平分析及培育研究[D].杭州:浙江工业大学,2008.

[49] 李兰.承接产业转移的区域物流竞争力研究[D].武汉:武汉理工大学,2008.

[50] 张得志.物流园区演化机理与布局优化方法的研究[D].长沙:中南大学,2006.

[51] 赵闯.城市物流节点布局规划理论与方法[D].北京:北京交

通大学，2005.

[52] 陈超. 第三方物流与第四方物流合作关系影响因素研究 [D]. 杭州：浙江大学，2011.

[53] 董雷. 虚拟物流企业合作关系问题研究 [D]. 北京：北京交通大学，2008.

[54] 孙振中. 第三方中小物流企业间合作伙伴评价与选择 [D]. 成都：西南交通大学，2010.

[55] 张云婧. 港口企业基于服务供应链的物流服务合作模式研究 [J]. 港口科技，2011（6）：1-4.

[56] 刘雷. 集群环境下生产企业与第三方物流企业合作利益分配研究 [D]. 杭州：杭州电子科技大学，2009.

[57] 侯发欣. 供应链中制造企业与物流企业的合作模式及若干关键技术研究 [D]. 重庆：重庆大学，2004.

[58] 郭淑娟，董千里. 基于制造业与物流业联动发展的合作模式研究 [J]. 物流技术，2010（7）：13-16.

[59] 孙军，杨赞，常国松. 基于层次分析法的中日韩区域物流合作综合评价 [J]. 大连海事大学学报（社会科学版），2007（2）：55-57.

[60] 孙军，许月奎. 中日韩区域物流合作机制及趋势分析 [J]. 辽宁经济管理干部学院学报，2010（1）：37-39.

[61] 徐千倩. 中日物流合作创新模式探析 [J]. 物流技术，2011（8）：112-114.

[62] 岑丽阳. 中国—东盟区域物流合作研究 [J]. 中国流通经济，2007（7）：23-26.

[63] 王效瑜. 泛北部湾物流产业合作战略研究 [D]. 南宁：广西大学，2008.

[64] 李学工，辛荣. 中俄韩日四国物流资源整合与物流合作框架 [J]. 经济地理，2010（30）：629-633.

[65] 田海潮，常国松. 泛黄海区域物流合作的制度形式及影响 [J].

海运世界，2008（31）：4-6.

[66] 邓谨．CEPA下粤港物流合作［D］．广州：暨南大学，2004.

[67] 卢雪．CEPA架构下粤港物流合作［D］．广州：暨南大学，2007.

[68] 冯邦彦，王鹤．CEPA：粤港物流合作的制度性转变及结构收益［J］．产经评论，2004（2）：32-35.

[69] 张云锐，李继东．CEPA框架下粤港物流合作前景分析［J］．广州城市职业学院学报，2007（1）：47-51.

[70] 邹定斌．海峡两岸物流业合作研究［D］．厦门：厦门大学，2008.

[71] 李艳梅，宗刚．台海两岸物流合作方式研究［J］．北京工业大学学报（社会科学版），2008（6）：39-42.

[72] 陈丽满．论闽台物流合作的现实基础及其途径［J］．经济研究导刊，2008（6）：7-8.

[73] 陈文芳．闽台港口物流业合作问题研究［J］．福建广播电视大学学报，2009（6）：1-3.

[74] 陈海．台湾海峡两岸物流合作发展研究［D］．昆明：云南财经大学，2009.

[75] 蔡怀鲁．闽台港口物流合作研究［J］．中国市场，2011（49）：36-42.

[76] 金兴盛．长江三角洲物流合作框架探讨［J］．浙江经济，2003（19）：24-26.

[77] 赵志田．环北部湾次区域物流合作模式研究［D］．南宁：广西大学，2008.

[78] 曾玲燕．长株潭城市群物流一体化发展规划研究［D］．长沙：长沙理工大学，2008.

[79] 薛青．关中城市群物流网络规划研究［D］．西安：西安理工大学，2008.

[80] 董林，李川．京西南区域物流产业合作发展初探［J］．北京市经济管理干部学院学报，2009（4）：10-14.

[81] 周伟.京津区域物流合作发展战略构想 [J].中国物流与采购，2009 (17)：56-57.

[82] 周伟.京津物流合作的必要性与对策研究 [J].商场现代化，2009 (574)：132-133.

[83] 踪程，何继新.京津冀区域物流一体化模式的构建策略探讨 [J].商业时代，2011 (27)：41-42.

[84] 刘辉.长江三角洲物流一体化的实现途径研究 [D].苏州：苏州大学，2008.

[85] 沈阳.长江三角洲物流产业一体化效应研究 [D].复旦：复旦大学，2009.

[86] 钱廷仙.长三角物流一体化的推进 [J].特区经济，2009 (10)：76-77.

[87] 揭毅.长三角物流一体化建设对策研究 [J].当代经济，2008 (5)：110-111.

[88] 胡以乐.长三角地区发展物流一体化的 SWOT 分析 [J].中国水运，2009 (5)：72-74.

[89] 高远秀，姜阀.京津廊区域物流一体化必要性和可行性分析 [J].河北企业，2011 (6)：61-62.

[90] 焦文旗.京津冀区域物流一体化障碍因素分析 [J].商业时代，2008 (35)：27-28.

[91] 姜阀，魏震，高远秀.京津廊区域物流一体化障碍和对策 [J].河北企业，2011 (7)：49-50.

[92] 徐炜.赣东北地区区域物流一体化发展模式研究 [D].重庆：重庆交通大学，2010.

[93] 冯文杰.基于广佛同城化的物流一体化研究 [D].广州：华南理工大学，2011.

[94] 胡琳，李智彬.长株潭区域物流一体化对策研究 [J].中国集体经济，2008 (6)：17-18.

[95] 张思军.长株潭物流一体化战略探讨 [J].物流技术，2006

(2)：25-27.

[96] 韩向雨，刘洋，申金升. 京津冀区域物流一体化发展若干思考 [J]. 综合运输，2009 (4)：36-40.

[97] 潘昭文. 珠中江城市群物流一体化SWOT分析 [J]. 辽宁行政学院学报，2012 (2)：96-97.

[98] 李卫忠. 珠中江物流一体化发展路径选择研究 [J]. 特区经济，2012 (5)：32-34.

[99] 梁金光. 构建珠三角物流一体化构想 [J]. 交通企业管理，2009 (6)：28-29.

[100] 胡强. 兰白物流一体化发展研究 [D]. 兰州：兰州大学，2010.

[101] 焦文旗. 区域物流一体化微探 [J]. 经济理论研究，2008 (4)：5-7.

[102] 普荣. 滇中城市群物流一体化发展战略思考 [J]. 经济论坛，2011 (9)：84-86.

[103] 蔡拓. 全球治理的中国视角与实践 [J]. 中国社会科学，2004 (1)：94-106.

[104] 张京祥，沈建法，黄钧尧，等. 都市密集区区域管治中行政区划的影响 [J]. 城市规划，2002 (9)：40-44.

[105] Von Neumann, John, Oskar Morgenstern. Theory of Games and Economic Behavior [M]. Princeton University Press, 1944.

[106] Friedman D. Evolutionary games in economics [J]. Econometrical, 1991, 59 (3)：637-666.

[107] Nash J. Equilibrium points inn-person game [J]. Proc Nat Acad Sci USA, 1950, 36：48-49.

[108] Smith J M. Evolution and the theory of games [M]. Cambridge：Cambridge Univ. Press, 1982.

[109] 王永平，孟卫东. 供应链企业合作竞争机制的演化博弈分析

[J]. 管理工程学报，2004（2）：96-98.

[110] P. D. Taylor and L. Jonker. Game dynamics and evolutionary stable strategies [J]. Math. Biosci，1978，40：145-156.

[111] 董雷，刘凯. 虚拟物流企业中合作关系的演化博弈分析 [J]. 物流技术，2008（4）：115-116.

[112] Ramsey，F. P. A mathematical theory of saving [J]. Economic Journal，1928，38（152）：543-559.

[113] Cass，D. Optimum growth in an aggregative model of capital accumulation：a turnpike theorem [J]. Econometrica，1966，34（4）：833-850.

[114] Koopmans，T. On the concept of optimal economic growth，in The Econometric Approach to Development Planning [M]. Amsterdam，North Holland，1965.

[115] 亚当·斯密. 国民财富的性质和原因的研究 [M]. 郭大力，王亚南，译. 北京：商务印书馆，1981.

[116] 马克思. 资本论 [M]. 北京：中国经济出版社，2001.

[117] 关涛. 土地资源配置的经济学分析 [J]. 国土与自然资源研究，2002（2）：36-37.

[118] 曲福田. 资源经济学 [M]. 北京：中国农业出版社，2001.

[119] 刘慧明. 我国医药制造业科技资源配置研究 [D]. 南京：东南大学，2006.

[120] Edward F R. Strategic Management：Stakeholder Appmach [M]. Boston：Pitman Publishing Inc，1984.

[121] 张文雅. 区域旅游合作中利益相关者的利益协调研究 [D]. 武汉：武汉大学，2005.

[122] 张锦. L-OD 预测理论与现代物流规划方法研究 [D]. 成都：西南交通大学，2004.

[123] 余浩辉. 区域物流用地规模预测研究 [D]. 上海：上海交通大学，2011.

[124] 苏春玲. 区域物流规划研究——以广西壮族自治区为例 [D]. 长沙：中南大学，2007.

[125] 魏际刚. 物流经济分析——发展的视角 [M]. 北京：人民交通出版社，2005.

[126] 白义霞. 跨国公司在区域性国际经济一体化中的推动作用 [J]. 生产力研究，2010（2）：40-41.

[127] 沈佳斌. 对经济增长含义的重新审视 [J]. 广东商学院学报，2007（4）：8-10.

[128] 魏际刚. 运输业发展中的制度因素 [M]. 北京：经济科学出版社，2003.

[129] 田刚，李南. 中国物流业技术进步与技术效率研究 [J]. 数量经济技术经济研究，2009（2）：76-86.

[130] 帅斌. 物流产业经济 [M]. 北京：科学出版社，2006.

[131] 贺兴东. 物流业运行基本特征的理论与实证研究 [D]. 北京：北京交通大学，2011.

[132] 莫鸿，刘豫. 物流产业技术进步率及其对经济增长贡献的测算 [J]. 统计与决策，2009（5）：111-112.

[133] 黄蕾. 物流产业增长方式转变实证研究——以浙江为例 [D]. 杭州：浙江工商大学，2008.

[134] 余泳泽，武鹏. 我国物流产业效率及其影响因素的实证研究——基于中国省际数据的随即前沿生产函数分析 [J]. 产业经济研究，2010（1）：65-71.

[135] 余泳泽，刘秉镰. 我国区域物流产业技术进步及其影响因素研究 [J]. 上海经济研究，2010（10）：3-11.

[136] 刘洁. 亚欧大陆桥物流通道发展理论和实证研究 [D]. 北京：北京交通大学，2012.

[137] 董晓花，王欣，陈利. 柯布-道格拉斯生产函数理论研究综述 [J]. 生产力研究，2008（3）：148-150.

[138] Young, Alwyn. Gold into Base Metals: Productivity Growth in the

People's Republic of China during the Reform Period [J]. NBRE workingpaper,2000:7856.

[139] 马克思,恩格斯. 马克思恩格斯全集:第 46 卷 [M]. 北京:人民出版社,1965.

[140] 库兹涅茨. 现代经济增长:发现和反映 [M]. 北京:商务印书馆,1981.

[141] 张敦富. 区域经济开发研究 [M]. 北京:中国轻工业出版社,1998.

[142] 郭存芝,杜延军. 计量经济学——理论·方法·EViews 应用 [M]. 北京:科学出版社,2008.

[143] 易丹辉. 数据分析与 EViews 应用 [M]. 北京:中国统计出版社,2002.

[144] 李子奈,叶阿忠. 高级应用计量经济学 [M]. 北京:清华大学出版社,2012.

[145] 张培刚,张建华. 发展经济学 [M]. 北京:北京大学出版社,2009.

[146] 谢富纪. 技术进步及其评价 [M]. 上海:上海科技教育出版社,2004.

[147] 苗敬毅,刘应宗. 对技术进步贡献率"索洛余值法"估计的一种改进 [J]. 数学的实践与认识,2008(2):20-27.

[148] 童颖华,刘武根. 国内外政府职能基本理论研究综述 [J]. 江西师范大学学报(哲学社会科学版),2007(3):21-25.

[149] 张桢. 我国地方政府在区域经济发展中的职能梳理与重构 [D]. 成都:四川大学,2005.

[150] 李勇. 论政府在物流业发展中的角色 [J]. 北方经济,2009(6):31-32.

[151] 葛立成,聂献忠. 区域旅游合作——理论分析与案例研究 [M]. 北京:社会科学文献出版社,2009.

[152] 中共中央马克思恩格斯列宁斯大林著作编译局. 马克思恩格斯

全集（第一卷）[M]. 北京：人民出版社，1995.

[153] 冯兴元. 地方政府竞争——理论范式、分析框架与实证研究 [M]. 南京：译林出版社，2010.

[154] 刘颖. 从身份到契约与从契约到身份——中国社会进步的一种模式探讨 [J]. 天津社会科学，2005（4）：47-51.

[155] 冷和平. 企业与政府关系研究 [D]. 南京：南京工业大学，2005.

[156] 李增刚，董丽娃. 地方政府与辖区企业关系的理论分析 [J]. 湖北经济学院学报，2006（1）：80-85.

[157] Lazear, E. and S. Rosen. Rank-Ordered Tournaments as Optimal Labor Contracts [J]. Journal of Political Economy，1981：841-864.

[158] 周黎安. 晋升博弈中政府官员的激励与合作 [J]. 经济研究，2004（6）：33-40.

[159] 杨志荣，靳相木. 基于面板数据的土地投入对经济增长的影响——以浙江省为例 [J]. 长江流域资源与环境，2009（5）：409-415.

[160] 黄虎. 基于区域经济的区域物流需求分析及实证研究 [D]. 西安：西安交通大学，2005.

[161] 郎茂祥. 预测理论与方法 [M]. 北京：清华大学出版社，北京交通大学出版社，2011.

[162] 保罗·萨缪尔森，威廉·诺德豪斯. 经济学：第17版 [M]. 萧琛，译. 北京：人民邮电出版社，2007.

附 录

附表1 深圳市基础数据表

年份	GDP	DYC	DEC	PFL	SXZ	JCK	LZJZ	LGZCTZ	GZCXCE	THL	THYZZL	LCYRS	CPI	RMD
1991	2 366 630	80 836	1 126 084	239 760	828 341	1 947 635	147 651	93 946	912 324	1 486	435 662	37 361	100.00	40.95
1992	3 173 194	105 914	1 522 432	333 580	1 148 908	2 357 562	166 595	154 369	1 782 322	1 801	545 857	37 982	107.30	44.90
1993	4 531 445	108 615	2 420 214	449 485	2 641 333	2 820 392	190 248	187 473	2 477 875	2 050	743 878	45 580	128.87	45.38
1994	6 346 711	134 152	3 357 972	583 961	3 639 756	3 498 281	245 271	299 651	2 819 413	2 604	779 791	53 948	152.32	48.10
1995	8 424 833	124 122	4 221 435	779 177	4 269 434	3 876 960	400 524	249 416	2 758 243	3 542	2 228 384	59 152	171.21	54.62
1996	10 484 421	148 796	5 065 924	1 128 234	4 888 502	3 905 342	497 713	294 605	3 275 270	3 647	2 328 753	58 919	184.39	57.88
1997	12 974 208	147 660	6 174 083	1 339 511	5 372 464	4 500 921	481 983	398 958	3 930 657	3 853	2 317 664	62 299	190.48	60.11
1998	15 347 272	151 764	7 434 976	1 532 951	5 732 419	4 527 417	536 162	417 028	4 803 901	4 048	2 127 605	66 088	189.14	64.53
1999	18 040 176	150 445	9 005 486	1 822 078	6 385 915	5 042 750	610 210	282 095	5 695 878	4 274	1 974 500	66 933	187.82	68.94
2000	21 874 515	155 656	10 860 852	2 271 487	7 350 188	6 393 982	756 738	367 972	6 196 993	4 697	2 059 400	70 096	193.08	69.61
2001	24 824 874	160 413	12 297 665	2 618 467	8 320 412	6 861 055	819 819	308 935	6 863 749	5 147	2 044 300	76 669	188.83	69.82

续　表

年份	GDP	DYC	DEC	PFL	SXZ	JCK	LZJZ	LGZCTZ	GZCXCE	THL	THYZZL	LCYRS	CPI	RMD
2002	29 695 184	166 587	14 647 171	3 174 034	9 419 443	8 723 148	1 009 667	261 890	7 881 459	5 878	2 996 400	80 427	191.10	77.49
2003	35 857 235	142 048	18 174 235	3 901 304	10 951 323	11 739 941	1 249 987	823 019	9 491 016	6 761	3 702 400	95 678	192.43	79.02
2004	42 821 428	123 264	22 112 353	4 601 916	12 506 411	14 728 302	1 848 718	734 274	10 925 571	7 955	4 921 100	105 476	194.94	79.04
2005	49 509 078	97 385	26 425 225	5 202 044	14 416 103	18 281 689	2 156 867	1 265 170	11 811 542	9 807	6 046 000	127 159	198.06	81.07
2006	58 135 624	69 675	30 600 890	5 738 239	16 804 604	23 738 573	2 507 328	1 674 594	12 736 693	11 320	7 571 900	141 792	202.41	99.02
2007	68 015 706	69 412	34 165 740	6 608 000	19 308 050	28 753 345	2 909 418	2 477 602	13 450 037	13 678	7 941 500	162 889	210.71	99.45
2008	77 867 920	82 896	38 604 708	7 729 584	22 765 855	29 995 499	2 984 966	2 819 570	14 676 043	19 568	10 941 600	155 070	223.14	82.91
2009	8 2013 176	66 894	38 270 762	8 497 909	25 679 436	27 016 306	3 091 788	3 936 762	17 091 514	22 367	11 366 400	203 542	220.24	82.91
2010	95 815 101	64 670	45 233 688	10 328 511	30 007 629	34 674 930	3 798 473	3 650 747	19 447 008	26 175	16 541 600	249 861	227.95	82.82
2011	115 055 298	65 541	53 433 220	12 464 105	35 208 736	41 409 312	4 374 804	3 362 286	20 609 180	28 901	19 556 900	294 429	240.49	81.22

附表 2　东莞基础数据表

年份	GDP	DYC	DEC	PFL	SXZ	JCK	LZJZ	LGZCTZ	GZCXCE	THL	THYZZL	LCYRS	CPI	RMD
1991	959 073	134 523	503 220	38 442	364 972	317 463	64 685	14 679	137 464	3 015	200 681	38 190	100.00	71.36
1992	1 108 922	144 115	592 701	53 703	443 464	509 007	80 416	20 163	188 824	3 328	216 662	43 053	109.20	83.37
1993	1 570 491	143 953	873 114	68 965	636 882	675 647	96 148	34 985	327 630	3 640	232 643	58 280	133.01	91.68
1994	2 170 341	174 796	1 194 928	84 226	851 556	882 997	111 879	150 308	1 407 621	3 953	248 624	48 655	164.26	92.98
1995	2 962 892	214 306	1 669 723	91 567	1 130 081	1 539 112	127 611	74 505	631 355	4 266	264 605	49 914	187.09	94.40

续　表

年份	GDP	DYC	DEC	PFL	SXZ	JCK	LZJZ	LGZCTZ	GZCXCE	THL	THYZZL	LCYRS	CPI	RMD
1996	3 617 502	248 645	1 994 826	135 455	1 255 311	1 784 222	213 414	62 616	676 185	4 451	267 193	51 431	199.82	94.50
1997	4 485 981	256 388	2 432 816	153 406	1 460 396	2 129 885	286 560	69 050	658 941	4 644	278 649	48 081	202.81	94.50
1998	5 579 964	259 437	3 056 779	180 710	1 751 551	2 327 324	358 621	89 963	769 953	4 776	285 889	45 348	202.61	98.52
1999	6 672 386	257 863	3 670 519	196 695	2 023 008	2 846 291	465 859	140 178	883 201	5 016	300 410	50 039	198.36	100.06
2000	8 202 530	259 087	4 507 072	220 298	2 351 634	3 204 526	606 713	206 183	1 028 914	5 431	404 678	40 253	198.55	102.15
2001	9 918 905	260 968	5 405 092	245 631	2 757 143	3 445 457	732 131	115 998	1 254 945	5 527	406 247	40 407	194.19	104.26
2002	11 869 374	248 791	6 488 109	271 419	3 212 436	4 424 706	865 421	138 291	1 915 741	5 857	420 684	43 078	190.50	107.14
2003	14 525 186	228 165	7 981 954	434 031	3 697 814	5 210 623	224 353	16 196	3 193 889	5 877	422 822	33 137	191.83	109.05
2004	18 060 258	227 087	10 160 382	1 166 134	4 264 704	6 451 775	527 349	16 536	4 548 691	6 054	423 669	13 594	197.59	111.93
2005	21 831 961	205 546	12 278 624	1 898 236	5 062 917	7 437 150	830 345	313 266	5 972 443	6 400	424 829	19 270	202.33	116.47
2006	26 279 791	120 089	15 065 985	2 046 844	5 993 201	8 422 107	913 827	184 321	7 054 511	5 481	336 783	25 466	204.76	157.80
2007	31 600 489	118 991	17 546 573	2 353 483	7 224 491	10 687 290	1 006 184	117 913	8 412 074	5 676	356 677	16 776	211.10	159.20
2008	37 036 004	148 251	19 016 068	2 979 618	8 811 519	11 329 947	1 362 029	446 842	9 443 426	9 273	1 747 489	17 486	222.71	162.30
2009	37 639 142	147 877	18 230 836	3 605 753	9 590 727	9 415 458	1 717 874	1 262 742	10 940 753	8 733	1 016 490	18 835	215.81	191.21
2010	42 464 527	165 719	21 608 153	4 058 051	11 080 592	12 133 773	1 750 307	1 191 693	11 149 822	9 312	1 090 340	19 939	222.72	192.94
2011	47 353 949	178 776	23 662 018	4 628 747	12 663 109	135 223 382	1 855 216	1 093 310	10 797 662	10 165	1 874 800	15 397	233.63	196.24

注：阴影部分为缺失值，其数值为按正文所述办法的补充值。

附表 3 惠州市基础数据表

年份	GDP	DYC	DEC	PFL	SXZ	JCK	LZJZ	LGZCTZ	GZCXCE	THL	THYZZL	LCYRS	CPI	RMD
1991	614 253	189 069	220 258	67 150	252 178	44 787	44 765	31 863	223 295	2 269	130 564	9 279	100.00	37.18
1992	841 348	225 313	320 550	79 089	343 562	58 939	54 099	96 383	423 763	2 337	139 677	9 063	109.50	41.91
1993	1 324 826	258 176	595 953	100 736	607 660	179 270	102 329	62 576	917 831	2 513	145 670	8 478	134.47	44.63
1994	1 793 884	338 054	843 706	98 813	746 147	172 693	120 069	121 955	756 761	2 822	156 838	16 917	157.73	46.42
1995	2 295 679	396 992	1 154 242	122 209	866 407	233 211	167 589	142 884	616 145	2 610	160 091	14 639	173.34	51.81
1996	2 713 746	454 288	1 460 372	136 276	917 230	346 591	194 474	243 722	631 257	2 204	337 425	14 714	179.58	57.21
1997	3 189 026	541 678	1 772 237	152 252	1 005 493	575 294	234 365	114 906	588 301	2 616	319 483	15 227	181.02	58.26
1998	3 574 207	549 949	2 041 812	174 854	1 100 550	579 067	269 776	102 352	603 754	2 192	240 669	11 881	176.31	59.31
1999	3 942 003	592 605	2 261 163	188 462	1 209 519	695 080	315 534	94 927	665 760	3 837	391 714	12 779	175.26	60.35
2000	4 391 944	622 339	2 552 591	207 585	1 264 834	821 130	366 652	92 940	774 104	4 329	453 183	12 657	179.64	61.40
2001	4 789 523	654 378	2 767 390	231 405	1 413 915	882 917	429 145	66 137	844 273	4 498	476 921	12 489	180.18	62.44
2002	5 265 704	673 896	3 065 762	251 835	1 618 494	1 122 546	460 290	81 331	1 047 340	4 666	506 424	13 327	176.93	63.49
2003	5 864 620	682 657	3 437 058	282 046	1 816 724	1 313 135	467 839	80 671	2 284 704	4 196	449 031	10 507	177.82	63.58
2004	6 864 489	775 253	3 921 239	453 302	2 131 547	1 663 540	430 851	92 005	2 976 139	4 970	508 074	10 953	181.55	66.07
2005	8 039 248	751 011	4 557 365	624 558	2 515 076	1 902 165	393 864	151 731	3 523 708	5 694	582 021	10 575	185.18	67.56
2006	9 289 210	687 776	5 389 868	795 814	2 984 133	2 123 090	356 876	125 241	3 087 813	6 376	648 844	10 194	188.30	93.53
2007	11 179 105	782 076	6 396 201	911 678	3 560 595	2 411 308	415 083	145 473	4 869 094	7 403	805 710	9 762	195.48	93.53

续 表

年份	GDP	DYC	DEC	PFL	SXZ	JCK	LZJZ	LGZCTZ	GZCXCE	THL	THYZZL	LCYRS	CPI	RMD
2008	13 040 471	906 113	7 412 972	1 068 538	4 267 505	2 974 475	490 575	127 213	5 887 368	8 654	870 146	10 798	203.89	94.00
2009	14 147 026	902 923	7 889 604	1 161 479	4 910 993	2 924 021	567 619	996 175	7 589 682	11 845	1 864 598	11 946	200.83	95.70
2010	17 298 950	1 035 824	10 214 654	1 432 355	5 825 274	3 423 462	619 029	994 702	8 940 191	12 528	1 800 786	12 300	207.26	95.40
2011	20 973 000	1 177 000	12 454 000	1 660 500	6 847 000	3 881 000	854 600	1 217 000	10 252 000	17 079	2 613 700	12 923	217.41	96.00

注：阴影部分为缺失值，其数值为按正文所述办法的补充值。

附表4 深莞惠三市分交通运输方式完成的货运量　　　万吨

	深圳市				东莞市		惠州市			
年份	公路	铁路	海运	航空	公路	海路	公路	铁路	海运	管道
1991	1 179.0	160.0	147.0	0.0	1 732.2	1 282.6	1 909.0	42.8	186.9	130.2
1992	1 415.0	171.0	215.0	0.0	1 893.4	1 434.2	1 900.0	49.4	220.5	167.1
1993	1 574.0	150.0	326.0	0.0	2 054.6	1 585.8	2 083.0	33.8	250.6	145.8
1994	2 060.0	185.0	340.0	1.0	2 215.8	1 737.4	2 286.0	94.0	275.5	166.5
1995	2 720.0	220.0	598.0	3.6	2 377.0	1 889.0	1 962.0	79.0	360.5	208.6
1996	2 810.0	213.0	620.0	3.9	2 645.0	1 806.0	1 624.0	71.0	283.5	225.5
1997	2 960.0	271.0	618.0	3.7	2 748.0	1 896.0	1 638.0	95.0	506.0	376.0
1998	3 212.0	257.5	575.0	3.4	2 808.0	1 968.0	1 276.0	74.0	413.0	428.0

续 表　　　　　　　　　　　　　　　　　万吨

年份	深圳市				东莞市		惠州市			
	公路	铁路	海运	航空	公路	海路	公路	铁路	海运	管道
1999	3 485.0	258.5	526.0	4.1	3 039.0	1 977.0	2 802.0	72.0	407.0	556.0
2000	3 825.0	281.0	586.0	5.0	3 440.0	1 991.0	3 099.0	70.0	480.0	680.0
2001	4 267.0	295.0	580.0	5.0	3 539.0	1 988.0	3 189.0	150.7	510.0	648.5
2002	4 819.0	273.0	778.0	8.0	4 015.0	1 842.0	3 221.0	229.0	534.0	682.0
2003	5 433.0	316.0	1 003.0	9.0	4 046.0	1 831.0	2 785.0	226.0	495.0	690.0
2004	6 388.0	354.0	1 201.0	12.0	4 250.0	1 804.0	2 988.0	284.0	930.0	768.0
2005	7 390.0	395.0	2 005.0	17.0	4 586.0	1 841.0	3 080.0	224.0	1 706.0	684.0
2006	7 918.0	310.0	3 070.0	21.0	4 930.0	551.0	3 416.0	229.2	1 971.0	759.7
2007	9 274.0	325.0	4 051.0	28.0	5 115.0	561.0	3 568.0	240.8	2 127.0	1 467.0
2008	14 981.0	401.0	4 145.0	41.0	8 010.0	1 263.0	4 295.0	247.2	2 945.0	1 167.2
2009	17 621.0	480.0	4 213.0	53.0	6 944.0	1 789.0	4 061.0	231.8	4 352.0	3 200.0
2010	19 847.0	390.0	5 859.0	78.0	7 640.0	1 672.0	4 307.0	248.3	6 797.0	1 175.6
2011	21 685.0	414.0	6 723.0	79.0	8 210.0	1 955.0	3 825.4	246.1	10 407.5	2 600.0

注：阴影部分为缺失值，其数值为按正文所述办法的补充值。

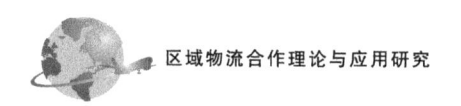

附表5　剔除价格因素的深圳市主要经济指标数据表　　万元

年份	GDP	DYC	DEC	PFL	SXZ	JCK	LZJZ	LGZCTZ	GZCXCE
1991	2 366 630.0	80 836.0	1 126 084.0	239 760.0	828 341.0	1 947 635.0	147 651.0	93 946.0	912 324.0
1992	2 957 310.3	98 708.3	1 418 855.5	310 885.4	1 070 743.7	2 197 168.7	155 261.0	143 866.7	1 661 064.3
1993	3 516 365.3	84 284.4	1 878 066.8	348 796.8	2 049 653.4	2 188 601.8	147 630.9	145 477.6	1 922 811.3
1994	4 166 664.4	88 071.8	2 204 534.3	383 374.9	2 389 527.7	2 296 648.3	161 022.3	196 723.2	1 850 966.2
1995	4 920 789.5	72 497.4	2 465 662.3	455 102.9	2 493 697.6	2 264 460.8	233 938.7	145 679.3	1 611 038.8
1996	5 685 939.5	80 695.4	2 747 365.6	611 866.9	2 651 145.6	2 117 955.6	269 921.1	159 771.0	1 776 253.3
1997	6 811 430.3	77 521.2	3 241 379.8	703 240.3	2 820 531.6	2 362 973.5	253 040.0	209 452.1	2 063 586.2
1998	8 114 082.1	80 237.4	3 930 861.8	810 469.1	3 030 722.2	2 393 639.3	283 468.1	220 482.1	2 539 816.0
1999	9 605 052.2	80 100.8	4 794 751.6	970 121.0	3 400 024.9	2 684 889.4	324 891.4	150 194.6	3 032 631.5
2000	11 329 331.4	80 617.9	5 625 093.5	1 176 457.1	3 806 837.1	3 311 595.3	391 932.6	190 581.4	3 209 570.0
2001	13 146 618.0	84 950.6	6 512 528.7	1 386 673.1	4 406 277.3	3 633 439.2	434 155.2	163 604.1	3 634 865.8
2002	15 539 337.5	87 174.1	7 664 789.5	1 660 955.7	4 929 146.2	4 564 778.6	528 353.6	137 045.7	4 124 327.1
2003	18 633 472.9	73 816.3	9 444 373.4	2 027 341.0	5 690 934.6	6 100 745.7	649 564.8	427 687.8	4 932 075.5
2004	21 966 896.8	63 233.0	11 343 381.1	2 360 729.6	6 415 644.0	7 555 448.4	948 370.9	376 674.1	5 604 691.4
2005	24 997 621.8	49 170.6	13 342 356.8	2 626 563.3	7 278 832.6	9 230 605.1	1 089 023.4	638 796.8	5 963 764.1
2006	28 721 379.7	34 422.3	15 118 093.2	2 834 925.1	8 302 162.7	11 727 827.5	1 238 722.7	827 318.0	6 292 448.1
2007	32 279 101.7	32 941.8	16 214 481.3	3 136 044.8	9 163 273.4	13 645 850.4	1 380 760.5	1 175 827.9	6 383 159.7

续 表　　　　　　　　　　　　　　　　　　　　万元

年份	GDP	DYC	DEC	PFL	SXZ	JCK	LZJZ	LGZCTZ	GZCXCE
2008	34 895 935.4	37 149.2	17 300 415.8	3 463 956.2	10 202 350.4	13 442 262.2	1 337 690.5	1 263 569.5	6 576 960.7
2009	37 237 691.3	30 372.9	17 376 656.9	3 858 435.0	11 659 625.4	12 266 624.9	1 403 811.6	1 787 468.0	7 760 320.4
2010	42 033 226.6	28 370.1	19 843 613.6	4 531 025.3	13 164 078.1	15 211 581.2	1 666 356.1	1 601 550.0	8 531 228.2
2011	47 842 396.9	27 253.3	22 218 649.3	5 182 835.3	14 640 528.1	17 218 857.1	1 819 134.9	1 398 108.8	8 569 727.7

附表6　剔除价格因素的东莞市主要经济指标数据表　　　　　万元

年份	GDP	DYC	DEC	PFL	SXZ	JCK	LZJZ	LGZCTZ	GZCXCE
1991	959 073.0	134 523.0	503 220.0	38 442.2	364 972.0	317 463.0	64 684.6	14 678.7	137 464.0
1992	1 015 496.3	131 973.4	542 766.5	49 178.9	406 102.6	466 123.6	73 641.2	18 464.3	172 915.8
1993	1 180 770.6	108 230.8	656 449.1	51 850.8	478 838.5	507 983.9	72 288.5	26 303.4	246 328.0
1994	1 321 268.5	106 413.0	727 452.9	51 275.2	518 413.5	537 554.3	68 110.4	91 505.3	856 936.9
1995	1 583 635.4	114 544.4	892 449.9	48 941.6	604 016.5	822 639.6	68 206.8	39 822.2	337 452.8
1996	1 810 409.9	124 436.5	998 327.8	67 789.6	628 231.2	892 929.2	106 804.9	31 336.7	338 402.6
1997	2 211 869.6	126 415.3	1 199 530.7	75 638.8	720 066.7	1 050 166.7	141 292.0	34 046.0	324 899.2
1998	2 754 025.8	128 046.7	1 508 692.2	89 190.5	864 488.8	1 148 665.2	176 999.6	44 401.8	380 015.1
1999	3 363 838.1	129 999.9	1 850 467.2	99 162.4	1 019 885.7	1 434 938.3	234 859.6	70 669.8	445 259.8
2000	4 131 118.6	130 486.5	2 269 939.8	110 950.8	1 184 375.9	1 613 926.1	305 564.7	103 841.9	518 201.8
2001	5 107 927.4	134 390.1	2 783 454.2	126 492.3	1 419 842.8	1 774 303.1	377 024.7	59 735.4	646 257.6

续 表 万元

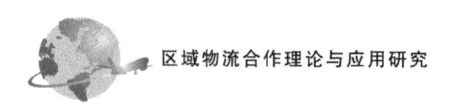

年份	GDP	DYC	DEC	PFL	SXZ	JCK	LZJZ	LGZCTZ	GZCXCE
2002	6 230 742.3	130 601.0	3 405 886.1	142 479.4	1 686 345.1	2 322 717.5	454 296.5	72 594.9	1 005 654.4
2003	7 571 888.5	118 941.0	4 160 942.6	226 257.6	1 927 647.3	2 716 265.1	116 953.8	8 442.9	1 664 954.3
2004	9 140 484.8	114 931.1	5 142 275.2	590 192.3	2 158 411.1	3 265 310.6	266 896.8	8 369.0	2 302 139.9
2005	10 790 413.1	101 590.8	6 068 691.0	938 200.2	2 502 338.9	3 675 799.9	410 396.7	154 831.2	2 951 870.8
2006	12 834 729.5	58 650.0	7 358 043.4	999 653.7	2 927 006.3	4 113 254.4	446 302.0	90 020.1	3 445 337.2
2007	14 969 246.9	56 366.4	8 311 864.5	1 114 852.0	3 422 263.2	5 062 601.5	476 632.4	55 855.7	3 984 824.8
2008	16 629 447.1	66 565.8	8 538 359.0	1 337 871.5	3 956 439.0	5 087 232.3	611 561.4	200 635.5	4 240 170.0
2009	17 440 929.5	68 522.1	8 447 661.3	1 670 805.5	4 444 075.6	4 362 860.8	796 014.9	585 119.5	5 069 640.0
2010	19 066 742.6	74 408.5	9 702 147.2	1 822 081.1	4 975 230.2	5 448 112.7	785 894.9	535 074.9	5 006 314.7
2011	20 268 934.9	76 521.6	10 128 065.2	1 981 244.5	5 420 197.0	57 879 733.0	794 089.0	467 970.0	4 621 728.8

附表7 剔除价格因素的惠州市主要经济指标数据表 万元

年份	GDP	DYC	DEC	PFL	SXZ	JCK	LZJZ	LGZCTZ	GZCXCE
1991	614 253.0	189 069.0	220 258.0	67 150.0	252 178.0	44 787.0	44 765.0	31 863.0	223 295.0
1992	768 354.3	205 765.3	292 739.7	72 227.4	313 755.3	53 825.6	49 405.5	88 021.0	386 998.2
1993	985 249.8	192 001.0	443 199.8	74 915.6	451 906.1	133 319.9	76 100.3	46 536.7	682 574.8
1994	1 137 323.1	214 326.4	534 909.9	62 647.5	473 057.5	109 487.4	76 123.8	77 319.5	479 786.7
1995	1 324 350.6	229 020.1	665 868.8	70 501.0	499 820.2	134 536.7	96 680.3	82 428.1	355 446.9

续表　　　　　　　　　　　　　　　　　万元

年份	GDP	DYC	DEC	PFL	SXZ	JCK	LZJZ	LGZCTZ	GZCXCE
1996	1 511 128.0	252 933.3	813 196.6	75 884.2	510 752.3	192 996.5	108 291.3	135 714.7	351 510.5
1997	1 761 690.4	299 235.2	979 024.0	84 107.5	555 457.2	317 805.5	129 468.5	63 476.7	324 990.8
1998	2 027 179.8	311 914.1	1 158 052.7	99 171.8	624 198.0	328 428.9	153 008.6	58 050.9	342 430.6
1999	2 249 278.0	338 136.1	1 290 203.0	107 535.0	690 142.7	396 607.5	180 041.4	54 164.6	379 877.8
2000	2 444 888.8	346 441.0	1 420 965.5	115 557.5	704 102.4	457 103.2	204 106.3	51 737.4	430 924.9
2001	2 658 236.7	363 186.2	1 535 931.2	128 432.3	784 738.0	490 028.4	238 180.1	36 706.7	468 580.6
2002	2 976 091.9	380 875.3	1 732 719.8	142 333.1	914 747.0	634 445.1	260 148.6	45 967.0	591 939.9
2003	3 298 099.2	383 907.3	1 932 905.8	158 614.8	1 021 675.0	738 470.6	263 099.6	45 367.1	1 284 854.0
2004	3 780 996.8	427 013.4	2 159 839.1	249 681.1	1 174 067.3	916 286.6	237 315.2	50 676.8	1 639 273.1
2005	4 341 235.5	405 549.8	2 461 000.7	337 264.5	1 358 154.0	1 027 178.9	212 688.4	81 935.5	1 902 820.5
2006	4 937 225.8	365 553.7	2 864 721.1	422 976.1	1 586 070.1	1 128 424.8	189 680.0	66 565.7	1 641 176.2
2007	5 718 678.7	400 071.5	3 271 980.9	466 369.5	1 821 424.8	1 233 506.2	212 336.0	74 416.8	2 490 788.3
2008	6 395 840.6	444 413.0	3 635 772.6	524 076.1	2 093 044.2	1 458 863.6	240 607.8	62 393.0	2 887 523.6
2009	7 044 225.9	449 592.3	3 928 469.0	578 335.0	2 445 329.8	1 455 957.2	282 634.4	496 025.2	3 779 128.9
2010	8 346 572.5	499 774.8	4 928 469.7	691 097.1	2 810 637.2	1 651 786.6	298 675.4	479 933.9	4 313 553.9
2011	9 646 582.8	541 364.0	5 728 247.8	763 751.1	3 149 294.4	1 785 075.5	393 075.4	559 762.1	4 715 432.5

后　　记

　　本书是在我的博士学位论文的基础上进行改编整理而成，因此，本书既是我博士阶段求学研究的成果精华，又是我进入研究工作领域的坚实基础。在此，首先感谢我的导师刘凯教授，刘凯教授严谨的治学态度和科学的工作方法对我的工作和生活产生了极大的帮助和影响。感谢北京交通大学交通运输学院的领导、老师们在学习、生活上给予了我大量的指导和帮助，使我得以顺利地完成硕士、博士研究生阶段的学习和生活。感谢曾经在实验室一起工作过的同窗好友们，你们的陪伴让这条不平坦的硕士、博士求学之路充满了灿烂的阳光和欢歌笑语。感谢我的父母和姐姐，他们的理解和支持使我能够在学校专心完成我的学业。

　　区域物流合作发展是当前我国物流业发展的必然趋势，也是我国实现区域物流一体化发展的必经之路。希望本书所做的工作能够起到抛砖引玉的作用，并引起业界人士对区域物流合作问题的关注和对该类研究的兴趣。但是由于知识水平有限和时间精力不足，本书的研究还不够深入。特别在研究的过程中，我们深刻地认识到区域物流合作发展的多学科交叉性和复杂性，所以以下几个方面还有待完善：一是由于缺乏完善的物流统计体系，在统计和计算物流业相关指标数据（物流劳动力、物流资本）时，用交通运输、仓储和邮政业的相关指标数据进行替代，不能准确地表征物流业的相关统计指标数据；二是在构建区域物流合作程度测算指标体系方面，可以进行深入分析，尽量寻求可以量化的客观指标，降低指标的主观性，完善区域物流合作程度的测算指标体系；三是对区域物流合作的合作机制进行进一步研究，构建能够充分调动参与主体合作积极性的合理激励机制、利益协调与平衡机制，促进合作关系的良性发展；四是对区域物流合作的市场主体进行进一步研究，从定性和定量的角度探寻区域物流合作对物流企业的影响，以及探寻物流企业在区域物流合作过程中的发展机遇与努力方向。